乾隆
政治
愛情
與性格

張宏傑 著

目　錄

第一章

一言難盡的乾隆

清朝第六位皇帝乾隆，可以說，是中國讀者最熟悉的皇帝之一，大家通過電視、小說，對他已經比較了解了。

但是影視文學作品中的乾隆，和真實的乾隆，反差很大。

比如，在野史傳說中，乾隆皇帝沉溺酒色，日日笙歌宴飲。而事實上，乾隆不喜歡喝酒。除非在一些重大慶典場合，他會象徵性地喝上那麼一口，平時，他生活十分節制，基本不飲酒。一個有力的證據是，他一生寫了幾萬首詩，但是從不以「酒」字入詩。你去翻乾隆的詩集，裡面沒有一個「酒」字。

再比如，許多電視劇裡，乾隆都是一個喜歡私訪的皇帝，沒事就喜歡到胡同裡逛逛，體驗體驗老百姓的生活。有一個傳說，是說有一年年三十晚上，乾隆從通州微服私訪歸來，天色已晚，飢腸轆轆，店舖都關門了，只有一家「王記酒舖」還在營業，乾隆便與隨從進店，要了一壺燒酒，幾盤燒賣，吃了感覺不錯，於是要過紙筆給「王記酒舖」寫了三個大字，叫「都一處」。從此「都一處」名聲大震，成了京城一個有名的飯店。

事實上這是絕對不可能的。因為清代皇帝特重祖制，他們出門兒，有一套嚴密的保安制度。同時那個時代，一個皇帝如果微服出宮，被人發現了，會被認為是一種極不自重、極不自愛的荒唐舉動。乾隆皇帝，是一個特別好面子，特別重視規矩的皇帝，他對自己要求極高，要求自己一舉一動都要成為後世帝王的楷模。所以乾隆不可能經常私訪。我們退一步說，他即使有過一兩次私訪，也不可能還到處給人題字，暴露自己的身份。

再比如人們津津樂道的劉墉劉羅鍋的故事。說劉墉，是皇太后的乾兒子，因此也是乾隆的乾兄弟。沒事就和乾隆開開玩笑，有的時候還捉弄捉弄乾隆。其實把這樣的故事安排在乾隆朝，是特別不合適的。因為乾隆是中國歷史上對大臣最為嚴厲的皇帝之一，他對君臣之分，看得非常重，乾隆朝的大臣，即使貴為大學士，見了皇帝也如同老鼠見了貓，大氣都不敢出。三朝老臣張廷玉，那可是乾隆的師傅，就是因為在乾隆面前一句話沒有說對，丟官罷職，滾回老家，身敗名裂，一生功業毀於一旦，因此乾隆朝的大臣，絕對不敢在皇帝面前造次。

所以我們通過影視文學作品得來的乾隆印象，大部分是站不住腳的。所以我要為大家講述一個真實的乾隆形象。我們要側重分析乾隆的性格與命運，總結乾隆一生的成功與失敗。

現在人事部門要是錄用一個人的話，會要求他提供一份簡歷，以便了解一下他的基本情況。哪些基本情況呢？第一，姓名，曾用名；第二，照片，看看你長甚麼樣；第三，出生年月，家庭背景；第四，主要經歷，做過哪些事情，取得過甚麼主要成績，等等。

那麼接下來，我們就給乾隆製作一張履歷表，看看他的基本情況。

乾隆履歷表的第一項，姓名，生日。

乾隆皇帝姓愛新覺羅，這是清皇室的姓氏。他本名弘曆。這個名字，我們可以講幾句：清朝開始的時候，皇子皇孫起名沒有甚麼規章制度，起得很隨便。有的是以排行起名，比如努爾哈赤最小的兒子「費揚古」，這是一個滿族名字，甚麼意思？「老疙瘩」。有的是以動物命名。鼎鼎大名的攝政王多爾袞，這個名字甚麼意思？「獾」，一種動物。有的是以物品命名。比如努爾哈赤的孫子博洛，甚麼意思？涼帽，夏天戴的帽子。還有的是以生理特點起名，貝子傅喇塔，甚麼意思，爛眼邊子，爛眼皮。所以入關前，滿族貴族起名是很隨便的。那麼入了關以後，從康熙朝起，因為受漢文化影響越來越深，康熙就給皇子皇孫起名，定下了規矩。康熙的兒子們，名字的第一個字，必須用胤字，第二個字必須有示字旁，比如胤禛、胤礽，都是這樣。而孫子輩，第一個字必須用弘字，第二個要用日字邊，比如弘曆的曆、弘晝。說到這，我們要介紹一下，滿族人的名字，不能像漢族一樣，和姓連到一起用。比如我姓張，名宏傑，到哪一介紹，我叫張宏傑。而滿族人不能這樣。比如弘曆，不管是自我介紹，還是別人提起他，都只叫他弘曆，不可能管他叫愛新覺羅·弘曆，滿族人歷史上從來沒這樣叫過，不信你去翻翻所有史籍和檔案，都是這樣。現在有時候一些滿族朋友，遞給我名片，一看，甚麼愛新覺羅·愛國，或者葉赫那拉·美麗，這個其實不是滿族的歷史習慣。那麼弘曆做了皇帝後年號是乾隆，死後廟號叫高宗，謚號叫純皇帝。所以他的長輩叫他弘曆，百姓叫他乾隆，他的後代子孫尊稱他為高宗純皇帝。

他的生日康熙五十年，也就是公元 1711 年，陰曆八月十三日，從屬相上說，乾隆屬兔，從星座上來說，他是天秤座。出生地是北京雍和宮，當然關於他的出生地有過爭論，這後面還會提到。這是他的姓名和出生日期。

第二項，家庭背景，或者說血統。乾隆的父親是雍正皇帝，這個我們都知道，母親也是滿族人，鈕祜祿氏。從血統上來說，他身上有 81.25% 的滿族血統，6.25% 的蒙古族血統和 12.5% 的漢族血統。這是怎麼算出來的呢？清代第一第二代皇帝努爾哈赤和皇太極都是血統純正的滿族人，第三代皇帝順治的生母是蒙古人，也就是史上著名的莊妃，博爾濟吉特氏。所以順治身上，滿蒙血統各佔 50%。康熙的母親佟佳氏本是漢軍旗人，所以康熙身上，有 50% 的漢族血統，滿族和蒙古族血統各為 25%。到了雍正、乾隆兩代皇帝，他們的生母皆為純正的滿族人，滿族血統就連續上升。所以乾隆皇帝在清代皇帝中，是滿族血統較佔優勢的一位帝王。

履歷表的第三項，就要給乾隆貼張照片，看看乾隆的外表到底是甚麼樣？

皇帝是一種非常奇怪的動物，為甚麼這麼説呢？因為他們長得都差不多。從漢代到清代，你看史書上記載皇帝們的長相，無外乎都是「貌奇偉」「龍睛鳳目」「日角龍顏」，這麼幾個詞，歷史書中，皇帝們臉上從來不長麻子、不長粉刺，也不長老年斑。

這是為甚麼呢？因為描寫皇帝的外表，是一件很難的事情。雖然理論上皇帝應該都長得很英俊，而實際上，絕大多數皇帝長相都很平庸。所以為了不犯錯誤，史官們就用一些格式化的詞語，比如甚麼「天日之表」之類的，來搪塞一下。

《清史稿》關於乾隆皇帝的外表只戰戰兢兢地用了四個字：隆準頎（qí）身，翻譯成現代漢語，就是高鼻梁兒大高個。而另一個材料，《清高宗實錄》中則説得多一點，説乾隆長甚麼樣呢？叫「生而神靈，天挺奇表。殊庭方廣，隆準頎身，發音鏗（坑）洪，舉步嶽重，規度恢遠，嶷（nì）然拔萃」（《清高宗實錄》）。

這個，説得太抽象了，沒有一個具體的詞兒，所以説了半天等於沒説。中國歷史上，凡是皇帝，必然隆準，也必然頎身，而事實上呢，乾隆身材並不高大。乾隆晚年，英國有一個叫馬戛爾尼的使臣，曾經出訪中國。他目測說，乾隆帝身高約五英尺二英寸，換成公制，約一米六。不過這是乾隆八十三歲時的身高，我們知道，人到老年，身材會有點縮水，估計乾隆年輕時比這要高一些。那麼故宮現在還保存着乾隆夏天所穿的一件十二章朝袍，根據這件衣服的長度，我們可以大致推測，乾隆身高是一米六六，比我還矮那麼一點點，所以說個子並不太高。

乾隆皇帝朝服像

這是身高，那麼容貌如何呢？乾隆皇帝酷愛畫像，故宮現存的他的畫像有一百多張。而且由於乾隆時代已經引進了西洋畫法，所以他的肖像畫得很逼真。從畫像中我們可以看到，乾隆「臉龐長方形，或者叫同字形，皮膚白皙，微帶紅潤，眼睛不大，但黑而明亮，炯炯有神，鼻尖稍有點下鈎，體態文雅，外表和平。青年時代是一位英俊瀟灑的翩翩佳公子，老年時代，則即威嚴又慈祥。」

這是乾隆的外表。

履歷表的第四項，也是最重要的一項，就是一生做了甚麼大事，取得了甚麼成就。換句話說，就是乾隆皇帝的主要功業和歷史地位。

乾隆皇帝之所以在中國歷史上如此引人注目，一個主要原因就是他創造了一系列輝煌的統治成績，那麼這些成績的一個重要表現形式，就是一系列歷史紀錄。

第一，乾隆朝的人口創了歷史紀錄。

在清朝以前，中國歷朝歷代最高人口紀錄不過七千萬左右。當然，也有歷史學家認為，在幾個時點上，中國人口曾經短暫地突破過一個億。那麼在乾隆即位之初的乾隆六年（1741年），搞了一次人口普查，人口已經達到一億四千萬。到乾隆五十五年（1790年），又搞了一次普查，全國人口達到了多少呢？三億。就是說，乾隆皇帝用五十多年時間，使中國人口翻了整整一番。這是一項了不起的成績。

第二，乾隆統治時期，中國的經濟總量是世界第一。

今天我們特別重視GDP這個衡量綜合國力的指標。那麼在乾隆朝，中國的GDP佔世界的三分之一。這是甚麼概念呢？就是比今天美國在世界經濟中的佔比還要高。當時中國的製造業總產量，是英國的八倍，俄國的六倍。為甚麼不和美國比呢？因為那時美國剛剛建國，還沒甚麼製造業。二十世紀九十年代，有一本著名的經濟學著作，加拿大學者弗蘭克所著的《白銀資本》，其中說，當時的中國，不僅是東亞國際貿易體系的中心，而且在世界經濟中也佔支配地位。

第三，乾隆時期是清朝版圖最大的時期。乾隆二十四年（1759年），平定準噶爾之後，國家版圖達到了一千三百八十萬平方公里。今天我國領土面積是多少呢？大家都知道，九百六十萬平方公里。而且乾隆時期，對邊疆地區實現了空前有效的、強有力的政治管轄和軍事控制，而不是歷史上的羈縻，或者說比較鬆散的控制，這是歷朝歷代所不能比的。

第四，乾隆朝在文化上也創造了一項無人能超越的紀錄，乾隆朝修的《四庫全書》，是中國歷史上字數最多的一本書。全書近八萬卷，一共多少字呢？九億九千七百萬字，是中國歷史上最大的一部書。

這四項紀錄，無可置疑地說明乾隆皇帝確實是中國歷史上成績最偉大的帝王之一，無論是經濟、政治、軍事、文化，乾隆都創造了中國歷史的巔峰。他的歷史地位，由此可見一斑。

當然，大家對乾隆如此關注，不僅僅是因為他統治成績出眾，同時也是因為他本人也是一個非常有特點的皇帝。這些特點，也體現為好多個歷史紀錄。

第一，他是世界上迄今為止掌握實權時間最長的君王。

乾隆做了六十年皇帝，之後又做了三年多掌握實際權力的太上皇，也就是說，他的實際統治時間為六十三年零四個月，這個長度居世界統治者之首。

有人說，乾隆的年號可沒他的爺爺康熙長，應該是康熙的統治時間長吧？沒錯，康熙的年號是六十一年，乾隆是六十年。但是第一，康熙沒做過太上皇；第二，康熙剛登基的時候，才八歲，沒有親政，他的實際統治時間，不過五十五年。

還有人說，法國國王路易十四當了七十二年國王，然而他的情況和康熙很類似，五歲登基，一介童蒙，根本不懂得甚麼叫做「統治」。他二十二歲才開始親政，實際掌權時間不過五十年。

那麼還有一些知識面更廣的讀者會說，伊朗國王沙普爾二世統治時間也比乾隆長。沒錯，沙普爾二世是伊朗薩珊王朝著名的國王，公元309年—379年在位，當國王的時間長達七十年。不過他即位的時候啊，年紀就更小了，小到甚麼程度呢，小到了負數。原來他是上一任國王的遺腹子。他還沒出生，父親就死了，所以貴族們就把王冠放在他的母親肚皮上，用這種方式給他加了冕。所以他雖然名義統治時間長達七十年，親自理政年限不超過六十年。

還有人說，那英國的維多利亞女王呢，她的在位時間可長達六十四年哪，與乾隆皇帝基本一樣啊。我們講過，我們說的是掌握實權的君主。維多利亞時代，英國已經進入君主立憲時期，所以她不是傳統意義上的君主，她的權力與中國帝王根本無法同日而語。

所以，經過古今中外這一圈的比較，我們可以確認，乾隆的實際統治時間，是全世界最長的。

第二，乾隆是世界上最長壽的君王之一。

中國歷史上，年齡可考的皇帝一共有五百多名，其中能活到七十歲以上的僅有九人，活到八十歲以上的，只有四個人，哪四個人呢？梁武帝、武則天、宋高宗、乾隆四人，乾隆以八十九歲高齡在這四個人中又拔得頭籌。所以在中國歷史上，乾隆毫無疑問是最長壽的皇帝。

不過，要是放到全世界來說的話，他就要排第二了。因為古埃及法老拉美西斯二世活了整整九十歲，比乾隆多了一歲。

所以，我們只能很遺憾地在這個世界最長壽的君王後面，加上「之一」二字。

第三，乾隆是中國歷史上唯一一位「身親七代」的皇帝。甚麼叫身親七代呢？就是親自見到了七代人，往上見過爺爺、父親，往下，見到了兒子、孫子、曾孫、玄孫，加上自己，一共七代。這個紀錄，在歷代帝王當中絕對是獨一無二無人能夠超越的。不但在皇帝中絕無僅有，就是在普通老百姓家裡頭也十分罕見。我查了一下中國歷史紀錄，幾千年間，只有從唐朝錢朗到明代文徵明等六個人，曾經做到這一點。

我們今天不是經常會討論「你幸不幸福」這個問題嗎？如果那個時候有人去採訪乾隆皇帝，他的回答一定是很幸福。你看，他長壽，長期掌權，又子孫滿堂，這還不幸福嗎？事實上除了擁有這幾項紀錄之外，乾隆身上還有幾個別的條件，也是讓我們大家，都非常羨慕的。

其一，乾隆身體素質非常好。

從武的方面說，乾隆身體底子很好，一生身強體壯，體力出眾，武功騎射本領高強。從文的方面講，他智商奇高，讀書過目不忘，懂得五種語言：滿漢蒙維藏，他都會講。談到這裡，我們不妨再介紹乾隆的另一個小小歷史紀錄：他是中國歷史上產量最高的詩人，一生寫了多少首詩呢？四萬三千六百三十首。《全唐詩》，收了唐朝兩千多名詩人的作品，加到一起，是多少呢？也不過四萬八千首。乾隆一個人，就頂了唐朝兩千個人的總量。這是一個很有意思的紀錄。

其二，乾隆一生運氣極好。他即位的過程非常順利。因為雍正發明了秘密立儲制度，沒有人和乾隆爭皇位。雍正立了乾隆當繼承人之後，又早早死了，讓乾隆在二十五歲，也就是最年富力強的時候，當上了皇帝。同時乾隆登基的時候，又有一個很好的統治基礎。經過康熙和雍正七十年的統治，乾隆登基時，政治安定，經濟平穩，既無內憂，又無外患，政治舞台的所有佈景都佈置妥當，只等他上演一齣輝煌的統治大戲。他的運氣非常好。

其三，他結局也很好。人生幸不幸福，結局很重要，特別是政治人物，能不能平安降落，非常關鍵。很多皇帝都不能善終，我曾經在《坐天下》一書中專門統計過，中國歷史上，皇帝的橫死率，就是說非正常死亡的比率，是百分之四十四，所以皇帝實際上是一個非常高危的職業。而乾隆在統治六十年之後，又成功地舉行了禪位大典，在生前就把皇位傳給了自己挑好的接班人嘉慶，傳位之後呢，還掌握着實際權力。這個安排，既保證了接班的平穩，又做到了終身保持權力。

中國人衡量幸福，很早以前就有了一套明確的標準。甚麼標準呢？就是《尚書·洪範》中所說的「五福」。哪五福呢？壽，富，康寧，攸好德，考終命。第一條是長壽。只有活到一定年齡，你才能享受到各種幸福。第二條，富，有錢，你得有起碼的經濟條件。第三條，康寧，這輩子別遇到甚麼大災大難。第四條，攸好德，要有一定的道德追求。不是有句話嗎？清白的良心是最溫柔的枕頭。我們後世對乾隆如何評價是另一回事，乾隆認為自己還是有道德追求的。第五條，就是得善終。這五條，乾隆基本都佔全了，你說他是不是要算是中國歷史上最幸福的皇帝呢？

那麼以上，我們講的都是乾隆的成就，乾隆身上光彩的部分。接下來還要講一講乾隆身上的缺點。我們評價一個人，都說「是非功過」。履歷表中在「個人成績」這欄下面，往往還有一個欄目，叫在工作中犯過哪些錯誤，受過哪些處分。所以，要講一講乾隆的失誤，這個簡介才算完整。

乾隆的第一個錯誤，當然是他在晚年驕傲自滿，不思進取，貪圖享受，帶頭腐敗，導致大清的衰落。他重用和珅，去給他搞創收，又拚命讓大臣們給他進貢各種好東西，供他享受。這樣呢，就引發了大清政壇全面的貪瀆之風，後來更導致了白蓮教起義，使大清從極盛，走上了中衰。這是他的第一個重大錯誤。

乾隆的第二個錯誤，也是最廣為人知的錯誤，就是文字獄。

乾隆的成就有很多創了歷史紀錄。他的錯誤，有一些也創了歷史紀錄。乾隆皇帝是中國歷史上製造文字獄最多的一位皇帝。在清朝以前，中國歷史上文字獄很少。到了清朝康雍乾三朝，才呈現爆發之勢。不過康熙年間，文字獄只發生了不到十起，雍正年間，發生了近二十起。而乾隆年間是多少起呢？一百三十多起。這個數量，遠遠超過其他所有皇帝。

乾隆的另一個不光彩的歷史紀錄，是銷毀圖書的數量，也創了紀錄。我們前面說過，乾隆朝文化上的一大成就是修了《四庫全書》。但是事實上，他藉着修《四庫全書》的機會，也銷毀了大量不利於清朝統治的圖書，史載乾隆銷毀的書籍六、七萬卷以上。就是說，他修成了一部《四庫全書》，也燒掉了另一部《四庫全書》。那麼這是中國歷史上最大的文化浩劫之一，這是他的第二個錯誤。

乾隆的第三個錯誤，也是最重要的一個錯誤，是誤判世界大勢，採取了錯誤的外交方針。

乾隆生活的時代，正是人類歷史發生空前劇烈變化的時代。從物質文明來講，雍正十一年（1733 年），也就是乾隆即位的前兩年，英國人凱伊發明了飛梭，揭開了工業革命的序幕。乾隆三十四年（1769 年），瓦特發明了蒸汽機，標誌着機器化大生產已經開始了。從精神文明上來講，乾隆十九年（1754 年），乾隆四十四歲的時候，盧梭發表了名著《論不平等之起源》，在乾隆晚年，乾隆五十四年（1789 年），法國爆發資產階級大革命，發表《人權宣言》，提出了「主權在民」的觀點，標誌着人類精明文明的飛躍式發展。嘉慶元年（1796 年），也就是八十五歲的乾隆皇帝禪位給自己的兒子嘉慶之後的第二年，美國總統華盛頓功成身退，拒絕擔任第三任總統，從此美國總統連任不能超過兩次成為定例。這兩位歷史巨人對權力的態度，反映了當時清朝和西方政治文明發展的差距。

但是乾隆對西方文明的發展，卻毫無所知，也根本不感興趣。他自信天朝高高在上，無所不有，所以在全球化發展越來越快的時候，他卻進一步閉關鎖國，把清朝的開放口岸，由四個縮小到廣州一個。乾隆晚年，英國派馬戛爾尼使團訪華，乾隆對他提出來的要與大清建立平等外交關係的要求不屑一顧，説我天朝上國無所不有，你們願意來做買賣就做，不來拉倒，我們不缺你們那點貨物。所以我們説，乾隆落後的外交思路，與後來清王朝的衰敗，有着直接的聯繫。

所以如果我們單單把乾隆放在中國古代史中，去和其他皇帝相比較，我們可以確認，乾隆確實是一位很偉大的統治者。

但是，如果我們放寬視野，把他放到全世界去比較，我們就會發現，他的統治成就，立刻暗淡了許多。因為他所處的時代，與秦皇漢武唐宗宋祖都不同，歷史對他提出了新的要求、新的問題，而面對這些問題，他沒有給出合格的答案。

講到這裡，乾隆的簡歷就介紹完了。我前面説過，我講乾隆，重點是分析他的性格和命運，那麼最後我們要簡要介紹一下乾隆的性格特點。

如果用一個詞總結乾隆性格的話，那就是複雜。可以説，他是一個擁有多重性格的人，一個非常複雜多變的人。

舉一個例子，他有着仁慈善良的一面。雍正在遺詔中稱乾隆「秉性仁慈」。小時候宮中小貓小狗死亡，他都會哭上半天。史料表明，乾隆一生多次因為災情而流淚。

有一年，安徽太湖縣遇到了災荒，老百姓在野外，挖到一種叫「黑米」的東西，可能是很多年前的陳糧，都已經炭化了，就用這個來充飢。乾隆知道後，讓地方官把這種黑米呈上一些，他想看看是甚麼東西。結果送來之後，他自己嚐了一下，黑米剛剛放進嘴裡，他的眼淚就下來了，因為這東西太難吃了，根本不能下嚥。於是他把剩下的黑米，賜給了他的皇子們，讓他們了解了解老百姓生活是多麼不容易。

所以凡事都很精明的乾隆，獨獨對救災過程中的跑冒滴漏「難得糊塗」。發生災害時，他寧肯地方官報得嚴重一點，誇張一點，以防出現求助不力的情況。從這點上看，他是非常仁慈的。

但是他的另一面卻是極為殘暴。根據《清代文字獄檔》記載，乾隆十八年（1753 年），有一個叫丁文彬的瘋子從浙江來到山東孔府，敲開了孔府的大門，説他幾天前做了一個奇怪的夢，上天把孔府的兩個女兒許配給了他，因此他今天來做上門女婿。孔府的人看他瘋瘋癲癲，把他送到官府，官員在他身上搜出一本書，上面寫着奇怪的年號。他對官員説他時常聽到一個小人兒，在他耳邊説話，説已經命他當了天子，替他起了這些年號。地方官就上報了乾隆。乾隆皇帝看了材料，認為此人是個瘋子。然而，乾隆卻親自下指示，將這個瘋子推上街頭，當着眾人的面，凌遲處死，活活剮了三千六百刀。

乾隆這樣做，目的就是製造恐怖，恫嚇「愚民」，「務必重處，以儆其餘」，連瘋子説一聲想當皇帝，都要被這樣嚴肅處理，那麼就起到了非常好的殺一儆百的作用。從這一點看，乾隆又是極為殘忍的。

所以，乾隆性格中，第一對矛盾，是仁慈與殘忍。除了仁慈與殘忍外，乾隆性格中衝突的部分還有很多。比如他情商很高，風度翩翩，很善於討取別人的歡心，常使人感覺「藹然有春風和氣」；他又高己卑人，內心深處很少有瞧得起的人物，施政過程中經常峻烈嚴酷，刻薄寡恩。他為人節制，生活特別有規律，平生飲酒不過數杯。他又窮奢極慾，花起錢來如沙似海，搞了六次南巡。他早年富於自知之明，謙虛謹慎，把盛世推上了頂峰；晚年卻剛愎自用，自我膨脹，聽不進任何意見，親手毀了這個盛世……

我們常説性格決定命運，那麼乾隆這樣獨特的性格究竟是怎麼形成的呢？有哪些是先天基因，有哪些是後天因素？乾隆的父親和母親，遺傳給了他哪些與眾不同的基因？

第二章

與眾不同的生辰八字

康熙六十一年，也就是公元1722年，陰曆三月十二日，這是大清王朝歷史上很特殊的一天。

關於某位帝王，最重要的史料通常是他的實錄，實錄是一朝史官根據原始材料寫成的專門記錄某位皇帝生平的著作。那麼關於乾隆最權威的著作，就是《清高宗實錄》。根據這本書的記載，就在這一天，清代最著名的三位皇帝，康熙、雍正、乾隆，頭一次聚到了一起。當然了，雍正和乾隆這時還不是皇帝，應該被稱作胤禛（yìn zhēn）和弘曆。

這一天，對中國歷史產生了深遠的影響。它在一定程度上決定了康熙朝儲位鬥爭的結果，因此也為中國歷史上持續最長的盛世，康雍乾盛世，埋下了伏筆。

對於我們講述的主人公乾隆（當時還叫弘曆）來說，這當然更是決定他命運的一天。一個人的命運，受很多因素影響，最重要的因素有四個：出身、天賦、努力和機遇。我們知道，康熙有幾十個皇孫，為甚麼最後偏偏是弘曆當了皇帝呢？一個主要原因，就是在這一天，十二歲的弘曆得到了他一生最重要的一個機遇。

這一天出現的背景，是這樣的：

康熙皇帝晚年，情緒非常低落，晚上經常失眠，成天唉聲歎氣，用我們今天的話來說，就是得了重度抑鬱症。為甚麼呢？因為皇子們的儲位之爭，搞得老皇帝心力交瘁。因此，這一年的春天，康熙的第四個兒子胤禛對老皇帝說，我的賜園，圓明園裡，有幾百棵牡丹，都是珍稀品種，現在開得正豔。您不如到那看看，換換心情，怎麼樣？我們都知道北京的圓明園是中國歷史上著名的園林，不過，它一開始，只是康熙賜給

康熙皇帝

雍親王胤禛的一個小花園。後來的圓明園是在這個基礎上擴建而成的。

康熙皇帝一聽可以賞花，挺高興，就答應了。

康熙根本沒想到，這是胤禛為了奪取皇位設計的一個步驟。

雍親王胤禛是一個城府很深的人。表面上，他對皇位沒甚麼興趣。他喜歡書法，愛讀佛經。在其他八個皇子為皇位打破頭的時候，他卻把自己關在家裡，苦練書法，猛讀佛經，看上去兩耳不聞窗外事，一心只讀聖賢經，一派閒雲野鶴之姿。所以康熙皇帝對胤禛很信任。晚年經常到他的花園中去玩。據《清聖祖實錄》統計，康熙皇帝晚年一共到胤禛的圓明園去過十一次。其他皇子很少能享受到過這樣的恩榮。很顯然，這是因為胤禛表面上沒甚麼野心，所以讓康熙感到很親近很放鬆。當然事實上，正如我們所知道的那樣，胤禛對皇位，可謂垂涎三尺，夢寐以求。

康熙皇帝一共生了三十五個兒子，長大成人的有二十個，這二十個人中有九個人，深深捲入儲位鬥爭之中。在爭位的皇子們當中，胤禛看起來本來是最沒希望的一個。因為從年齡上來說，他不是最年長的，沒有年齡優勢。從才幹上來說，他為人也很低調，不顯山露水，才幹並不突出。從個性上來說，他這個人不太喜歡和別人交往，深居簡出，獨來獨往，天馬行空，並不是一個特別能團結人，特別有人格魅力的人。

雍正皇帝

那麼，為甚麼最後勝出的偏偏是他呢？我認為，胤禛在三個方面做得比別人要好。

第一，他隱蔽得最好。胤禛深知要想得到皇位，首先要把自己的野心隱藏起來，不能讓康熙覺察到。道理很簡單，接班人和在位者的關係是最難相處的。一旦你露出接班的企圖，老皇帝肯定會時刻警惕你，你是不是要暗害他啊，是不是要搶班奪權啊？和你的關係就很難處。所以胤禛才成天念佛經練書法，裝出一副不求進取的模樣。

第二，胤禛也會適度地表現自己的才幹。因為你缺乏才幹，也接不了班。所以胤禛的原則是不主動表現自己，不搶風頭，但是當康熙皇帝偶爾交給他一些任務時，他會完成得很出色。比如有一次，康熙朝的皇太后去世了，康熙把喪事交給胤禛安排，胤禛安排得井井有條，給康熙皇帝留下了很深的印象，讓康熙感覺到，這個第四子是有才能的。

第三，就是今天他設的這個步驟。他要用一個特殊的砝碼，來打動康熙皇帝。這個砝碼，就是弘曆。

康熙皇帝到了圓明園，胤禛把他迎到一座叫牡丹台的大殿裡，父子兩個人面對怒放的牡丹，把酒臨風，聊點與政治無關的家長里短，氣氛十分融洽。

聊着聊着，胤禛似乎漫不經心地說了這麼一句：「您的兩個孫子打生下來還沒機會見到您呢，今年都十多歲了，您想不想見見？」

有的讀者可能不理解，孫子都長到十多歲，怎麼還沒見過祖父呢？其實這在康熙朝一點也不奇怪。因為康熙皇帝的孫子實在太多了，一共九十七名，加上孫女，一共二百多人，根本見不過來。所以政務纏身的康熙，在生前只見過不到二三十個。

聽到胤禛這樣說，康熙隨口答道：「好啊！那把他們倆叫出來我看看吧。」

胤禛一聽，向裡面一招手，從裡間屋走進來兩個孩子：胤禛的第四子弘曆和第五子弘晝，兩個人都是十二歲，並非同母所生，年齡只差兩個月。

一見到這兩個孩子，康熙皇帝不覺就放下了手中的酒杯。

弟弟弘晝沒有給皇帝留下太深的印象，但哥哥弘曆，用《清高宗實錄》中的記載說，卻讓康熙「見即驚愛」，就是一見就很驚訝和喜愛。康熙發現，這孩子相當與眾不同。弘曆身材挺拔，皮膚白皙，長得很漂亮。如果用古典小說中的話來形容，就是眼如秋水還清，面如滿月猶白。尤其讓康熙注意的是，這孩子的眼睛裡，有着一種不同尋常的靈氣與沉靜。

兩個孩子上前，給爺爺行禮。行禮的時候，康熙注意到，這個弘曆，一舉一動既敏捷得體，又落落大方，絲毫沒有這個年齡段孩子常有的緊張和局促。相比之下呢，他的弟弟弘晝就顯得拘束多了。

弘曆給了康熙一個非常好的第一印象。康熙皇帝一輩子和各種人打交道，很善於判斷一個人有沒有才幹。《清高宗實錄》記載當天的情景説，康熙「偶舉《愛蓮説》以試，誦解融徹，獎悦彌至」。就是説老皇帝向弘曆招招手，説，過來，問他，現在在讀甚麼文章啊？弘曆説，在讀宋代大儒周敦頤的名篇《愛蓮説》。康熙説，能背嗎？弘曆説，能，説完就落落大方地背了一遍，一字不差。康熙很高興，又問，知道是甚麼意思嗎？弘曆説，知道，説完又從頭到尾地講解了一遍，講得很準確。

康熙十分驚訝，這孩子太聰明了！一個十二歲的孩子，能把這篇文章講成這樣，實在太難得了。沒想到我還有這麼聰明的一個孫子。在他見過的幾十個孫子當中，這個是最出色的！聊了幾句天，康熙叫兩個孫子也入席一起吃飯。吃完飯，康熙回宮，不過當天晚上康熙卻沒有睡踏實。他不停地想到這個叫弘曆的孩子，感覺在愛新覺羅家族中能出現這樣一個孩子，實在是太難得了。第二天一大早，他就派太監來到圓明園，來幹甚麼呢？他命雍親王胤禛寫下弘曆的「生辰八字」，他想親自看看。

雍親王胤禛聽説康熙想看弘曆的八字，非常高興，立刻親筆寫好，交給太監。太監走了之後，雍親王自己在心裡偷偷大喊一聲：「耶！成功了！」

甚麼成功了呢？他設的這個步驟成功了。

胤禛的這個步驟就是，把自己的兒子弘曆想辦法介紹給康熙皇帝，讓康熙和弘曆建立起良好的祖孫關係。這個孩子，就將是他爭奪皇位的一個重要砝碼。為甚麼呢？我們知道，偉大的政治家思考政治大局，就如同一個高明的棋手下棋一樣，他不可能只算一步，肯定要多算幾步。所以，康熙要是決定傳位給哪個兒子，肯定也會關心一下這個兒子所生的孫子，因為這關係到第三代君主的素質問題。康熙晚年，曾經對太子胤礽兩立兩廢，折騰了好幾個來回，一個重要原因，是康熙非常喜歡胤礽的長子弘皙，所以對放不放棄胤礽心裡很矛盾。雖然已經不喜歡太子了，但是卻覺得這個皇孫是一塊很好的做皇帝的材料，那麼你要是不傳位給太子，這皇孫就做不了皇帝。朝鮮有一本史料，叫《朝鮮李朝實錄》，其中記載很多清代中朝外交史上的事。其中有一則記載說，在康熙晚年，朝鮮使臣出訪中國，回國後向朝鮮國王彙報說：「皇長孫頗賢，難於廢立。」皇長孫，就是胤礽的兒子弘皙。又說：「或云太子之子甚賢，故不忍立他子而尚爾貶處云矣。」也就是說，因為康熙希望這個孫子將來能登上皇位，所以才在廢太子問題上遲遲下不了決心。所以皇孫素質如何，對康熙選擇皇子是有決定性影響的。

雖然康熙從來沒有明確表達過這個想法，但是聰明透頂的胤禛當然清楚父親的心思，所以他刻意要把弘曆介紹給康熙認識。但是胤禛為甚麼知道康熙肯定就會喜歡弘曆呢？如果不喜歡，豈不是給自己減分而不是加分嗎？

這就涉及我們前面談到的決定一個人命運的諸多因素中的另一個，天賦。天賦是一個人成功必不可少的一塊基石。弘曆之所以被胤禛從六個兒子中選出來介紹給康熙，就是因為他身上有着超常的天賦。胤禛相信，弘曆憑着這種超常的天賦贏得康熙的喜歡。

確實，弘曆這個孩子，自幼聰穎異常，讀書上非常有天分。登基之後，乾隆曾出了一本詩集，叫《御製詩全集》，其中一首詩的注解中說，「余幼時，日所授書，每易成誦。吾弟和親王資性稍鈍，日課恆落後。先生復令予加課。」也就是說，他與弟弟弘晝同時開蒙讀書，每次背書，他都過目不忘，弟弟卻遲遲背不下來。弘曆這邊都背了三篇文章了，弘晝還在那背第一篇呢，老師就給弘曆加上三倍的功課。這說明這兩兄弟，智商相差很大。

除了讀書好，弘曆運動天賦也很突出，身體素質絕對一流。小時候學射箭，很快就能射中靶心。第一次學騎馬，就一點也不害怕。我們知道，滿族皇帝非常重視「武功騎射」，弘曆騎射功夫不錯，讀書又好，那麼就可以稱得上「文武雙全」。除此之外，這個孩子天生情商也很高，很有眼力見兒，很會討人喜歡。性格又很沉穩，不調皮不搗蛋。所以胤禛相信，這個孩子一定能得到康熙的喜愛。

那麼胤禛怎麼到弘曆十二歲才想起來把他介紹給康熙呢？這說來也是一個巧合。乾隆後來在《御製詩全集》的注中回憶了這件事的原委：「康熙六十年，予年十一，隨皇考（雍正）至山莊內觀蓮所下，皇考命予背誦所讀經書，不遺一字。時皇祖（康熙）近侍，皆在旁環聽，咸驚穎異。」就是說上一年夏天，胤禛帶着弘曆在避暑山莊時，閒着沒事，考考弘曆的功課，讓他背誦所讀的經書。弘曆把一篇很長的文章，大概五千多字，一字不差，都背下來了。不光胤禛很驚訝，就連恰巧待在旁邊的侍候康熙的老太監們也都很驚訝，他們對胤禛說，四爺，皇孫裡頭，您這個，絕對是第一名，這個孩子太聰明了！

太監的這句話點醒了胤禛。所以乾隆在詩注中接着說，「皇考始有心奏皇祖令予隨侍學習。」於是胤禛腦筋急轉彎，起了把弘曆介紹給康熙的念頭。這一念頭，決定了弘曆在十二歲這一年就登上了大清政治舞台。

因此，我們說，一個人成功第一要有機遇，但是機遇是建立在天賦或者說實力的基礎上。弘曆就是憑他特殊的天賦，被胤禛他挑選出來，成為這齣歷史大戲中的重要角色。

說到天賦，在傳統社會的背景下，弘曆還有一個特殊的先天因素，對他的命運產生了影響，那就是生辰八字。前面說過，康熙曾經要看弘曆的生辰八字。

傳統社會中的中國人大多很相信算卦占卜，連康熙也不例外。我們知道，康熙皇帝是中國歷史上第一個對西方科學技術很感興趣的皇帝，但這只是他身上的一個側面。另一個側面，他對算卦占卜，也很熱衷。清代檔案中有這樣一個細節。康熙六十年（1721 年）六月，四川總督年羹堯入京辦事，康熙命他找京城的「算卦先生」羅瞎子推算某事。年羹堯聽說這個羅瞎子為人四處招搖，且有病在身，就沒去找他算。康熙在年羹堯的摺子上批了這樣一句話：

> 此人原有不老誠，但占得還算他好。（《掌故叢編・年羹堯摺》）

就是說，我知道這個羅瞎子愛吹牛，但是要說算卦的話，他算得還真是準。

可見，康熙是這個羅瞎子的老主顧兼老粉絲。

「生辰八字」即是以一個人出生時間的年月日時，來推斷人生發展的結果。在今天來看，這當然是無稽之談。可是，在過去，這個東西往往在偶然中決定了歷史之車的走向。乾隆的生辰八字，對他後來成為皇帝就起了很關鍵的作用。

1929 年，故宮博物院曾經公佈了一批內閣大庫檔案，其中有一件原始文件，就是乾隆的八字，上面還附有康熙六十一年（1722 年）的批語。乾隆八字的內容如下：

辛卯（康熙五十年）

丁酉（八月）

庚午（十三日）

丙子（子時）。

批語如下：

此命貴富天然，聰明秀氣出眾，為人仁孝，學必文武精微。幼歲總見浮災，並不妨礙。運交十六歲為之得運，該當身健，諸事遂心。命中看得妻星最賢最能，子息極多，壽元高厚。別的不用問。

就是說，按命相理論，乾隆八字，用術語叫火煉秋金，是天賦極厚的強勢命運，有這樣八字的人，極為聰明，為人仁孝，文武雙全。將來妻子也非常賢惠，命中注定會有很多子嗣。小的時候會有點浮災，但是並不礙事。十六歲之後，就一切順利。將來健康長壽，貴不可言。

這麼好的生辰八字，會不會是胤禛刻意偽造的呢？當然不會，因為皇帝子孫的出生日期，都是主管皇族事務的宗人府早就記錄在案的。這段批語是不是胤禛找人瞎編的呢，這個也不可能，因為中國古代算八字，有一套固定的算法，你找哪個算命先生，看同一個八字，結論都差不多。乾隆這個八字，在傳統算命法中確實是十分難得的大富大貴之命。

這個八字，對乾隆的一生命運產生了決定性影響。《清高宗實錄》記載，看過這個八字後，康熙做出了一個非同尋常的決定：將弘曆「養育宮中」。

「養育宮中」甚麼意思呢，就是把弘曆接到皇宮中來，陪伴自己一同生活。這對於康熙的孫子們來講，是一項極大的「恩榮」。在弘曆之前，九十七個孫子中，只有一個人獲得過這個殊榮。就是前面講過的廢太子胤礽的長子弘晳，因為康熙原想培養他為第三代君主，所以才把他「養育宮中」。換句話說，只有被康熙列入未來繼承人培養計劃的人，才會被他接到宮中，進行深入考察。

事情發展到這裡，說明胤禛當初的計劃初步成功了。接下來，就要看和祖父一起生活的時候，弘曆能否進一步獲得祖父的喜愛和肯定。換句話說，弘曆能否抓住命運給他的這個特殊的機遇。

康熙六十一年（1722 年）夏天和秋天兩個季節，一共五個多月裡，弘曆陪着爺爺，一起生活在避暑山莊之中，祖孫二人每天形影不離。乾隆後來回憶過當時的情景：「夙夜祗（zhī）隨聖祖，綈（tí）几展書，則親授章句；批章引見，則敬立座側。至於傳餐侍膳，曲承含飴依膝之歡。」（《御製詩全集》注）

甚麼意思呢？讀書的時候，康熙親自給他一句句地講解。吃飯的時候，祖孫兩人坐在一桌，爺爺不斷地給孫子搛菜。甚至接見大臣討論軍國大事的時候，康熙也特批弘曆可以留在身邊。弘曆此時總是懂事地「屏息而侍」，安安靜靜地觀察爺爺如何處理國家大事。康熙有時候給別人題字，弘曆就跑前跑後，給他磨墨抻紙。可以說，這個乖巧的孫子給康熙一生中的最後歲月帶來了很大的快樂，短短半年之中，祖孫兩個人建立起了深厚的感情。

所以《清高宗實錄》曾經記載了這樣一個細節：康熙六十一年夏，弘曆「一日，望見御舟泊晴碧亭畔，聞聖祖呼名，即趨岩壁下，顧謂勿疾行，恐致蹉跌，愛護殊常」。這年夏天的一個中午，康熙泛舟避暑山莊湖上，弘曆正在附近山上玩耍，在山頭上，遠遠望見御舟駛過來，就急急忙忙跑下山來，想跑到爺爺身邊去。老皇帝在船上看見了，生怕孫子跌倒，急忙站到船頭，衝着弘曆大喊：「慢點跑，別摔了！」爺爺蒼老而焦急的聲音深深印在弘曆的腦海裡，六十年後還迴蕩在乾隆的耳邊，六十年後，乾隆在一首詩中寫道：「望見御舟泊亭畔，呼名趨下層岩壁。顧謂勿急恐蹉跌，是即初蒙恩眷日。」就是說，看見我在山上跑，可把祖父急壞了，生怕我摔着。那個時候祖父對我啊，實在是太關愛了。

在這半年之中，弘曆不僅憑他的聰明懂事贏得了康熙的喜愛，而且他的運動天分也給康熙留下了深刻的印象。乾隆晚年，在一件諭旨中提到了當年一件事，說：「昔年朕隨侍皇祖山莊閱射，朕連中五矢，仰蒙天語褒嘉，慈顏大悅，蒙賜黃褂，其時朕年十有二歲。」（《清宮史續編》卷四）就是說康熙親自教弘曆射箭，弘曆一下子，嗖嗖嗖，連中五箭，康熙十分高興，馬上賜給他一件黃馬褂。現在避暑山莊「澹泊敬誠」殿大門的門壁上，還刻有乾隆的一首詩，詩中有兩句説：「閲射門前卻自思，髫齡自此沐恩慈」，説的就是這件事。

所以康熙打獵時，就總帶着弘曆。弘曆膽子很大，讓康熙很滿意。不過有一次打獵，卻出了點意外。《清高宗實錄》記載：「（乾隆）木蘭從獮（xiǎn），入永安莽喀圍場，命侍衛引射熊。甫上馬，熊突起，控轡自若。聖祖御槍殪之。」這是這一年八月份，康熙帶着弘曆到圍場打獵。康熙遇到一頭大熊，舉起火槍，一槍打到大熊肚子上，把大熊打成重傷，倒在地上一動不動了。康熙以為這頭大熊已經沒甚麼威脅，就回頭對弘曆説，你上前補射一箭。為甚麼呢，康熙想讓弘曆練練膽量。不知道為甚麼，弘曆平時膽子很大，一聽祖父指示就奮勇爭先，那一天卻像睡着了一樣，坐在馬上遲遲不動，閉着眼睛在那養神。康熙心中有些不高興，心想，本來這個孩子一直膽子很大，今天怎麼突然害怕起來？康熙就喊了一聲：「弘曆，怎麼不動？」

弘曆聽爺爺這樣一喊，才像突然醒過神來，睜開眼睛，催動胯下馬，正要前進。不料就在這個時候，那頭已經倒地很久的大熊突然猛然一個翻身，像人一樣直立起來，嘴裡發出一聲怒吼，發了瘋一樣直撲眾人而來。在場的所有人一剎那間都驚呆了，不知道怎麼辦，只有康熙反應及時，舉槍便射，子彈從熊的耳朵射入，打入熊的大腦，大熊這才徹底死去。所有人都驚出一身冷汗。

這件事給康熙留下了極深的印象。事後康熙想，幸虧這孩子那天沒聽命令。要是他一下命令弘曆就衝上前去，那說不定就成了大熊的口中之物。為甚麼平時很勇敢的弘曆，那天突然像睡着了似的反應遲鈍呢？有點迷信的康熙認為這說明冥冥中有天意，保佑這個不同尋常的孫子。所以在《清高宗實錄》中，接着上一段記載說：「事畢，入武帳，顧語太妃曰：『是命貴重，福將過予。』」就是說，打完獵，回到帳篷裡，對隨侍的妃子說，這孩子命真貴重，看來這孩子的福氣啊，比我還要大。這是甚麼意思？康熙本身做了六十多年皇帝，比他的福氣還要大，這就說明他動了讓弘曆當隔代接班人的想法。

就在這件事發生之後一週，康熙專門來到了胤禛在承德的賜園獅子園，在這裡，康熙也給每個皇子賜了一個花園。皇帝主動來到皇子的家裡，這就很不同尋常了。來到之後，康熙又提出一個大家都沒有想到的要求。他指名要看看乾隆的生母。《清高宗實錄》卷一記載說：「聖祖幸園中，特命孝敬憲皇后率孝聖憲皇后問安拜覲。」就是說，康熙來到賜園裡，要求見見弘曆的生母。

當時整個雍親王府的人都很奇怪，不知道老公公為甚麼指名要見自己的兒媳婦。為甚麼要見乾隆的母親呢？因為康熙皇帝很相信算卦相面之類，所以他研究過相面術。如今，對兒子、孫子，他都了解了，他也要了解一下這個兒媳是個甚麼樣的人。因為如果這個孫子當了皇帝，這個兒媳就是皇太后，對政局也會產生影響。所以他要給這個兒媳相個面。

那麼，康熙對弘曆的母親印象如何呢？

第三章 提前接班

乾隆的遺傳基因很出色，這對他登上皇位起了決定性的影響。

那麼乾隆都繼承了哪些家族的優秀基因呢？我們知道一個人的基因，從父親和母親那各繼承百分之五十。首先乾隆智商很高，這一點很像父親雍正。但是雍正這個人有一個突出的劣勢，那就是身體不好。清代前期的五位皇帝武功騎射都很厲害，到雍正這就不行了，騎馬打獵樣樣稀鬆，愛靜不愛動，連門都不愛出，康熙六次南巡，雍正一次也沒巡過，根據《清世宗實錄》記載，甚至連去趟天壇祭天都經常找人代替。而乾隆呢？一生身強體壯，武功騎射本領高強，愛動不愛靜，人稱「馬上天子」。可見乾隆在身體素質這方面的基因，不是來自雍正，而是從母親身上獲得的遺傳。那麼乾隆的母親究竟是甚麼樣的一個人呢？

講到這裡，我們回過頭來，看一看乾隆的出生。根據《清高宗實錄》以及清代皇帝的族譜也就是《玉牒》的記載，乾隆出生於康熙五十年，也就是公元 1711 年陰曆八月十三日，出生地在當時的雍親王府，也就是今天的北京雍和宮。他的母親，根據《玉牒》記載，是一位滿族格格叫鈕祜（hù）祿氏。

當然，這是正史的記載。在野史中，關於乾隆的出生，有很多相當離奇的說法，其中最著名的是兩個。一個是說，乾隆不是滿族人，是漢人陳閣老的兒子。另一個說，乾隆的出生地不是雍和宮，是避暑山莊。他的生母是個漢族宮女。

關於乾隆的出身，閻崇年先生在《揭秘清宮懸案》裡專門講過，我就不再細講，只是大致來分析一下剛才說到的這兩個傳說為甚麼站不住腳。

第一個傳說，說是雍正皇帝在做雍親王時生了一個女兒，

乾隆生母孝聖憲皇后

而就在同一天，大臣陳閣老陳世倌家生了個男孩。雍正和老陳家很熟，就讓他們把那個男孩抱來看一看。結果，等這個孩子送回去的時候，老陳家人大吃一驚，原來給調包了：男孩換成了女孩。男孩被留了下來，後來就成了乾隆皇帝。

這是根本不可能的。最簡單一條，雍正皇帝生育能力很正常，他一生一共生了十個兒子。乾隆出生之前，雍正已經有了三個兒子，而且這一年他年僅三十四歲，妃子又那麼多，想生就自己生唄，幹嗎非得弄一個漢族孩子來繼承大清皇位呢？所以這個傳說是站不住腳的。

那麼第二個傳說，據說雍正有一年陪康熙待在避暑山莊，和一個漢族宮女野合，就生了乾隆。這也不可能。乾隆出生於八月十三日，我們知道十月懷胎，那麼他就是前一年陰曆十一月中旬坐的胎。那麼就出現了一個問題：清代皇帝為甚麼要到避暑山莊呢？當然是為了避暑。陰曆十一月中旬，就是陽曆十二月份，避暑山莊已經天寒地凍，滴水成冰，雍正和康熙不可能還待在那，還在冰天雪地裡跟宮女野合，那不得凍成冰棍？所以這個傳說也是站不住腳的。

那麼，為甚麼關於乾隆的出生會有這麼多的傳說呢？這只能說明後來社會上很多人對乾隆或者說清王朝不滿。在中國歷史上，很多皇帝身上都有離奇的傳說。比如秦始皇，人們傳說他是呂不韋的私生子。關於隋煬帝，人們傳說他親手殺死了自己的父親隋文帝。關於雍正，人們說他毒殺了康熙。其實，這些傳說現在證明都是編造的。在這些傳說的背後，都有深刻的政治原因，這幾個皇帝的所作所為，損害了很多人的利益。關於乾隆的這兩個傳說，有一個共同點，就是都說乾隆的生母是漢族人，這說明甚麼？說明清代漢族人對被異族統治在心理上難以接受，所以才用戲說乾隆出身這種的方式，尋求心理上的平衡。

講清楚了這個問題，回過頭來，我們接着講乾隆真正的生母，鈕祜祿氏。

說到鈕祜祿氏這幾個字，相信清宮戲看得多的讀者會感覺很熟悉。因為清宮戲裡經常聽到這個姓。比如大貪官和珅，就姓鈕祜祿氏。清朝好幾朝的皇后也姓鈕祜祿氏。所以有清一代，「鈕祜祿氏」被列為清代「八大家」，是一個不折不扣的名門。

所以很多人一聽乾隆的生母姓鈕祜祿氏，就說她肯定出身名門。這就錯了。我們說的「八大家」之中的「鈕祜祿氏」，是指開國元勳額亦都的後代。而乾隆的母親，並非額亦都的後人。這就好比說在唐代，皇帝姓李，但是並非所有姓李的都和皇帝一家子。事實上，乾隆母親所姓的這個鈕祜祿氏，是個很普通的家族，沒出過甚麼名人。我們查清代《玉牒》會發現，乾隆母親祖上，社會地位很低。她的祖父，是一介白丁，普通老百姓，一輩子沒當過任何官。而她的父親，也就是乾隆的外祖父淩柱，根據《清列朝后妃傳稿》記載：「原任四品典儀。」表面看起來，似乎當過相當的官職，但我們仔細分析一下，四品典儀，就是王府中舉行各種典禮時喊口號的官，是一個榮譽性的閒職，一般是封贈給后妃家裡人的。這說明，這個官不是他自已幹出來的，是因為他的女兒成了妃子，他才弄到的。可以說乾隆的姥爺家不過是清朝一戶普通的老百姓。

清代皇子娶親講究的是門當戶對，雍正怎麼會娶了個老百姓的女兒呢？事實上，乾隆的母親不是被娶進雍親王府的，最開始她只是雍親王府裡的一個丫環，侍候人的。據清代《玉牒》記載，她「年十三賜侍世宗藩邸」。說明白點，就是十三歲這一年，被康熙作為粗使丫頭賜給雍正。

那麼鈕祜祿氏後來怎麼就成了妃子呢？史書上關於她從十三歲做粗使丫頭，到二十歲時生出乾隆這中間這七年，一個字的記載也沒有。我們只能大致推測一下。我們推測，剛到雍親王府的時候，鈕祜祿氏不過幹些端茶倒水之類的雜活，雍親王胤禛應該沒怎麼注意過她。直到康熙四十九年（1710 年）的某一天，無所事事的雍親王胤禛可能是不經意間突然發現，咦？這個入府六年的小丫頭，如今已經長大成人了。十九歲的鈕祜祿氏，雖然相貌平平，但是身材高挑，曲線優美，很有點青春光彩。三十三歲的雍親王一時興起，和這個十九歲的丫頭就搞了一次一夜情。結果，就生出了乾隆皇帝。

在當時，這並不是十分光彩的行為，所以雍正一直羞於提起這個丫頭。事實上就是生了乾隆很多年之後，這個鈕祜祿氏還是沒甚麼地位、沒有名號，在《玉牒》和《實錄》中，一直被記載為格格。很多人一聽說「格格」這兩個字，就說，那不是公主嗎？其實格格在滿語裡也就是姐姐的意思，並不專指公主。清代有一本朝廷欽定的最權威的滿文詞典，叫《清文鑒》，其中對格格的解釋就是兩個字，姐姐。所以格格包括的範圍很廣，不但公主，甚至連通房大丫頭，也叫格格。鈕祜祿氏生了乾隆之後，只不過由普通丫頭變成了通房大丫頭，雍親王既然沒給她甚麼名分，所以大家只好稱她格格。直到雍正元年（1723 年），雍正做了皇帝後，她才頭一次有了名分，被封為熹（xī）妃。

生母地位不高是乾隆皇帝終生的一個隱痛，因為在傳統時代，人們對嫡庶之分看得很重。《紅樓夢》中，賈環就因為生母趙姨娘是個妾，一直不被別人待見。所以乾隆皇帝一生一直諱言他母親的出身。

不過，乾隆不知道，他一生福氣連連，與生母出身低賤有很大關係。前面講過，乾隆是中國歷史上最幸福的皇帝之一。他之所以能這麼幸福，與他母親提供的遺傳基因密切相關。

為甚麼這麼說呢？

首先乾隆之所以能長壽，就是因為他有這樣一位母親。乾隆以前，清代的皇帝平均壽命不太高。從努爾哈赤到雍正，五位皇帝，平均壽命為五十四歲，而乾隆活到八十九歲，比祖先們的平均年齡高出了整整三十五歲。在乾隆的兄弟們當中，他也是最長壽的。乾隆兄弟一共十人，其他九人和他都不是同母所生。夭折了六個，活了四個，活下來的，除了乾隆，活得最長的也不過六十歲。乾隆皇帝身體素質之好，壽命之長，不光在清朝皇帝中是頭一個，在中國歷代也是絕無僅有。這說明甚麼呢，說明乾隆母親的遺傳基因中有長壽因素。乾隆母親活了整整八十六歲。而且老太太一生身強體壯，特別好動，是中國歷史上罕見的特別喜歡旅遊的老太后。乾隆登基之後，每次出門，都得帶老太太一起走：老太太生前趕上乾隆四次南巡，一次也沒落下。除此之外，還曾跟着乾隆三遊五台，三登泰山，至於避暑山莊，那更是年年去。老太太去世前一年，八十五歲了，還居然跟着乾隆，登上了泰山山頂，而且一路步履甚健，腳步很穩。乾隆為此專門寫了一首詩說：「八旬五母仍康步，六十六兒微白頭。」（《乾隆御製詩四集》）就是說，我六十六了，頭髮都白了。我老媽呢，八十五了，身體啊，比我還好，走路噔噔的。

那麼我們肯定會問了，為甚麼乾隆母親的身體這麼好呢？這恰恰因為她是出身平民家庭。本來滿族人因為一直生活在白山黑水之中，身體素質都很好，個個下馬能種地上馬能打仗，一年到頭都不感冒的。但是進了北京之後，大部分滿洲貴族開始錦衣玉食，衣來伸手飯來張口，身體素質不斷下降。你看雍正的其他妃子，都是出身於名門貴族，從小嬌生慣養，所以身體不好，生出來的孩子，都不結實，風一吹就感冒，一感冒就夭折。而那些下層滿族人，沒有那麼好的生活條件，反而保存了滿洲人在白山黑水中陶鑄起來的強壯和「皮實」。乾隆的母親鈕祜祿氏，就是因為出身低賤，從小一直幹粗活，所以身強體壯，一輩子沒鬧過甚麼毛病。

顯而易見，乾隆皇帝的身體素質遺傳自母親。乾隆天生擅長運動，敏捷性和平衡性極佳，各種兵器，上手很快，武功騎射，在清代諸帝中首屈一指。他精力極其充沛，天天日理萬機，很少感覺疲倦。這些都是母親的恩賜。

除了這一點，乾隆的性格也有很多地方像自己的母親。我們知道雍正皇帝性格有點陰沉，沒有甚麼親和力。而乾隆呢，卻很開朗、很活潑，很善於和別人交往，這一點也是來自自己的母親。

所以我們説，乾隆身上有三點贏得了祖父的喜愛，一個讀書好，一個武功好，一個性格好。這三好之中，起碼有兩好，來自母親的遺傳。所以乾隆從母親身上，得到的好處實在是太多了。

不僅是我們現代人，其實古人也是深知遺傳的重要性。古人説，父精母血嘛，父母就是孩子的模子。所以在康熙已經相中弘曆的時候，還是親自來到雍親王府，指名要看看乾隆的生母。那麼康熙見到乾隆的生母之後，會給出甚麼樣的評價呢？

根據《清高宗實錄》記載，當時康熙命令一下，雍親王胤禛當然趕緊把「鈕祜祿氏」叫了出來。通房大丫頭鈕祜祿氏以前從來沒機會見到天顏。遇到甚麼重要場合，都是雍親王的正福晉出頭，她只能在後廚忙乎。這次一聽説老皇帝指名要見她，也不知道是怎麼回事，匆匆打扮一下，趕緊出來跪在康熙皇帝面前，心裡怦怦直打鼓，心想老皇帝這是要幹甚麼呢？《清高宗實錄》記載，老皇帝命她抬起頭來，上一眼，下一眼，左一眼，右一眼，足足看了半分鐘之久，然後説了這麼幾個字：「果是有福之人，有福之人！」

那麼「鈕祜祿氏」到底長甚麼樣？為甚麼康熙連稱她是有福之人呢？今天故宮中還保留着一幅畫，叫《慈寧燕喜圖》。畫的是乾隆給他母親祝壽的情景。畫面裡，老太太方面大耳，看得出年輕時長得不算漂亮，但是很健康，骨骼很粗壯。在這次晉見公公之前，從來沒有人説鈕祜祿氏長得有甚麼特點，但是康熙卻發現了這個兒媳婦有「異相」。因為她方面大耳，鼻直口方，長得很喜慶，符合中國傳統相術中的「福相」標準。

所以康熙很滿意，給兒媳相完面，回避暑山莊去了。留下雍親王胤禛心裡十分高興。因為他知道，自己離皇位又近了一步。

對弘曆考察的最後一關也過了。胤禛通過弘曆這個砝碼來獲得皇位的設計，完滿地達到了目的。康熙六十一年（1722年）秋天，康熙皇帝從避暑山莊回到北京，住進了暢春園。一個多月後，十一月十三日，康熙皇帝突然得病，崩逝於暢春園。胤禛在眾多皇位競爭者中成為意外殺出的一匹黑馬，獲得康熙的臨終授命，當上了皇帝。

以上所講的，都是母親對乾隆的影響。父親雍正對乾隆的影響又有多大呢？

康熙六十一年（1722年）十一月二十日，雍正皇帝正式舉行即位大典。我們知道，一個國家最高元首出來之後，還要做一件事，那就是選一個副手或者說「備胎」。比如美國在選舉總統的時候，還要選出一個副總統。一旦總統出了事，副總統就可以接班。那麼對於傳統中國來説，就是要確立一個太子，皇帝一旦有意外，太子就能頂上來。所以古人又稱太子為「儲君」，儲藏起來備用的君主。

所以雍正元年（1723年）八月十七日，雍正親寫了一道傳位詔書，確定了下一代皇帝的名字。不過，和以前不同的是，雍正寫好了這道詔書之後，卻沒有把它公之天下，而是把它密封到一個小盒裡，派一個太監，放到乾清宮「正大光明」匾額之後。這就是中國歷史上一個著名的政治創新：「秘密立儲」。

雍正為甚麼要秘密立儲呢？原因很簡單，他借鑒了康熙晚年諸子爭立的教訓：如果早早公佈了哪個孩子是太子，那麼這個孩子容易成為眾矢之的，成為別人攻擊算計的目標。所以，為了保護太子，雍正才採取這樣一個辦法。大家一般都會認為，這個辦法是雍正首創。沒錯，在中國歷史上，確實是雍正首創，但是在國外，其實古已有之。大家看《舊唐書·波斯傳》，上面有一段記載：「波斯王初即位，密選諸子中才堪承統者，書其名字，封而藏之。王死後，大臣與王子共發封而視之。」就是說，波斯國王剛即位，就從兒子中挑一個有才能的，寫上他的名字，密封起來。國王死了，大臣與國王的兒子們一同打開密封，確定下一代領導人。可見，與中國唐代同時代的波斯，就已經實行了這個制度。雍正熟讀「二十四史」，所以我們有理由推測，他是從這段記載得到的啟發。

那麼，進行「秘密立儲」，從表面上看，雍正是給全國人民出了個謎語，讓大家競猜誰是下一代君主。不過，這個謎語其實一點也不難猜。我們講過，雍正一生生了十個兒子，六個夭折，長大成人的有四個：弘時，弘曆，弘晝，弘瞻。弘時居長，比乾隆大七歲，但是從史書記載來看，雍正一直不喜歡這個孩子。康熙五十九年（1720 年），康熙皇帝曾經封幾個兒子的長子為世子，弘時作為雍正的長子，卻沒能受封。這說明雍正沒有向康熙推薦他。到了雍正五年（1727 年），雍正又乾脆以「性情放縱，行事不謹」（《清皇室四譜》）八個字，把弘時開除出宗籍。幾天之後，弘時就莫名其妙地死了，年僅二十四歲。人們推測，他應該是胡作非為太出格，被雍正一怒之下賜死的。

弘時既然不被雍正喜愛，那麼雍正即位後，實際上可以選擇的孩子只有兩個：弘曆和弘晝。不是還有一個小兒子弘瞻嗎？那是雍正十一年（1733 年）才出生的，雍正立儲時還沒有這個孩子。前面説過，弘曆和弘晝天資相差很多，雍正會選擇哪個，並不是難題。這是我們説這個謎語不難猜的第一個原因。

第二個原因，是康熙喜歡弘曆這個事，大家早就知道了。康熙剛剛去世，弘曆將成為再下一代君主的消息，就已經廣為人知了。

《朝鮮李朝實錄》記載，在康熙去世的第二個月，中國派到朝鮮來宣告這個消息的使臣，和朝鮮官員聊天時説過這樣一件事：説是康熙皇帝在暢春園病重之時，知道自己這次好不了了，於是召來閣老馬齊，對他説：「我的第四子胤禛最賢，我死後立為嗣皇。胤禛第二子弘曆有英雄氣象，必封為太子。」

這説明，康熙指定弘曆為隔代太子這個事，在康熙去世後當年就傳到了朝鮮。連國外都傳遍了，那麼在國內當然也一定廣為人知，至少在朝廷上，人人都在談論這件事。

所以雍正登基之後，十二歲的弘曆實際上就已經成了皇太子。不過是一個不能公開身份的皇太子。

作為父親，雍正一生給了乾隆很多珍貴的禮物：

第一，他遺傳給了乾隆超高的智商。

第二，雍正把皇位作為遺產，穩妥地交給了乾隆。由於是秘密立儲，弘曆在做接班人的過程中，沒有受到歷史上其他太子那樣的各種威脅。這是雍正的恩賜。

除了這兩項之外，雍正還給了乾隆另一項寶貴的賜予，那就是成功的教育。

從雍正元年（1723 年）開始，弘曆就開始作為接班人，被雍正精心培養。

我們縱覽中國歷史，可以說這樣一句話，弘曆的教育，是中國歷代皇帝中最為成功的。在即位之後，乾隆在政治生涯中表現出的知識面之廣，文化功底之深厚，對中國歷史經驗之嫻熟，是一般帝王所遠不能及的。歷朝歷代皇家都非常重視太子的教育，為甚麼弘曆的教育比一般太子都更成功呢？

我想有三個因素。

第一，是父親雍正的嚴格要求。

歷代帝王對待太子，方式很不相同。有的人，很早就開始讓太子處理政務。比如朱元璋立了朱標為太子之後，命令大臣們凡上給他的奏摺，也給太子來一份，而且讓太子先拿出處理意見。康熙也是這樣，他立了胤礽為太子之後，自己親征噶爾丹，就讓太子坐鎮京師，直接處理天下大事。這樣做的好處，是讓太子早早積累起政治經驗，隨時能順利接班。壞處呢，是讓太子形成了自己的一批政治勢力，容易對皇權構成威脅。有的大臣一看老皇帝身體不行了，沒幾天了，就團結在太子周圍，不再聽皇帝的話。康熙晚年就出現過這樣的事。所以雍正鑒於此，對自己的皇子管束極嚴，要求他們只能老老實實待在宮中讀書，無事不得外出，更不得結交官員。即使是被秘密立為太子的弘曆也是這樣，你的唯一任務就是專心讀書，實際政務，一點也不許過問。雍正對皇子讀書要求又非常嚴格，雖然日理萬機，還經常跑到書房中，親自考問孩子們的功課。所以有了這樣一個嚴厲的老爹，你要想不好好學習，那是不可能的。這是第一點。

第二，清代皇室，對皇子的教育，有一整套嚴密而科學的制度。

入關之後，清皇室對皇子讀書立下了規矩。乾隆時期曾經在軍機處任職的史學家趙翼在他的筆記《檐曝（pù）雜記》中寫過皇子上學的情景：

本朝家法之嚴，即皇子讀書一事，已迥絕千古。余內值時，屆早班之期，率以五鼓入，時部院百官未有至者，惟內府蘇喇數人往來。黑暗中殘睡未醒，時復倚柱假寐，然已隱隱見有白紗燈一點入隆宗門，則皇子進書房也……

就是說，大清皇子讀書，要求之嚴，創了歷代之最。說我當初在軍機處值早班的時候，早上四點鐘就要入宮。當時其他文武百官還沒有到，天還一片漆黑。我也沒完全睡醒，一邊值班，一邊靠着柱子打瞌睡。但是這時候你就會看到，有一盞白紗燈，遠遠地走進隆宗門。這是甚麼啊？這是太監送皇子們進書房上學的。現在的孩子們每天早上七點鐘上學，家長們一直在抱怨說太早了，可是清朝皇子，每天早上不到五點就上課了。

早晨五點上學，幾點放學呢？下午三點多。每天學習將近十小時。在書房裡，也和今天的學校一樣，每天都有固定的課程表。每天上午，有兩門課，一門是經史，一門是文學。經史就是「四書五經」「二十四史」。作為皇子，不需要參加科舉考試，所以用不着學習寫八股文，所以他們接受的教育，更有針對性和實用性，因此他們除了孔孟經典外，更多的是讀史，要從歷史的興亡得失中學到經驗教訓。另一門是文學，讀讀唐宋八大家，詩詞歌賦等等，學習寫作文，寫詩歌。下午也有兩門課，一是體育課，一門是語言課。體育課有些甚麼內容呢？一是學習射箭；二是騎馬；三是槍械射擊，也就是使用鳥槍；四是武術，就是學習南拳北腿斧鉞鈎叉等。清代的皇子，出了很多武功高手，後來的道光皇帝，雖然我們都覺得這樣人不怎麼樣，鴉片戰爭打敗了，其實他武功不錯，還曾經自創刀法，共二百式，叫「二百連環刀法」，都有武術功底。下午除了體育課，還有語言課，甚麼內容呢？學習滿語和蒙古語。滿語是清代的「國語」，當然要精通。清代號稱滿蒙一家，和蒙古族關係十分緊密，所以做皇帝你必須得會蒙古語。所以這些課程的安排文武兼備，種類齊全，科學合理。

皇子們學習的日程安排得很緊，十個小時中間只有兩次休息。哪兩次呢？辰初二刻，也就是早上七點半，吃早飯。午正，也就是中午十二點，吃午飯。但是每次吃飯不超過半小時，而且如果你吃飯前老師安排背的書沒背下來怎麼辦？不許吃飯，接着背。我們今天的學生有寒假暑假，一年有三個月假期，此外還有週末，加起來有小半年時間不用上學。而皇子們呢，一年只有六天假期，哪六天？皇帝生日，正月初一，端午中秋和皇子本人生日。有人說這不五天嗎？皇帝生日放兩天，加一起六天。除此之外，即使大年三十，也要上學。所以清代皇子們讀書，比今天的學生累多了。

教育抓得這樣緊，所以清代皇族，雖然是少數民族，傳統文化造詣卻極深。清代皇帝的平均文化素質，要強於漢唐宋明的大部分君主。

第三，弘曆天資聰穎，讀書又非常勤奮。乾隆一生能取得那麼多成就，與他超人的勤奮是密不可分的。從六歲開始接受啟蒙教育到二十五歲登基，弘曆在書房中整整度過了十九年的光陰，每天的學習時間長達十個小時。他深知自己雖然已經被密定為接班人，但是由於是秘密立儲，自己這個接班人的地位並不是板上釘釘的。如果自己表現不好，隨時有可能被雍正秘密換掉，哪一天，寫個新名字，叫太監半夜三更爬到正大光明匾後面給換了，那不就抓瞎了嗎？那麼，既然父親給皇子們的唯一任務就是讀書，他唯一能做的事，就是把書讀好。乾隆自己說，「已乃精研《易》、《春秋》、戴氏禮、宋儒性理諸書，旁及《通鑒綱目》、史漢八家之文，莫不窮其旨趣，探其精蘊」（《樂善堂全集》）。就是說，「四書五經」、程朱理學，以及《資治通鑒》、「二十四史」、唐宋八大家，他都熟讀了。在整個中國歷史上，也很少有皇帝，像乾隆這樣在即位前接受了如此長期、嚴格、系統的教育。這對乾隆的性格也有強大的塑造作用。怎麼個塑造作用呢？它培養了乾隆超人一樣的毅力。乾隆一生生活非常有規律，有嚴格的計劃性，非常勤奮，每一分鐘都不浪費。

出眾的天資，使弘曆從康熙九十多名孫子中脱穎而出，被隔代指定為繼承人。那麼嚴格而系統的教育，為他打下了堅實的知識基礎。可以説，讀了十幾年書的弘曆已經成了一個合格的接班人。但是他還面臨着一個關鍵的問題：甚麼時候，才能接班。

傳統時代的政治不搞任期制，接班人甚麼時候接班，只取決一個事，那就是老皇帝甚麼時候死。你看，英國查爾斯王子，從一九四八年一出生，就是接班人，到現在，六十九年了，還沒接上班。他母親伊麗莎白二世今年已經九十一歲了，身體還非常棒。伊麗莎白的母親比她還厲害，活了一百零二歲，如果伊麗莎白也活到一百零二，那麼查爾斯王子得八十歲才能接上班，你說誰能保證自己能活到八十歲？

弘曆也面臨着這個問題。他的父親雍正，四十五歲才接上班。假設雍正能活到八十二歲的話，弘曆就得等到整整五十歲才能接上班。這你不能抱怨。康熙朝的太子，就是因為說了一句話，「古今天下，豈有四十年太子乎」，就是說，當太子怎麼能一當就四十年呢？這也等得太久了。這句話引起了康熙的懷疑，最後下場很慘。所以乾隆只能等待命運的安排。

然而命運沒讓弘曆等太久，在他二十五歲這一年的秋天，父親雍正又送給了他第四項恩賜：讓他在最佳年齡就接了班。

雍正之死，也是清朝歷史上一個著名的懸案。關於雍正之死，有許多傳說。最著名的是說他被呂四娘刺殺。這當然只是一個傳說而已，有很多漏洞，比如清代皇宮的保衛制度，不可能讓任何人能潛入乾清宮，這些我們不細講了。我要說的是，之所以出現這樣的傳說，是因為雍正的死非常突然，可以說是暴死，所以在民間引起了種種猜測。那麼雍正之死，真相到底如何呢？

後來雍正朝的大學士張廷玉在自己的《年譜》中回憶了那

一天的經過。張廷玉是康熙朝的進士，雍正朝的大學士，是雍正最信任的漢族大臣。他晚年在自己的《年譜》說：雍正十三年（1735 年）八月二十日，聖躬偶爾違和，猶聽政如常。廷玉每日進見，未嘗有間。二十二日漏將二鼓，方就寢，忽聞宣召甚急。就是說，他習慣於早睡早起，因為他身居內閣，必須天天早朝。雍正十三年（1735 年）八月二十二日晚上十點左右，他已經就寢了，突然被一陣急劇的敲門聲驚醒。原來圓明園的太監前來傳旨，召他火速入園。

張廷玉趕緊穿好衣服，小跑着奔向圓明園，一邊心裡直打鼓，說我當官這麼多年，從來沒有在睡覺的時候被皇帝叫醒過。這是出了甚麼大事呢？

等到來到雍正的寢宮，張廷玉大驚失色，雍正皇帝躺在大床上，已經兩目緊閉，呼吸微弱，不認識人了。

張廷玉在《年譜》中說自己當時「驚駭欲絕」。雍正那一年不過五十七歲，年齡並不算老，而且平日並沒有甚麼大病。前兩天，也就是八月二十日，雍正身體確實有些不爽快，不過仍然辦事如常。就在今天仍然能正常地接見大臣。怎麼這麼快就不行了？

原來，是丹藥惹的禍。

雍正皇帝身體一直不太好，又是一個工作狂，成天加班工作，到了五十多歲，就感覺身體有點支撐不住了。雍正對道教很感興趣，他在後宮之中養了幾位道士，他們的任務就是為他提煉「仙丹」，讓他增強精力、延年益壽。馮爾康等著名歷史學家考證，確定原本沒有甚麼致命大病的雍正，服用了含有劇毒的「丹藥」，提前離開了人世。

皇帝死得如此突然，朝中當然一片混亂。在張廷玉等人被召進圓明園的同時，雍正的兩個成年的兒子，弘曆、弘晝當然早早就已經守在雍正身邊了。那麼這兩個人，誰將是接班人呢？

第四章

叛逆的繼承人

雍正突然去世。雖然大家都認為很可能是弘曆當皇帝，但是必須先要找到雍正的遺詔才行。我們都知道，雍正的密詔藏在紫禁城正大光明匾額後面，而他死在圓明園，那時候交通不發達，從圓明園回到北京城裡，來回要一天多，國不可一日無君，一天多沒有皇帝，這怎麼行？這可怎麼辦呢？

正大光明匾額

關鍵時候，還是老臣張廷玉有辦法。張廷玉知道雍正這個人，凡事謹慎，肯定想到了自己可能死在紫禁城外，因為和我們的想像不同，實際上清代皇帝一年有一多半時間不待在紫禁城，而是待在圓明園和避暑山莊。所以雍正身邊，應該隨時帶着遺詔副本。

在《年譜》中，張廷玉回憶説：

廷玉告二王諸大臣曰，大行皇帝因傳位大事親書密旨，應急請出以正大統。總管太監曰，大行皇帝未曾諭及我輩，不知密旨之所在。廷玉曰，密旨之件，諒亦無多，外用黃紙固封，背後寫一封字者即是此旨。(《張廷玉年譜·雍正十三年》)

就是說，張廷玉告訴在場的人：「大行皇帝（就是剛剛死去的雍正）身上應該有傳位密詔副本，現在最緊要的事就是要找到密詔。」於是命令總管太監去找。總管太監說：「這件事皇上沒有和我們交代啊，我們不知道密詔放在哪啊。」張廷玉說：「別着急，你們就在皇帝身邊找，有一個外面用黃紙封着小盒，背後寫一個『封』字，應該就是。」

一小會兒，太監果然在雍正身邊找到了這樣的一個小盒。於是大家打開小盒，裡面正是雍正親筆所書的傳位密詔。大家取出遺詔，共同捧到燈下宣讀。

雍正的遺詔都寫了些甚麼內容呢？記載於《清世宗實錄》的這道遺詔開頭就說：皇四子寶親王弘曆，秉性仁慈，居心孝友，聖祖仁皇帝於諸孫之中最為鍾愛，撫養宮中，恩逾常格……

後面又說：

今既遭大事，着繼朕登極，即皇帝位。

就是說康熙當初對弘曆很喜愛，弘曆這個孩子自身條件也不錯，仁慈孝順，所以我死了，讓弘曆接班，當皇帝。雍正在遺詔當中鄭重其事地講到康熙養育弘曆這個事，公開將康熙喜歡弘曆，作為傳位給他的首要理由。所以我們可以進一步確定，弘曆在雍正競爭皇位的過程中，確實起了重要作用。

聽到了這個遺詔之後，弘曆是個甚麼反應呢？

張廷玉在《年譜》中說：「上伏地大慟良久，王大臣等叩頭敦勸再三，上始載拜受命。」上就是弘曆，雍正一死，弘曆事實上就是皇帝了，所以叫上。就是說弘曆聽到遺詔內容後，馬上趴到地上，號啕大哭，大伙怎麼勸都勸不住。哭了老半天，才爬起來，勉強接受了大家的朝拜。

其實弘曆這個哭裡，有激動的成分。雖然早就猜到自己是大清帝國的繼承人，但是弘曆確實沒想到雍正死得這麼早，這麼突然。父親雍正雖然身體一般，但沒有致命的大病，大家都認為活個七十歲左右很正常，所以弘曆早已做好四五十歲接班的準備。沒想到父親五十八（虛）歲，就去世了，讓自己在二十五（虛）歲就登上了大寶。注意我們這本書裡講的，都是虛歲。

弘曆不能不為自己感覺慶幸。因為回顧中國歷史，在皇帝交接班的那時候，通常都是危機重重。比如大清開國以來，五位皇帝，哪個人登上皇位，都不那麼順當。努爾哈赤死後，他的兒子皇太極與代善爭過皇位。皇太極死後，弟弟多爾袞與長子豪格都想當皇帝，不相上下。最後六歲的小兒子福臨作為一個平衡勢力被推上了皇位，這就是順治皇帝。順治去世後，年僅八歲的康熙登基，因為不能親政，造成過很大的政治危機。至於雍正繼位，其鬥爭之慘烈，更是廣為人知。所以大清建立以來，只有弘曆的繼位，光明正大，水到渠成。而且你看弘曆這個年齡，二十五歲，是當皇帝的最佳年齡。今天一個人二十五歲，正是研究生剛畢業，開始工作的年齡。人在這個年齡，既有朝氣和進取心，又已經完成了系統教育，正是施展才華的大好時機。所以弘曆不能不感覺到，命運對自己實在是太慷慨了。

所以弘曆有點激動。不過你激動不能在這個時候表現出來。所以作為一個情商極高的人，弘曆馬上調動起全部精神，投入到「孝子」這個角色的扮演當中去。弘曆想起了父親對自己的全部好處，感激和悲痛之情洶湧而至，他「自晝至夜，號哭不止」，從頭一天夜半到第二天太陽落山，哭不停聲，水米沒打牙，沒吃一點東西。

在傳統社會，非常講究禮法。一個人在禮法上表現得怎麼樣，對父母孝順不孝順，葬禮上悲不悲痛，決定着社會上對自己的看法。《清高宗實錄》記載，乾隆在這些方面的表現那是無可挑剔。大殮（liàn）之際，就是要把雍正裝進棺材的時候，弘曆「痛哭失聲，擗踴（pǐyǒng）無數」（《清高宗實錄》），擗，捶胸；踴，頓足。就是說無數次掙扎跳躍，攔着說甚麼不讓人蓋上棺材蓋。所以大臣們都說，這個新皇帝，真重感情，真孝順。弘曆給滿朝大臣留下了一個非常好的第一印象。

雍正十三年（1735 年）八月二十二日晚上開始，弘曆成了皇帝，正式開始了他的帝王生涯。雖然「乾隆」這個年號是第二年才啟用，但是我們從現在起，就可以稱他為乾隆皇帝。

我們說，乾隆在葬禮上的表現，每個環節都特別到位，可以稱得上是一個超級大孝子。孔子說過，「三年無改父之道可謂孝矣」。那麼按理，這個孝順的新皇帝會全面繼承雍正的既定方針。滿朝大臣都這麼想。

然而事實的發展卻遠遠出乎人們的預料。

雍正駕崩後第三天，八月二十五日，乾隆就迫不及待發佈諭旨，把雍正在宮中養的那些道士，通通趕出了皇宮。我們前面不是説過，雍正不是在宮中養了許多道士，給他煉丹嗎？

在諭旨中，乾隆説：

皇考萬幾餘暇，聞外省有爐火修煉之説，聖心雖知其非，聊欲試觀其術，以為遊戲消閒之具。因將數人置於西苑空閒之地。聖心視之如俳（pái）優人等耳，未曾聽其一言，未曾用其一藥。（《清高宗實錄》）

就是説，我父親閒着沒事的時候，聽説外面有人會煉丹術，雖然明知這事很荒唐，但是就為了取個樂兒，找了幾個道士，在西苑豎爐煉丹。我父親不過把這些道士當作排遣取樂的優伶小丑，從來沒有聽取過他們一句進言，也從來沒有吃過他們給的一粒丹藥。

甚麼叫此地無銀三百兩，這就是。本來大家都不知道雍正是怎麼死的，這道諭旨卻泄露了秘密，明確告訴大家，雍正就是亂吃丹藥死的。

那麼乾隆為甚麼如此迫不及待地來揭父親的短呢，因為乾隆受的是正統的儒家教育，他對雍正崇拜佛教道教這種離經叛道的行為，十分反感。我們知道，雍正崇佛崇道，搞得都很離譜。他曾經親自披上袈裟，冒充大和尚，在宮中舉行法會。甚至還親自撰寫了一本叫《揀魔辨異錄》的書，專門和和尚們討論宗教問題。在他的支持下，雍正一朝佛道兩教都非常興旺，佛寺道觀到處都是。在正統儒家教育中成長起來的乾隆卻認為一名帝王，應該獨尊儒教。所以在這道諭旨中，他不光把道士們從宮中趕走，還宣佈了一項新政策，那就是今後誰要出家，必須由官方給予度牒，不能你想出家就出家。為甚麼要宣佈這項政策呢，是為了控制和尚道士數量的增長。

這道諭旨讓天下百姓都很驚訝，沒想到新皇帝敢這樣直接和老皇帝對着幹。這道諭旨其實只是開了一個小頭，接下來，乾隆和雍正對着幹的事，一件接着一件。

雍正時期很受詬病的另一件事是「好祥瑞」。甚麼叫祥瑞呢？就是一些奇怪的自然現象，比如哪塊產出了雙頭的稻米，天上出現了五星連珠，或者出現了一塊五彩祥雲。人們說，這些現象，都證明皇帝統治的好，上天通過這種方式對皇帝加以表彰，就相當於給皇帝發獎狀。雍正皇帝因為人們都懷疑他這個皇位得的不正，所以拚命大搞祥瑞。《清世宗實錄》記載，他在位期間，中國歷史上所有的祥瑞品種差不多都出齊了，甚麼嘉禾、瑞繭、蓍（shī）草、靈芝、麒麟、鳳鳥、黃河清，卿雲現，一樣接一樣出現在官員的奏摺裡，雍正皇帝說，出現這些現象，證明老天爺對自己的統治很滿意。這自然是對篡位傳聞的一種變相的回應，如果我是篡位的，上天能支持我嗎？

可是天下人不都是傻子，在聰明人看來，雍正搞這一套太小兒科，太可笑，反而暴露了他的心虛。所以乾隆在繼位七天後就宣佈：「凡慶雲、嘉穀一切祥瑞之事，皆不許陳奏。」（《清高宗實錄》）我不搞這一套，你們別向我彙報。這相當於當眾打了老爹雍正一個響亮的耳光。

當然，趕道士、禁祥瑞，這些還都是小舉動。更大的舉措，還在後邊。

雍正十三年（1735 年）十月八日，就是雍正死後不到兩個月，乾隆發出了一道諭旨，震動天下：

> 允禩（sì）、允禟等孽由自作，得罪已死，其子孫仍是天潢支派，若俱屏棄宗牒之外，與庶民無異。當初辦理此事諸王大臣再三固請，實非我皇考本意。其作何處理之處，着諸王滿漢文武大臣各抒己見，確議具奏。(《清高宗實錄》)

這道諭旨是甚麼意思呢？

允禩是康熙第八子，非常有才能，曾經積極爭奪儲位。允禟是康熙第九子，是允禩最得力的助手。這兩個人在儲位鬥爭中處處和雍正對着幹，所以是雍正最仇恨的敵人，雍正即位後給他們改名叫「阿其那」和「塞思黑」，意思豬和狗，把他們關起來秘密處死，這樣還不解恨，後來又乾脆把他們的子孫後代開除宗籍，不承認他們是皇族。那麼講到這，可能有的讀者有點疑問，原來不是說康熙的兒子名字第一個字是胤字嗎？現在怎麼變成了允字？很簡單，雍正即了位，他的名字胤禛，就成了避諱字，誰的名字裡有這兩個字，都得改。所以他的兄弟們就把胤字改成了允字。

乾隆這道諭旨的意思是說，允禩、允禟等人，雖然已經犯了大罪，被我父親弄死了，但是他們的子孫的血管裡流的畢竟還是我們愛新覺羅家族的血。如果把他們開除於宗籍之外，與普通百姓一樣，實在不妥。當初之所以處理得這樣重，是出於辦理這件事的大臣們使的壞，架的火，而非我爹爹雍正的本意。這件事到底如何處理為好呢，請大家各抒己見，拿出一個方案來報給我。

這道諭旨是甚麼意思啊？是要給雍正的政敵平反。這是一件非常大的事。我們知道雍正這輩子啊，最被人詬病的，就是這件事。把康熙的孫子，開除出皇族，讓他們衣食無着，沒地方吃飯。這確實不利於愛新覺羅家族的形象。所以，乾隆發了這道諭旨，要改正父親的這個錯誤。

乾隆的旨意一下，大臣們當然知道應該怎麼做。他們建議皇帝恢復這些人的宗室身份。不久，允禩、允禟的後代又成了皇族，搬回了王府，過上了貴族生活。當日雍正另一個直接競爭對手，前十四阿哥允禵，乾隆不光給他放了出來，還賞了他一個公爵，給他一處很大的府第和一大筆銀子，讓他安度晚年。

這一重大舉動，一下子掃除了皇室王公之中對雍正乾隆這一支的怨恨之情，舉朝上下，對新皇帝的膽魄無不驚訝佩服。

這還沒完，不久之後，乾隆又進行了第三項大的政策調整，這就是廢除了雍正的「奏開墾」政策。甚麼叫「奏開墾」呢？原來雍正鼓勵各省百姓開荒種地，增加糧食產量。他規定，以各地開荒畝數作為衡量地方官的政績指標，就是說，哪個省開墾的荒地多，就升哪個省的官。結果可想而知，為了拚政績，各地官員紛紛虛報開荒數字，本來只開了一千畝，他們報上去一萬畝。結果他們升官發財拍拍屁股走人了，但留下的羅亂，卻要老百姓負擔。為甚麼呢？新開出了土地，就要納稅。本來有一千畝，卻要納一萬畝的稅，老百姓能受得了嗎？乾隆當皇子的時候，就聽到人們對此議論紛紛，所以他即位後馬上下詔，「凡造報開墾畝數，務必詳加查核，不得絲毫假飾」。就是説，對以前捏報的數字，你給我一一核實，把水分擠掉，減輕老百姓的負擔。

那麼，我們知道過去傳統政治強調以孝治天下。很少有人剛一登基，就這麼迫不及待地和父親對着幹。那麼乾隆為甚麼要這麼做呢？

我想，有以下三個原因。

第一個原因，是乾隆內心深處，對父親有一種強烈的逆反心理，他不喜歡自己的父親。

乾隆崇拜的是自己的祖父。祖父康熙，在中國歷史上，是最有「人情味兒」的皇帝。康熙不光是有政治手段，而且為人比較寬厚大度。因此當初小弘曆從見到爺爺的第一面，就感覺打裡往外地親。而父親雍正呢，我們知道這個人的個性與康熙幾乎截然相反：心胸狹窄，個性強悍，為人刻薄。乾隆在他面前，就像賈寶玉在賈政面前一樣，只能感覺到害怕，感覺不到親切。

另外，我們前面講過，乾隆能當上皇帝，與祖父直接相關。所以乾隆對他的祖父康熙皇帝的感情，也特別深厚。他十分崇拜這位偉大的祖父，認為康熙皇帝不論是為人還是行政，都是自己的榜樣。因此當了皇帝之後，乾隆處處刻意效法康熙：康熙為政不是崇尚寬大嗎，乾隆一登基，也宣佈要寬大為政；康熙一生是六次南巡，乾隆也六次南巡；康熙晚年舉行「千叟（sǒu）宴」，乾隆也舉行「千叟宴」；康熙辦過博學鴻詞科，乾隆也舉辦博學鴻詞科……康熙年號是六十一年，乾隆則在六十年後，禪位了，不幹了，説我的年號不敢超過祖父。所

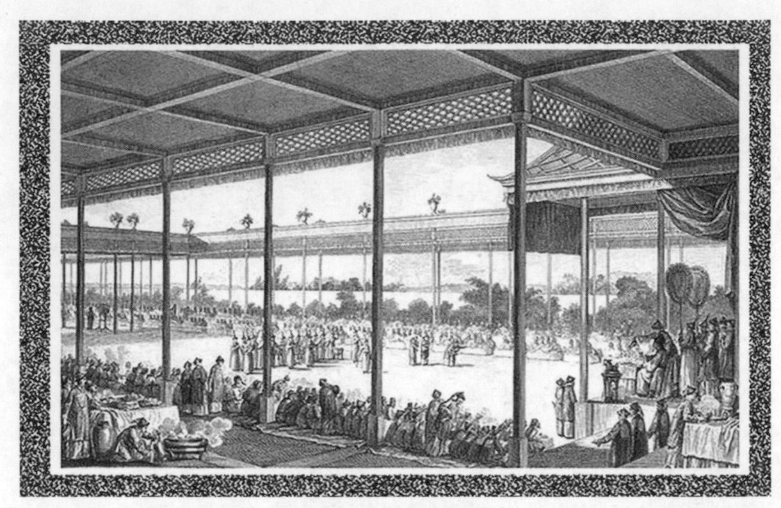

乾隆六十大壽群叟宴

以我們可以說，乾隆對祖父的崇拜，達到了亦步亦趨的程度。更為引人注目的是，乾隆為自己身後選擇的陵址，不在父親雍正的西陵，而是康熙所在的東陵，死後與自己的祖父長眠在一起。可見祖孫二人，感情是多麼深厚。

而對父親雍正，乾隆卻沒有太多的感情。儘管葬禮的時候，乾隆對「孝子」這個角色的扮演盡心盡力，但內心深處對父親一直不是很佩服。

前面提過，乾隆即位前寫過四十卷作文。這些作文中有一篇文章，很有意思，叫《寬則得眾論》。這是一篇議論文，論述怎麼樣才能當一位好皇帝。乾隆說，偉大的皇帝第一條標準，應該寬容大度，「包荒納垢，宥人細故，成己大德」，容忍臣子們的小小缺點，這樣才能贏得人心。否則，你一天到晚急吼吼的，總挑別人毛病，看誰也不順眼，大臣們哪，也不佩服你。（《樂善堂全集》）

這話說的是甚麼意思呢？這是在隱晦地批評雍正皇帝。父親雍正對兄弟們那樣殘酷，對官員們那樣苛刻，大家都有微詞。弘曆對朝政不敢直接發表評論，但是心中並非沒有自己的想法。這種想法隱晦地表現出來，就是這篇《寬則得眾論》。他一接班就反雍正之道而行之，說明他對雍正，多年來內心已經積累了很多不滿。這是第一個原因。

第二個原因，是乾隆非常想成為中國歷史上最成功、最偉大的皇帝。

我們說過，乾隆讀書的時候系統地研究過中國歷史上所有著名的帝王。乾隆在作文中還曾經給他們搞了一份排行榜。乾隆心高氣盛，「睥睨千古，無足當意者」，認為大部分皇帝都不怎麼樣。在他眼中，幾百個皇帝最成功是三個：漢文帝、唐太宗和宋仁宗。然而漢文帝雖賢明，卻不善於挑選人才；宋仁宗雖然仁慈，能力卻有所不足。令他真正佩服的，只有唐太宗一個人。他說，唐太宗是「三代以下特出之賢君」，也就是秦始皇建立皇帝制度之後最偉大的皇帝。他說唐太宗這個人「虛心待物，損己益人，愛民從諫，躬行仁義，君臣相得，用致貞觀之盛。令德善政，不可殫述」。（《樂善堂全集》）就是說，唐太宗這個人，謙虛，克己、仁義，能夠聽取不同意見，善於團結大臣，所以才創造了貞觀盛世。因此在登上帝位前，乾隆就把唐太宗樹為自己的楷模。唐太宗施政的特點是甚麼呢？寬厚，開明。所以乾隆也要做一個寬厚開明的皇帝。

第三個原因，也是最現實、最主要的原因，是要籠絡人心。新君上任，最主要的任務是甚麼啊？是爭取大家對自己的支持。那麼要有效贏得人心，最直接的手段無疑是搞一些措施，讓大家都嚐到甜頭，得到眼前利益。

所以乾隆實際上是有計劃地針對每一個社會階層，都給了一些好處。

第一個，是針對皇族。就像我們前面所說的，乾隆把那些被押的皇族都放了出來，讓那些受到打擊的皇族獲得新生。這個舉動很容易地贏得了皇族的一致支持。

第二個，要贏得老百姓的支持。民為邦本，所以贏得他們的好感當然非常重要。除了上面我們講的「罷開墾」外，乾隆還採取了更有力的一項普惠措施，那就是減免稅賦。即位之後乾隆一查賬本兒，發現國庫存銀不少，所以《清高宗實錄》記載，乾隆就下了一道命令，天下老百姓在雍正十二年（1734年）以前所欠的所有賦稅，都一概免單了，一風吹，不用交了。這是一項貨真價實的惠民措施，交不起賦稅的都是甚麼人？都是窮苦的人，所以這一下子就減輕了底層貧困百姓的生活負擔。所以「罷開墾」和「免欠稅」，就很輕易地贏得了廣大老百姓的熱烈擁護。

爭取完皇族和老百姓，還有一個非常重要的階層需要爭取，那就是官僚階層。當皇帝當然離不開官員。所以乾隆又用寬仁政策，來爭取官僚集團對自己的效忠。

雍正時期的君臣關係，是甚麼關係？貓鼠關係。雍正見到大臣，總是板着個臉，好像大家都欠他幾百吊錢。大臣們一見到雍正皇帝就害怕。而新皇帝乾隆，看上去卻是溫文爾雅，總是笑眯眯的，對人非常有禮貌。他十分尊重父皇時期的老臣，見到他們總是叫他們「先生」，或者叫「愛卿」，從來不直呼其名。凡有自己拿不準的事，總是向老臣虛心請教。他效仿祖父，寬大待人，願意幫官員解決困難。雍正時期，反貪擴大化，把許多只貪污了幾瓶墨水幾張信紙的官員也抓起來，很多官員被他罰得傾家蕩產，比如《紅樓夢》作者曹雪芹的父親曹頫（fǔ），就是因為任上有虧空，被抄家入獄。乾隆從「寬則得眾」的原則出發，下令甄別歷年的虧空案，「其情罪有一線可寬者，悉予寬免，即已入官之房產未曾變價者，亦令該衙門查奏給還」。凡情有可原的，都寬大處理，放出去。罰款交不上的，也一律不要了，房子被沒收的，還把房子發回去。曹頫就是雍正十三年（1735 年）底乾隆上任後，給放出來的，還沒賠完的三百零二兩銀子也不要了，乾隆還給他撥了一個院子給他一家子住。乾隆即位頭幾年，從輕處理的官員兩千一百多名。(《清高宗實錄》)

如此一來，乾隆這些措施，就一下子贏得了官僚階層的歡心。雍正統治時期，官員們上班時成天提心吊膽。這下，緊張了十三年的心終於放下來了。

如果說雍正統治時期如同一個嚴酷的冬天，乾隆即位，大家都感覺春風拂面，春天來了。《嘯亭雜錄》說：「乾隆凡事皆以寬大為政，萬民歡悅，頌聲如雷。」就是說，乾隆一舉一動，都以寬大為原則。因此天下萬民都很歡迎他，對他頌聲不絕，江南還出現了一首歌謠，叫「乾隆寶，增壽考；乾隆錢，萬萬年」，這是甚麼意思啊，希望乾隆永遠統治下去。

乾隆的天下，就這樣初步坐穩了。所以我們說，贏得人心，是乾隆實行新政的主要原因。

那麼肯定有人說，乾隆這樣一上任，就全面否定自己的父親，太不孝了，不厚道。確實，如果我們僅從父子關係的角度來講，這些措施確實讓雍正的在天之靈很難堪。但是如果我們從整個國家和歷史的角度來看，乾隆的這些做法是非常有道理的。甚至我們可以從這裡引申出一個政治規律，就是大清王朝之所以能夠出現康雍乾盛世，一個重要的原因，就是清代中前期統治者敢於大幅度地否定前人，調整前代的統治政策。

為甚麼這麼説呢？因為任何一個皇帝，不管他多麼英明偉大，統治時間久了，肯定都會積累很多弊端。中國有句俗話，叫自己的刀難削自己的把，一個人很難徹底發現和改正自己造成的問題。所以就需要別人來糾正。

我們先來看雍正皇帝。我們説過康熙為人寬大，但是凡事都有兩面，任何優點再前進一步，就成了缺點，康熙晚年，寬大成了寬縱。再加上老皇帝因為太子的事耗盡了心血，所以沒心思嚴格要求官員，因此官僚隊伍就開始大面積地貪污腐敗，朝廷政治紀律廢弛，社會亂象層出不窮，大清王朝迅速進入下行曲線。

在這種情況下，如果下一代皇帝是一個性格軟弱，沒甚麼主意的人，那麼大清必然就要進入亂世，這在歷史上已經有過無數的先例。幸運的是，康熙選擇了雍正這麼一個眼裡揉不得沙子的性格剛強的人。雍正大刀闊斧地進行改革，厲行懲辦貪污腐敗，解決了大清王朝政治深層的一些弊端，讓盛世得以持續。

然而，就像我們剛才所説的，優點前進一步，就是缺點。雍正的缺點，就是他為政過於嚴猛。凡事過猶不及，雍正懲貪過於嚴厲，動不動就抄家罰銀，使無數官員傾家蕩產。他又過於追求政績，有些措施比如奏開墾，就給百姓增加了很多負擔。可以說，社會各階層對雍正政策的承受能力，已經到了一個極限。

所以雍正死後，乾隆明智地選擇了寬仁政策。乾隆認為，父親已經嚴了十三年了，把大清社會的各種弊端清除得差不多了，已經沒有進一步高壓統治的必要。這個時候採取寬仁之治，既不必擔心政治失控，又可享受百姓的感恩戴德，何樂而不為。

事實上在乾隆之後，也曾經一度出現了康熙晚年同樣的情況。就是說乾隆晚年又一次陷入寬縱，導致腐敗橫行。乾隆的接班人嘉慶在老皇帝死後僅僅三天，就把他的寵臣和珅抓了起來，一度使大清朝政出現了一點起色。不過歷史從來不會簡單的重複。嘉慶的失敗就在於他抓了和珅之後，卻沒有勇氣繼續糾正乾隆的其他錯誤，對乾隆反叛得不夠徹底，大部分政策還是延續老辦法，結果大清走上了中衰之路。

因此，一個國家的發展，不可能是一帆風順，不可能筆直地走在正路上。向左偏一下，向右偏一下，這是正常現象。問題是，偏得太厲害了，就得有機會把它糾正過來。清朝中期的政治能夠平穩發展，就得益於這種不斷的糾偏。這就需要統治者有勇氣，有魄力。其實西方的選舉政治，也是這麼個理，通過政黨輪替來對錯誤政策進行糾正。

那麼，除了翻父親的案，乾隆還有甚麼新的統治策略嗎？

第五章

大權獨攬

乾隆即位後，行寬大之政。有的人甚至都覺得乾隆仁慈得有點過分了。比如當時在北京的一位朝鮮使臣，就說：「新主政令無大疵，或以柔弱為病。」（《朝鮮李朝實錄》）就是說，新皇帝沒甚麼大毛病，就是有一個缺點：太柔弱了，太好說話了。你當一把手，得有點霸氣，這個皇帝，沒甚麼霸氣。其實朝鮮使臣，看走眼了。乾隆不是沒有霸氣。乾隆的霸氣，正是隱藏在他柔弱的外表之下。他表面上和大家都客客氣氣，對誰都笑眯眯的，實際上，一上任，他就開始悄悄地擰緊了大清統治機器上的每一顆螺絲釘。

首先是嚴防太后干政。我們前面講過，康熙曾經給乾隆的生母鈕祜祿氏相過一次面，當面說她是「有福之人」。康熙呀簡直是一個預言家，這四個字，「有福之人」，很快就應驗了。在康熙說完這句話之後第二年，鈕祜祿氏就從一個通房大丫頭一下子成了皇妃。因為第二年雍正當了皇帝，她被封為熹妃。幾年之後，又成了熹貴妃，在後宮中，地位僅次於皇后，一人之下，萬人之上，再也不用到後廚忙乎去了。乾隆即位之後，她又成了皇帝的親媽，當朝太后，乾隆給她上了個尊號是「崇慶皇太后」。你看，短短十幾年間，鈕祜祿氏就從一個通房大丫頭變成天底下最尊貴，最有地位的女人，確實是有福之人。

過去中國講究的是「以孝治天下」，乾隆就是天下第一大孝子。乾隆和他的母親，感情非常好。當了皇帝之後，雖然天天得日理萬機，但是乾隆只要一有空，就跑到母親跟前去請安，陪母親說說話，吃吃飯，散散步。每次出巡，到哪旅遊，都帶着老太太。

人們都說乾隆愛花錢。其實剛登基的時候，乾隆比較注意節儉，不怎麼往自己身上花錢。但是他捨得給老太后花錢。乾隆六年（1741 年），太后過五十大壽，坐着轎從圓明園返回紫禁城。乾隆專門組織了幾千名六十歲以上的老人，跪在路邊迎接，手裡舉着鮮花，喊太后萬歲，太后萬年，討老太后的歡心。那麼你不能讓人家白跪，得給這些人賞錢。根據《清高宗實錄》記載，一天下來，光賞賜這些老人，就花了十萬八千七百兩白銀，還有七萬匹綢緞。清代中期，白銀購買力很高，一兩白銀，大約相當於今天三百元人民幣。這些錢和綢緞，相當於五千三百多萬元人民幣，半個億。組織個歡迎隊伍，就花了半個億，你說整個生日得花多少錢？光花錢還不能表達自己的孝心，每次老太后過生日，乾隆都要親自畫上幾幅畫，寫上幾幅字，哎，這是我親手寫的，更有意義，作為壽禮，送給母親。這還不夠，《清高宗實錄》還說，「凡遇萬壽大典，必躬自起舞，以申愛敬」。就是說，每年生日宴會上，跟老太太吃飯，乾隆都要跑到老太太桌前，給太后跳上一段舞，表示慶祝。跳的甚麼舞？騎馬舞還是牧羊舞？史書上沒有記載。不過給老太后跳舞的皇帝歷史上肯定不多見。所以史書上稱乾隆是「純孝」，就是沒法比他再孝順了。所以天下第一大孝子，乾隆做得很到位。可是他對待老太后，可不光有孝順的一面。他還有另一面，就是嚴加防備的一面。雍正十三年（1735 年）八月二十六日，也就是即位後的第四天，乾隆就發佈了一道諭旨，甚麼內容呢？告誡宮中的太監和宮女：「凡國家政事，關係重大，不許聞風妄行傳說，恐皇太后聞之心煩。……凡外間閒話設或妄傳至皇太后前，向朕說知，其事如合皇考之心，朕自然遵行；若少有違，重勞皇太后聖心，於事

無益。嗣後違者定行正法。」(《清高宗實錄》)

這段話是甚麼意思呢?就是說,雖然我對皇太后這麼孝順,皇宮裡面的事,都讓皇太后當家。但是皇宮外面的事,紫禁城這道宮牆外頭的事情,誰也不許向老太后說。要不然,皇太后要是對我有所指示,說某某省有某件事你應該這麼做,你說我是聽是不聽?要是太后說的合理,我當然得聽。要是說得不妥,我就沒法辦,結果我尷尬,太后也不高興。所以你們太監宮女,誰敢向太后講宮外面的事情,我知道了,一定要嚴肅處理,絕不放過。

這話說明白點,就是要對老太后搞信息封鎖,讓太后與政治絕緣。這就說明,乾隆在對太后極盡孝心的同時,也在高度防備太后有干預朝政的任何可能。所以作為政治家的乾隆,絕不是一個單純的孝子。

那麼乾隆為甚麼要這麼做呢?他要防範中國歷史上一種常見的政治弊端,叫后妃干政。中國歷史上,出現過無數次的后妃干政,其中僅高峰就有過三次。第一次是漢朝。西漢,劉邦的皇后呂后開了后妃干政的先河,到了東漢,就出現了六位太后,先後干政,結果搞得朝政一塌糊塗。第二次高峰是唐朝。這個大家可能更了解一些。唐代的武則天、韋皇后、安樂公主、上官婉兒,都是著名的政治女性。當然除了武則天,其他人大多數下場不太好。《唐史》上記載了三十六個后妃,有十五個是非正常死亡,因為干政,被殺了。宋代是婦女干政的另一個小高峰,《宋史·后妃傳》共記載了后妃五十五人,其中有十一個人被廢、被殺,絕大多數也是因為干政。所以總的來說,除了武則天之外,歷代后妃干政,成功的不多。現在因為大家都對武則天比較熟悉，就覺得女人當皇帝是不是都能像武則天一樣呢？其實不是。為甚麼呢？因為在過去，婦女受教育水平很低，很多人是文盲，又缺乏政治經驗，連縣長和省長誰大都不知道，你説能管好國家嗎？所以她們掌了權之後，經常是一通胡搞，關鍵位置，都用自己的娘家人，不管他有沒有才能，很容易把朝政搞得亂七八糟。因此明末清初著名思想家王夫之得出一個結論，説「母后臨朝，未有不亂者」（《讀通鑒論》）。這話説得有點絕對，但是大部分情況是這樣。

我們説過，乾隆皇帝即位前，熟讀史書，系統地總結過傳統政治的規律。乾隆很清楚，皇太后也許本身並沒有干政之心，但是很多人都琢磨着要藉皇太后的門路辦事。所以一旦開了先例，就不好辦了。所以他才要防微杜漸，發佈了那樣一道諭旨，讓皇太后和政治絕緣。

事實證明乾隆很有先見之明。雖然他已經採取了預防措施，但還是和皇太后發生了一次不愉快。有一次，乾隆到皇太后面前請安，母子兩個人閒聊天，皇太后就説，我聽説順天府東面，有一座廟，很靈驗，老百姓到那求兒求女，有求必應。不過現在年久失修了，快塌了，你能不能撥點錢修修啊？乾隆一聽，當時滿面笑容，答應下來，好好好，我馬上修馬上修。但是一出太后的宮門，乾隆馬上説，你把太后的總管太監叫出來，太監來了，乾隆叫他們跪在地上，指着鼻子，痛罵了一頓，問他們，誰叫你們多嘴多舌？誰叫你們傳閒話？如果不是你們傳閒話，皇太后怎麼知道順天府那有個廟？以後再傳閒話，看我不殺了你們的頭！事後乾隆還把這件事專門寫了一道聖旨，記進檔案裡。聖旨説：「幾曾見寧壽宮太后當日令聖祖修蓋多少廟宇？朕禮隆養尊，宮闈以內事務，一切仰承懿旨，豈有以順從蓋廟修寺為盡孝之理？」就是說你們甚麼時候見到康熙朝的太后讓康熙皇帝修廟來着？我孝順皇太后，宮中的事，一概讓太后做主，這還不夠嗎？宮外的事，皇太后絕不能干預。乾隆還說：「嗣後如遇此等事務，朕斷不輕恕。」（《清高宗實錄》）就是說以後你們要是再發生這樣的事，我可就不饒你們了。

按理說，撥幾兩銀子修一下舊廟，花不了幾個錢。乾隆為甚麼還要如此小題大做呢？這道聖旨，表面上是頒給太監的，實際上是頒給老太后的，意思是媽啊，你可長點記性吧，以後這樣的事，你別管啦。我們說，乾隆這個人情商很高，他的情商就是主要遺傳自母親。老太后是個聰明人，一點就透，看到這件諭旨，就長了記性，以後再也不敢讓乾隆修這個做那個了。所以終乾隆朝一世，沒有發生過后妃干政的事。

那麼我們不是說乾隆性格寬厚，為甚麼乾隆連對自己的親生母親也這樣防範呢？難道是他內心深處有着極強的權力慾和控制慾呢？並非如此。講到這裡，我們要介紹，除了「寬嚴相濟」的「中道政治」之外，乾隆登上皇位之後的第二個執政原則，就是「大權獨攬」。

中國傳統政治，與西方希臘羅馬政治傳統不同，有它自身的規律性。它的第一個特點是高度集權，定於一尊，只能有一個最高權威。打個比方，我們經常看《動物世界》，大猩猩群裡頭，老首領不行了，就會發生一場爭鬥，要打出一個新首領來。出來一個有絕對權威的，勁比別人都大的首領，這個群體就能太平，在他的領導下好好找食，沒事相互抓抓蝨子，很和諧，很穩定。但是要是有幾個猩猩一直在那不分高下，出不來一個絕對的首領，這個群體就成天亂作一團。同理，在中國傳統政治中，只能有一個權力中心，而不能出現多個中心。如果出現多個中心，下頭就不知道聽誰的，各種勢力就要殺成一團。所以乾隆不能讓太后成為另一個權力中心。

中國傳統政治的另一個特點，是講究等級制。不同社會等級的人，要安於自己的地位，不能以下犯上。打個簡單的比方，動物世界中的狼群就是一個等級社會，吃肉的時候，哪頭狼先吃，哪頭狼後吃，都有明確的順序。不信你看《動物世界》。集權政治也是這樣，它必須建立在嚴格的君君臣臣父父子子的等級秩序之上，如果秩序亂了，那麼政治就會發生動盪。

所以皇帝就是狼群中的頭狼，它必須強壯有力，控制住其他的狼。遇到一塊肥肉，它必須首先叼在嘴裡，緊緊咬住，自己先吃，不許別人亂搶，這樣狼群才能安安靜靜地按地位高低依次進食。

所以傳統政治的第一條要求是統治者必須「大權獨攬」。用文言文講，叫「乾綱獨斷」，就是把最高權力掌握在自己手裡，絕不跟別人分享。所以乾隆皇帝說：「蓋權者，上之所操，不可太阿倒持。」權力這個東西，必須掌握在上級手裡，不能被下級奪去。他又說：「乾綱獨斷，乃本朝家法。」就是說，所有大事，都必須由皇帝親自決斷，這是我大清政治的優良傳統。(《清高宗實錄》)

但是，要做到大權獨攬，哪那麼容易。權力，是天下最讓人垂涎的東西，一旦嚐到了權力的滋味，每個人都不願意放手。所以才有一句話，「皇帝輪流做，明年到我家」，在傳統社會，每個人都想做皇帝。乾隆苦讀歷史，他總結出，歷代對皇權構成威脅的，通常是那麼幾類人：

第一類是我們剛說過的后妃外戚，皇帝的親媽乾媽大姑二姨，她們很容易干政。

第二類是皇族，皇帝的兄弟和子侄們。他們身上流的，也都是開國皇帝的血，憑甚麼你當皇帝不讓我當啊？因此很多皇族都不太安分，對皇位躍躍欲試。

第三類是太監。你別看他們地位低下，但是他們和皇帝關係特別親密，所以也很容易染指最高權力。幾乎歷代，都有太監之禍。

第四是權臣。如果皇帝很軟弱而大臣卻很能幹，大權就很容易落入到大臣手中，這就是權臣。明代的張居正和清代的鰲拜，就是有名的權臣。

第五是朋黨。官員們各立山頭，彼此爭鬥，誰也不聽皇帝的，也很讓皇帝頭疼。比如明朝的東林黨和閹黨，就是著名的朋黨之爭。

所以乾隆即位後，就有計劃、有步驟地，一個個解決以上這些勢力，保證他們不對皇權構成威脅。

我們剛才講了他的第一步，防止后妃干政。接下來再看看他的第二步，他如何防止皇族，具體地說，是兄弟們干政的。

我們以前講過，乾隆兄弟一共十人，其中六個夭折了，活到成年的只有四個人：弘時、乾隆、弘晝、弘瞻。弘時因為與雍正發生過激烈衝突，早就被雍正削籍處死。所以乾隆登基之時，兄弟中只剩下弘晝和弘瞻兩個弟弟。

乾隆與弘晝同歲，兩個人從小一起長大，吃飯睡覺做遊戲都在一起，成天一起捉迷藏抓螞蟻，好得和一個人似的。所以乾隆在詩文中多次說，他們兄弟感情好：「（弘晝）與吾自孩提以至於今，且孺且耽，恰恰如也。」「吾二人者，相得無間，如是者垂二十年。」（《樂善堂全集定本》）就是說我們兄弟倆從小長到大，相親相愛，一直都很開心，二十年間，沒鬧過任何矛盾。

乾隆是個完美主義者，甚麼都想十全十美。他既想在皇太后面前做一個「孝子」，也想在弟弟面前做一個仁愛的「皇帝哥哥」，這樣，就能以一個高大完美的形象，被載入史書。但是，要做到這一點，實在太難了。因為一旦當上皇帝了，兄弟的感情馬上就變質了。君臣之分就會壓倒兄弟之情，提防之意就會蓋過了親愛之心。

乾隆對兄弟，有一個原則，生活上待遇從優，政治上控制從嚴。平時，對兩個弟弟在花錢上，非常大方。他「將憲皇所遺雍邸舊貲全賜之」，把父親雍正以前雍親王府裡的金銀財寶都給了弟弟們，自己一分不要。當然，他富有四海，也用不着。平時沒事，經常問，你們看上甚麼了？看上哪個豪宅了，我賜給你。雖然當了皇帝，但是見到兄弟，仍然很親熱、很和藹，從來不擺皇帝的架子。清代著名的筆記《嘯亭雜錄》說：「上即位後，優待和、果二王（即弘晝、弘瞻），每陪膳賜宴，賦詩飲酒，殆無虛日。」經常和兄弟們一起吃飯，一起寫詩，一起玩，很開心。

但是有一點，政治權力，乾隆卻絲毫不讓兄弟們染指。不讓他們管甚麼事。給你們錢，隨便花，想掌權，沒門。

這是因為乾隆借鑒了清代前期歷史的教訓。皇族干政這個弊端，清代比別的朝代厲害。因為清朝建立的過程，靠的就是家族的力量。打仗親兄弟，上陣父子兵，從努爾哈赤到皇太極，打天下的時候，兄弟子侄都出了大力。楊家將說七狼八虎，努爾哈赤的兒子們，也個個如狼似虎，領兵打仗，為大清江山，立下了汗馬功勞。所以也就形成了清代初期親貴手握重權的這個政治傳統。清代立國以來，皇族內部幾乎每一代都有嚴重鬥爭。在關外努爾哈赤和舒爾哈齊、褚英兄弟父子之間發生過火併，皇太極與三大貝勒發生過激烈的衝突。進關後，順治與多爾袞之間，雍正兄弟之間，發生過激烈鬥爭。所以剛剛登上皇位的乾隆，就做出一個長遠的決定，他要徹底改變清王朝的貴族政治傳統，把任何皇族人物都排斥在權力核心之外。你只要是皇族，是王爺，不管你多能幹，都別想掌握大權。

但是，這個事，好決定，不好執行。為甚麼？因為原來皇族都掌權，到你乾隆這就不掌了，哪那麼容易啊。何況，天潢貴胄，因為從小嬌生慣養，往往都脾氣不好，不那麼聽話。比如弟弟弘晝，從小就性子很暴，盛氣淩人。比如有一次，他和軍機大臣訥親在一塊兒商量個甚麼事情，因為訥親不同意他的意見，他竟然當眾把訥親按在地上，掄起拳頭揍了一頓。所以讓他在乾隆當了皇帝後就安安分分、老老實實的，不太容易。

乾隆當了皇帝之後，弘晝特別不適應。以前他和乾隆，沒大沒小，經常一起開玩笑，沒事你捅咕我一下，我捅咕你一下。弘晝不高興了還和哥哥耍一下小性子。現在不行了，哥哥一下子成了遙不可攀的「上位」，他呢，見了哥哥必須畢恭畢敬，行臣子之禮，他一時半會兒習慣不了。所以他經常忘了自己的身份。《清史稿·弘晝列傳》說：

嘗監試八旗子弟於正大光明殿，日晡，弘晝請上退食，上未許。弘晝遽曰：「上疑吾買囑士子耶？」明日，弘晝入謝，上曰：「使昨答一語，汝齏粉矣！」

《清史稿》是民國期間修的《清史》的未定稿，因為後來定稿一直沒出來，所以《清史稿》實際上就是最權威的官修正史了。所以這個故事是可信的。就是說，有一次，朝廷舉行八旗子弟考試，乾隆讓弘晝和他一同監考。考着考着，吃飯時間到了，弘晝對哥哥說，你去吃飯吧，這有我就行了。乾隆害怕八旗子弟們膽子大，怕有人打小抄，所以坐那沒動。弘晝見他的話不好使，不高興了，對乾隆發脾氣說：「到吃飯點了，你趕緊吃飯去。怎麼的，你難道連我也不相信嗎？怕我被他們買通了嗎？快走！」

兄弟之間說這樣的話，那當然十分正常。但是在傳統時代，臣子對皇帝這樣說話，就已經可以砍頭了。這叫「大不敬」。好在乾隆涵養極好，聽了這話，一言不發，抬起屁股，乖乖回宮去了。

皇帝這一走，別人趕緊上前提醒，說王爺，您怎麼能這麼和皇上說話呢，這可叫大不敬啊。弘晝才明白過味兒來，哎呀，可不是嗎？第二天，他見到乾隆，趕緊請罪。乾隆板着臉對他說：「昨天，如果我答覆一句，咱倆要是頂撞起來，你這腦袋已經不在脖子上擱着了。今後你要謹慎，不要再說這種話了，知道不？」弘晝聽哥哥這麼一說，這才知道昨天哥哥已經動了殺心了！嚇得冷汗直流。

所以為了防止兄弟們不老實，乾隆沒事對他們敲打敲打，讓他們時時刻刻記清君臣名分，防止他們起非分之心。有一次，弘晝和另一位弟弟弘瞻一起來到宮中，給皇太后請安。母子幾個人在那閒聊天，場合很放鬆，弘晝和弘瞻就往太后身邊蹭了蹭，膝蓋就跪在了太后座位邊上的一張藤席的沿上。這本來不是個甚麼事兒，乾隆卻抓住這個事，大發雷霆，小題大做，說兩個兄弟不守規矩，犯了大錯。原來這張藤席，是乾隆平日給太后請安時跪的地方。乾隆說這張席子本來是我跪的，是天子之席，你們怎麼敢跪？你們也想當皇帝嗎？所以說他們「儀節僭（jiàn）妄」，說他們「於皇太后前跪坐無狀」。因為這一點點小事，弘晝被罰俸三年，三年的工資，不發了。(《清高宗實錄》)

所以弘晝活得非常鬱悶。雖然生為御弟，表面上非常榮光，但實際上，卻低人一等。為甚麼這麼說呢？別人，只要有才能，都能當官，都能掌權，把才華發揮出來。只有他，雖然精力充沛，雖然也不乏才幹，但一生卻不可能幹甚麼正事，活着的任務就是「混吃等死」。你說悲慘不悲慘。那麼經過乾隆幾次教訓，弘晝越來越灰心，把自己關在王府裡頭來當宅男，終日無所事事，醉生夢死，宅男當久了，就漸漸發展得有點心理變態了。怎麼變態了呢？《清史稿．弘晝列傳》說：「好言喪禮，嘗手訂喪儀，坐庭際，使家人祭奠哀泣，岸然飲啖以為樂。」就是說他在府裡，把家人召集到一起，常玩一種遊戲，甚麼遊戲？演習自己的葬禮。他閒着沒事，叫人在院子裡擺上一張高桌，自己裝成死人，坐在貢桌上，讓別人在自己面前擺上各種貢品，甚麼豬頭水果之類，然後讓他們跪在自己面前哭。他坐在那兒，一邊吃着供品，一邊觀賞大伙的哭相，給大家評出一二三等獎，看誰哭得好，哭得悲痛，哭得好聽，賞誰十兩銀子，二等五兩銀子。成天就這麼玩，一直玩到六十歲老死了，算是落了個善終。

乾隆的另一個弟弟弘瞻可就沒這麼幸運了。弘瞻是雍正死前兩年才出生的，比乾隆小很多，小了整整二十三歲。乾隆對這個和自己兒子一樣大的弟弟從小也很關照，給了他不少錢。但是弘瞻長大後，也是富貴公子的脾氣，不太懂事兒。有一年，圓明園失火了，各個王爺一聽到消息，都趕緊跑來救火。弘瞻住的地方離圓明園最近，到得卻是最晚。到了之後，別人忙着救火，他卻在那和皇子們嘻嘻哈哈，抱着膀子看熱鬧，完全不把救火當回事。乾隆看見了，雖然當時沒有發火，心裡卻很不痛快。過了不久，又發生了那次給太后請安跪錯了席子的事。乾隆不是罰了弘晝三年俸祿嗎？對弘瞻處理更重。被乾隆諸罪並罰，革去親王，降為貝勒，解去一切差事，永遠停俸。再也不給你開工資了。

這個處罰是很重的，就差驅逐出皇族變成平民了。所以這個處理，讓弘瞻精神上很受刺激。弘瞻從小嬌生慣養，身體底子本來就薄，受到這麼大的刺激，就生了重病。請了很多大夫也治不好，眼看着就奄奄一息了。乾隆沒想到這一處理，後果這麼重，也有點後悔，就親自坐着轎，跑到弘瞻府裡去看望。《清史稿》說：「病篤，上往撫視。弘瞻於臥榻間叩首引咎，上執其手，痛曰：『以汝年少，故稍加拂拭，何愧恧（nǜ）若此？』」弘瞻一看皇帝哥哥來了，想到上次就是頭沒磕好，惹了那麼大的禍，這次雖然已經病得不行了，但是一看到皇帝，還是條件反射式的就要給皇帝磕頭。但是因為身體太虛弱，掙扎了半天，也沒能坐起來，只好窩在被子裡，把腦袋使勁往枕頭上叩，嘴裡還嗚拉嗚拉地説話，也説不清楚，意思是説我再也不敢了再也不敢了。乾隆一看，也很難過，也不禁哇哇哭了，拉着弘瞻的手，説，我因為你年紀小，不懂事，所以想給你點教訓，沒打算真把你怎麼樣，沒想到你卻成了這個樣子！唉，哥哥對不住你啊！乾隆就在床前宣佈，馬上恢復弘瞻的王位，你還當你的親王，工資都給你補發，別記恨哥哥啊，別難過，啊？但是這番話，已經晚了，乾隆回宮之後第三天，傳來消息，弘瞻死了，年僅三十二歲。(《清高宗實錄》)

所以在皇帝家裡，天家骨肉相處，很難。乾隆對弟弟就算是好的了，還處理成這個樣子。在別的朝代，皇帝殺兄弟的事，經常發生。這是因為甚麼啊？因為親情裡夾雜了權力因素，就變質了。

對自己的兄弟都這麼嚴厲，那對自己的叔叔大爺侄子們，乾隆當然就更不客氣了。乾隆立下了規矩，從他這一朝起，王爺宗室不進軍機處。我們知道，軍機處從雍正年間起，成了清朝最有權力的機構。乾隆卻規定，不管你多麼有才華，只要你是王爺貝勒，就別想進軍機處。從此形成了親王宗室不入軍機處的制度，這個制度歷經乾嘉道三朝一百二十多年，直到慈禧時期，這個規矩才被打破，慈禧的時候，恭親王奕訢進了軍機處。

為了徹底貫徹禁止親貴干政的原則，乾隆不單單是犧牲過親情，還犧牲過友情。

乾隆在青年時代，有一個最好的朋友，也是他最好的同學。誰呢，就是《紅樓夢》的作者曹雪芹的親表哥，叫福彭。他是清初八家鐵帽子王之一，努爾哈赤的孫子岳托的後代，世襲平郡王。熟悉紅學的朋友都知道，他就是《紅樓夢》中北靜王水溶的原型，不是有一集，叫《賈寶玉路謁北靜王》嗎？

《紅樓夢》中水溶溫文爾雅，很有風度，生活中的福彭也是這樣。福彭從小非常聰明，康熙很喜歡他，就把他帶到宮中讀書。我們前面講過，帶進皇宮讀書，這對於康熙的親孫子來說，都是非常難得的恩遇，何況像福彭這樣遠支的皇族。除了康熙，雍正也很喜歡福彭。那麼我們知道清代皇子讀書有伴讀之制，因此乾隆上學之時，雍正又親自挑選福彭做了乾隆的同學。乾隆和他做了六年同年，關係特別好、特別鐵，非常欣賞他的才華，把他稱為「知音」。所以我們說，康熙、雍正、乾隆，這三代皇帝，對福彭都是青眼有加，可見這個福彭，確實有點天才。這個人不僅讀書好，政治才能也非常突出，所以雍正十一年（1733 年）年僅二十五歲時，雍正就讓他進了軍機處，成為清朝最年輕的一位軍機大臣。後來清軍與準噶爾作戰大敗，急需一位大將去收拾殘局。滿朝文武雍正都沒看上，單單看上了二十五歲的福彭，命他為定邊大將軍，馳往邊關。可見此人是一個難得的文武全才。

福彭到邊關去打仗，乾隆特別想念他，在分手一年後，還曾寫了這樣一首詩：

夜涼霜簟好安眠，芭蕉響滴殘夢醒。
醒後悠悠動遠思，思在龍堆連霜嶺。
如心居士（按：福彭之別號）在軍營，年來王事勞馳騁。
即此清涼夜雨秋，行帳殘燈懸耿耿。
……

聽到外面下起了雨，雨打在芭蕉上，驚醒了我，半夜裡我又想起了你。在邊關那麼冷的地方，你一定很辛苦啊，我能想像你的行營帳篷裡，也懸着一盞孤燈。你是不是也對着孤燈在懷念我呢？

從這些贈詩中，可見弘曆與福彭同學六載，感情是多麼深厚。這種友誼，是乾隆做皇子時，還沒有權力時建立的，是一種非常純粹的友誼。

福彭這麼有才華，和乾隆又這麼好，那麼乾隆繼位之後，肯定會非常倚重這位老同學吧？所有的人都這樣想，福彭也摩拳擦掌，打算大幹一場。

一開始乾隆也有過這樣的打算，準備讓福彭做首席軍機大臣。但是我們説過，乾隆即位不久，就做出了結束宗室干政習慣的決定。這就要把所有的親王、郡王排斥於權力中樞之外，福彭身為郡王，雖然他是遠支皇族，但命運也因此發生了意外的轉折。終乾隆一世，沒安排福彭當甚麼大官，只是讓他管管正黃旗、正白旗事務，當時八旗已經沒甚麼具體事了，所以這只是虛職，相當於給他安排到婦聯之類的群眾團體，做個名譽主席，主要是養老。

在傳統社會，凡是有點才幹的男人，都想參與政治，都想當官，因為這是最能體現男人才華的地方，學而優則仕嘛。可惜乾隆政治原則已定，福彭只好成了他最好的朋友政治改革的犧牲品，斷送了一生前程。乾隆十三年（1748 年）十一月，福彭因為一身才幹，得不到舒展，在鬱鬱寡歡中一病而死，年僅四十歲。乾隆聞訊很難過，特意下旨稱：「朕心深為軫（zhěn）悼。特遣大阿哥攜茶酒住奠，並輟朝二日。」（《清高宗實錄》）

就是說，派皇長子親自去祭奠，他自己呢，輟朝二日，兩天不上朝，關起門來，緬懷一下這個老同學。這是特殊的禮遇，說明乾隆對這位老同學心中存有一絲難言的歉疚。

除了后妃、兄弟、皇族之外，太監也是需要嚴密防範的政治勢力，因為中國歷史上太監亂政的事太多了，所以歷代皇帝都想了很多辦法，來限制太監。比如朱元璋就規定太監不許識字，還在宮門立了個鐵牌，讓後代皇帝記住，不許太監干政。

在中國歷史上，乾隆也是防範太監干政最成功的皇帝之一。

乾隆的第一個辦法是完善制度。乾隆總結積累了歷代的管理經驗，編纂了一部「宮廷法典」——《欽定宮中現行則例》，對太監的管理做了嚴格而細緻的規定。太監在皇帝面前說話聲音稍微高點，掃地的動靜大了點，值班晚到一分鐘，就得按地下，打板子。

乾隆的第二個辦法是給太監們集體改了姓。《清稗類鈔》說：「乾隆初年，奏事太監為秦、趙、高三姓，蓋高宗藉此三字以自儆也。」就是說他剛即位的時候，就把眼前的太監都給改姓了，改成姓秦、姓趙、姓高三姓，為甚麼改成這三個姓呢？因為這三個字合起來，就是「秦趙高」三個字，就是秦朝那個有名的壞太監趙高，這樣可以提醒他保持警惕，不重用太監。不過這個辦法後來沒有被其他皇帝堅持下來，所以慈禧的時候才有了安德海和李蓮英。

第三是對於太監干政的苗頭，一旦發現，就嚴厲打擊。乾隆三十九年（1774 年），奏事處太監高雲把一張任免官員的檔案，偷偷給一位大臣看了。乾隆知道後，毫不猶豫，立刻把高雲推出去，凌遲處死，與此事相關的官員，一律免職。由於時刻提防，堅持不懈，終乾隆六十年，始終沒有出現太監之禍。

對后妃，對皇族，對太監，乾隆都採取了有力的防範措施。為了權力，乾隆不光是犧牲了親情，還犧牲了友情。那麼除了這幾類人之外，還有一個更為重要的群體，官員。做皇帝，離不開官員。乾隆是如何防範官員侵奪他的權力呢？

第六章

駕馭大臣的手段

乾隆對中國歷史上幾種威脅皇權的勢力，都採取了有力的防範措施。接下來，他還要對付一個更有威脅的群體——官員。皇帝辦事，可以不用自己家裡人，可以不用太監，卻不能不用官員。

所以如何管理官員，可以說是一個皇帝一生都要面對的問題。根據統計，乾隆年間，全國大約有兩萬名文官，七萬名武官。要管理這麼大的一個臣僚隊伍，對任何一個皇帝來說，都是一個很大的挑戰。熟讀經史的乾隆深知，在官員之中，最需要防範的就是兩類人，權臣和佞臣。

君臣關係，一直是中國傳統政治遊戲中的主要矛盾。從表面上看，君臣關係很簡單，不是有句話叫「君叫臣死，臣不得不死」嗎？但是事實上，中國歷史上，經常出現的是君叫臣死，臣先把君弄死。皇帝是一個非正常死亡率很高的職業。有人統計過，中國歷代王朝，包括大一統的王朝，以及那些偏安小王朝，一共有帝王六百一十一人，其中，非正常死亡的二百七十二人。非正常死亡率為百分之四十四，遠高於其他職業，所以當皇帝不那麼好玩。歷史上有很多皇帝，都是被大臣殺掉的。咱們就舉一個例子，五代的開國皇帝，朱溫這個人，在做大臣的時候，殺掉了唐昭宗、唐哀帝兩位皇帝，然後他自己也被兒子朱友珪殺掉了。然後這個朱友珪做了皇帝呢，又被自己的大臣殺掉了。所以高層政治遊戲中，殺皇帝，是一個很常見的遊戲環節。

除了被大臣殺掉，被大臣架空的皇帝更多。我們說了，乾隆要防範的第一個重點是「權臣」。皇帝比較弱勢的時候，權力必然會被大臣奪去。所以中國歷史上有許多權臣，比如東晉著名的書法家王羲之的叔叔王導，就是著名的權臣。他是丞相。《世說新語》說：「元帝正會，引王丞相登御床，王公固辭，中宗（元帝）引之彌苦。」甚麼意思，就是說，晉元帝上朝，一定要拉着丞相王導一起坐在寶座上。王導不幹，晉元帝拉着他的手不敢放，你不坐，我也不敢坐下。王導的勢力就有這麼大。權臣當朝，有可能是好事。比如諸葛亮，我們就可以說他是權臣，但是他忠心耿耿，所以對皇帝沒有根本性的威脅。但更多的情況下權臣當道是壞事，容易引發朝政混亂，比如曹操，實際上也是權臣，結果最終是後人奪取了漢家天下。

所以做一個成功的皇帝，避免皇權旁落，第一條，你要掌握「御臣術」，駕馭大臣的技術。乾隆繼位時，二十五歲，在當皇帝以前，只是一個學生，沒擔任過任何職務，沒有任何政治經驗。在中國歷史上，這算是「主少國疑」了。滿朝大臣，平均年齡比他要年長很多，都已經在宦海驚濤中摸爬滾打了多年，政治經驗要比乾隆豐富很多。特別是經過雍正十三年的高壓統治，很多人都變成了滾刀肉、老油條。那麼，乾隆要怎麼駕馭這些大臣呢？

雖然年輕，但乾隆心裡很有底，因為他對自己先天的智商，和後天接受的帝王教育很有信心。繼位之後，他採取了這樣幾個辦法。

第一，宣佈了「乾綱獨斷」的政治原則，要把決策權牢牢把握在自己手裡。

我們說過，乾隆是正統儒家教育長大的，因此他很尊崇程朱理學，很崇拜宋代著名理學家程頤，句句奉為真理。但是程頤有一句話，乾隆卻堅決反對。哪一句呢？程頤說，「天下治亂繫宰相」，就是説，天下安危，關鍵在宰相一個人。乾隆認為這句話大錯而特錯，專門寫了篇文章來批駁程頤。乾隆説，天下是皇帝的，所以天下治亂，只能由皇帝負責。「使為宰相者居然以天下之治亂為己任，而目無其君，此尤大不可也。」（《乾隆御製文全集》）就是説，你一個宰相，居然敢為天下為己任，你這不是目無尊長、大逆不道嗎？

那麼乾隆為甚麼對這句話這麼敏感呢？因為君權與臣權，特別是宰相之權，歷來是一對矛盾。中國歷史上，臣權特別是相權對皇帝，一直有一定的制約作用。我們知道，漢朝的時候，漢哀帝不喜歡女人，喜歡美男子，著名的典故「斷袖之癖」就是從他這出來的。據《漢書》記載，漢哀帝的伴侶，是美男董賢，兩個人感情太好了，早晨，漢哀帝要起床，一看，睡衣的袖子讓董賢壓着了。漢哀帝不想弄醒董賢，怎麼辦？要過一把刀，咔，把袖子割斷了。所以叫「斷袖之癖」。漢哀帝在生活中，大臣們進貢來各種生活物品，他給董賢用最好的，他自己用次品。有一回，滿朝大臣在一起吃飯，漢哀帝喝了點酒，一激動，對董賢説：「吾欲法堯禪舜，何如？」就是説，親愛的啊，我實在想不出怎麼對你再好了，要不我這個天下啊，給你吧，嚇得滿朝大臣們目瞪口呆。漢哀帝因為和他感情太好了，就下詔，要封董賢為侯。但是這個時候，當一個皇帝胡作非為的時候，相權就起作用了。當時的丞相王嘉説，這個董賢，對國家沒甚麼貢獻，憑甚麼就封侯？拒不執行，把皇帝上的詔書給退回去了。所以丞相是很有權力的，有時候是可以不聽皇帝的。一直到宋朝的時候，還是這樣。宋朝時候，宋真宗很喜歡一個姓劉的妃子，感情很好，要封她為貴妃，寫了個親筆詔書，讓一個使者，拿給宰相李沆（hàng）去執行，李沆一看，說，劉妃為貴妃？這不行，這個劉妃資歷太淺，你讓她當貴妃，不符合後宮規矩。説着，從燭台上拔下一支蠟燭，當着使者的面，把皇帝親手所寫的詔書，燒掉了。使者回去一彙報，宋真宗一聽，也沒辦法，宰相説的在理啊，那就這樣吧，這事就做罷了。(《宋史 · 李沆傳》) 所以相權的一大作用，是可以約束君權，讓皇帝少犯錯誤。當然也有很多時候，相權和君權發生衝突，是因為丞相和皇帝政治思路不一樣，想不到一塊兒去。就好比一個公司，CEO 和董事長對公司的發展思路不同，相持不下，這種情況下，強勢的丞相就容易成為權臣。

傳統權力的本質是不斷地擴張自己，不論是皇帝還是宰相，都想自己說了算。所以皇權和相權就不停地發生衝突。中國歷史上那個雄才大略的皇帝，漢武帝，一共在位五十四年，用了幾位宰相呢？十三位。走馬燈似的換，平均每個宰相，只當了四年。這十三位宰相，有六個，近一半是被殺或者自殺的。明朝開國皇帝朱元璋也接連殺宰相，殺了李善長又殺了胡惟庸，為甚麼呢？因為宰相不聽話，太有性格，太有主見。所以中國傳統政治史上的一個規律，就是歷代以來君權不斷擴大，相權不斷縮小。漢朝的時候，皇帝想不管事，丞相一個人可以把所有事都辦了。唐朝的時候，設了中書、門下、尚書三個省。三個省的長官，共同當丞相，這樣分散了丞相的權力。「省」這個字，最開始指的是中央部門，到現在日本還這樣用，比如日本的防衛省，就是國防部。到了明朝朱元璋的時候，乾脆不用丞相了，皇帝一個人當董事長兼 CEO。那麼皇帝忙不過來怎麼辦啊，實行內閣制，用幾個大秘書，也就是大學士來幫忙。不過大學士的權力對皇帝仍然有一定的牽制作用，皇帝仍然嫌礙事，所以清朝雍正就設立了軍機處，軍政大事，直接由皇帝自己處理，軍機大臣只是給皇帝跑跑腿辦辦事，沒有任何決策權，所以皇權到此就沒有任何阻礙了。在中國歷史上，這種臣權和君權的互相消長，從皇帝見宰相的禮儀上可以看出來。漢朝的時候，宰相上朝，皇帝得站起來。宋朝以前，丞相在皇帝面前，都坐着聊天，所以叫「三公坐而論道」。但是到了宋朝，就把那個座位給撤掉了，不管甚麼大臣，哪怕丞相，你在皇帝面前都得站着。到了明朝，朱元璋開始，更厲害了，所有大臣，都只能跪在皇帝面前聊天，皇帝看你跪的時間太長了，才會給你一個小馬紮，讓你坐一會兒。到了清朝，連小馬紮都不給了，不管你聊多長時間，都得跪着。所以清朝大臣見皇帝時候，有一個必備的工作，腿上都得綁一個特別厚的護膝，要不然非得跪出毛病來不可。

所以中國傳統政治的集權傾向，到了清代，可以說是登峰造極了。清代皇帝最推崇的政治風格就是「乾綱獨斷」，一個人決斷，不能被群臣的意見所左右。乾隆說：「乾綱獨斷，乃本朝家法。」（《清高宗實錄》）就是說，所有大事，都必須由皇帝親自決斷，這是我大清的優良傳統。他還說：「我朝綱紀肅清，皇祖、皇考至朕躬，百餘年來，皆親攬庶務，大權在握，威福之柄，皆不下移，實無大臣敢於操竊。」（《清高宗實錄》）就是說，大清政治紀律之嚴明，歷朝不能比，原因就是皇帝們能把握住大權，不讓大權旁落。所以乾隆一上台，就宣佈要對「乾綱獨斷」這一政治傳統發揚光大。為了防止權臣出現，他把一切決策權，都抓在自己手裡。所以他一登基，憑一己之獨斷，不和任何大臣商量，就把父親的那麼多措施給推翻了。而且一旦朝廷上有反對的聲音，他立馬痛下殺手，殺雞儆猴。比如最典型的一個例子：

乾隆元年（1736年），雍正重用的一個大臣王士俊一看乾隆總在那翻雍正的案，他就給雍正打抱不平，上了一個摺子說：「近日條陳，惟在翻駁前案，甚有對眾揚言，只需將世宗時事翻案，即係好條陳之說。」甚麼意思，就是你一上台，你看看大臣們上的摺子，都是甚麼內容啊，都是在翻你老爹的案，甚至有的人，上了摺子後，對眾揚言說，現在你只要翻老皇帝的案，新皇帝肯定說這是好條陳。（《清高宗實錄》）王士俊這顯然是藉「有人」之口，指責乾隆翻案。乾隆怎麼辦的？很好辦。推行新政，必須有人祭旗，王士俊正好撞到槍口上。乾隆痛罵王士俊是「僉（qiān）邪小人」，「將悖理之言，妄行陳奏」，開始給他判了個斬決，就是死刑立刻執行。王士俊當然罪不至死，乾隆就是要殺一儆百。後來王士俊認罪態度很好，乾隆從寬發落，把他免死趕回老家。所以乾隆殺手一下，反對聲立刻停止了。這就是「乾綱獨斷」，甚麼事，我一個人說了算，你反對？小心掉腦袋。

所以我們可以大致打一個比方，如果說，漢朝，皇帝掌握百分之六十的決策權，丞相掌握百分之四十。到了宋朝，皇帝掌握百分之七十，丞相掌握百分之三十。明朝，皇帝掌握百分之八十，大臣掌握百分之二十。那麼到乾隆一朝，皇帝掌握着百分之九十五的決策權，大臣們幾乎沒有發言權。皇帝雖然經常讓王公大臣就某件事拿出處理意見，但是只是作為決策的參考而已。制度上，清朝大臣們只剩下執行的權力。這種情況下，就難出現權臣。

所以乾隆朝的政治，有一個特點，就是只有明君而沒有名臣，所有的聚光燈都打在乾隆一個人身上，其他人只能生活在乾隆的陰影裡。這是一個很特別的現象。因為一般中國歷史上，偉大的君主身邊總是會有那麼幾位名臣，特別是盛世之君，比如唐太宗李世民，身邊文有魏徵、房玄齡，武有尉遲恭、程咬金。但是乾隆雖然是盛世，但是縱觀乾隆一朝，一共六十多年，比較有名的大臣只有三個，前期，張廷玉。他靠甚麼出的名？其實就是靠給皇帝當秘書當得好，會速記，把皇帝說的話記得準，僅此而已。所以他的功績，和其他朝代的名臣沒法比。後期，我們知道，一個叫和珅，是因為貪污出的名。另一個呢，叫紀曉嵐，那是文學侍從之臣，有點文字技巧而已。乾隆朝也沒出過甚麼有名的武將，因為凡是打仗，乾隆習慣親自遙控指揮，他對別人，都不放心。所以乾隆朝，可以說是中國歷史上君權最大、臣權最小的時期。權臣出現的所有可能，都被他扼殺了。

那麼乾隆這種大權獨攬的做法，有甚麼利弊呢？

乾隆的這種執政風格，從好的方面說，當然是可以防止權臣出現，有利於迅速決策，集中權力辦大事，不至於各部門長時間扯皮。從長遠看，從普遍情況看，這種把君權推向極致的做法，抑制了大臣們的政治參與熱情，讓他們只會跑腿辦事，對國家缺乏責任感。所以如果皇帝雄才大略，當然國家就治理得井井有條。但一旦遇到平庸的皇帝，這個國家就容易一團糟。

乾隆的這種執政風格，對清代政治風氣產生了深刻影響。乾隆朝大學士張廷玉，有一句政治名言，是甚麼呢？「萬言萬當，不如一默。」說一萬句，都對了，也不如一句不說。在皇帝面前，少說話，少建議，皇帝說甚麼，你記下來，傳達下去，就完事了。在乾隆之後，嘉慶道光年間，大臣中最流行的做官秘訣是甚麼？是「多磕頭，少說話」。這句話是大學士曹振鏞說的。曹振鏞教育他的門生說，皇帝問甚麼，你們就只管往地下碰頭就行了，「應該碰頭的地方萬萬不可忘記不碰；就是不該碰的地方，你多碰頭總是沒有處分的」。大臣們不敢拿主意，皇帝自己又沒有主意，大家都不作為，所以晚清時代，國勢衰弱，任人欺凌，就與雍正乾隆奠定的這種政治風氣直接相關。

以上是我們講的，乾隆即位後為防範權臣，確立的一個政治原則，乾綱獨斷。

乾隆的第二個辦法，是沿用前朝老臣，不急於打造自己的班底。

乾綱獨斷，也不是說不要大臣了。乾綱獨斷壟斷了決策權，但是執行，還是要依靠大臣們。

俗話說，「一朝天子一朝臣」，每個新皇帝上任，一般都會罷黜一批老臣，提拔一批自己的人。因為老班子往往不聽指揮。乾隆卻沒有這樣做。為甚麼呢？原因有兩個，一個我們以前講過，雍正嚴密防範皇子們結交大臣，干預政務，所以乾隆在做皇子的時候，根本不認識甚麼大臣。另一個，雍正留給乾隆的這個班底，以鄂爾泰和張廷玉為首，經過雍正多年的調教，既有很強的執行力，又比較老實聽話。所以乾隆就明智地沿用父親留給自己的班底，而沒有另起爐灶。那麼就是說，雍正時期的兩位寵臣，鄂爾泰和張廷玉，仍然是乾隆初年最重要的兩位大臣。張廷玉我們前面介紹過，這裡再簡介一下鄂爾泰。鄂爾泰是滿族人，舉人出身，在康熙朝一直不得志，四十多歲了還是一個小官，本來覺得自己這輩子沒甚麼希望了，沒想到到了雍正朝受到雍正的賞識，被任命為雲貴總督，保和殿大學士，後來又任首席軍機大臣。他和張廷玉，一滿一漢，是雍正朝的兩位最重要的大臣。乾隆上任之後也十分尊重這兩個人，繼續對他們委以重任。乾隆以前沒有處理過實際政務，所以他很謙虛，很有自知之明，從來不會不懂裝懂，凡有自己拿不準的事，無不向他們虛心請教。乾隆二年（1737 年），皇帝特封這兩個人為伯爵。這可是一件非同尋常的事情，因為有清一代，以前還從來沒有文臣被封為伯爵，公侯伯子男，這是傳統時代的五等爵位，伯爵是很高的爵位了，清朝官員不是實行九品制嗎？從高到低一共九品，那麼伯爵是幾品呢，伯爵以上的爵位，包括伯爵，都是「超品」，就是比所有的品級都高，那麼「超品」的爵位一般都是賜給有功的大將的。所以乾隆這是開了一個特例。

那麼有人要問了，前面您不是說乾隆要防範權臣嗎？如此重用鄂爾泰和張廷玉，不怕他們成為權臣嗎？不會，因為經過雍正的嚴厲管教，雍正朝的高級大臣都能認清君臣之分，不敢有非分之想。所以乾隆即位初期，對他們放手任用。

乾隆這樣做的好處，一是雍正的那套班底，本來以為自己要被新皇帝換掉的，沒想到新皇帝這樣重用自己，當然感激涕零，更加賣命地為新皇帝工作，指哪打哪。二是這樣做可以保證官僚隊伍的穩定和團結，有利於各項政策的順利執行。

以上這是第二條，沿用老班底。

第三，冷靜觀察，不斷敲打，嚴防被臣下欺騙。

二十五歲的乾隆坐上了皇帝的寶座。一坐上這個寶座，乾隆發現，圍繞着他的，都是一張張恭順的笑臉。無論他說了甚麼，做了甚麼，聽到的都是大家的歡呼和讚美。哪怕他打了個噴嚏，都會有人說，哎呀，您這個噴嚏打得太響了，一般人打不了這麼響。那麼一個不夠老練的統治者，在這種情況下，很容易頭昏眼花，喪失警惕。但是乾隆並沒有這樣。在他後來六十多年執政生涯當中，乾隆頭腦中一直緊繃着一根弦，那就是嚴防被臣下欺騙。這是為甚麼呢？

這就涉及中國歷史上一類常見的大臣類型，佞臣。甚麼是佞臣呢？佞，就是巧言諂媚。所謂佞臣，就是善於討好和敢於欺騙皇帝的大臣。

在清代中期，我們會發現佞臣特別多。為甚麼呢？因為明朝和清朝大力加強君主專制，所以皇帝希望大臣們只當聽話的奴才，而不能有自己的主見。佞臣的特點就是沒甚麼自尊心。他們不關心誰當皇帝，誰當皇帝我都是打工的。我關心的就是如何鑽皇帝的空子，佔你的便宜，給我自己撈最大的好處。在沒有利益驅動，當官的本身弄不到甚麼好處的時候，他們執行皇帝的政策，被動應付，推一推動一動。而一旦他們發現皇帝命令有甚麼空子，就會拚命把經往歪裡念，想方設法撈錢。乾隆深知，他身邊的這些大臣們，雖然表面上對他都唯唯諾諾，畢恭畢敬，其實心裡，都在研究皇帝的心理。有好多人，都琢磨着怎麼趁皇帝心情好的時候討點賞，怎麼樣趁皇帝心情不好的時候給別人下點讒言。所以如果皇帝精明厲害，這些佞臣就會對皇帝百依百順，百般討好。但如果一旦看出皇帝不那麼厲害，有甚麼破綻，那麼也會把皇帝騙得一溜一溜的。不是有一個笑話嗎？說是有一次，清朝的道光皇帝跟當朝大學士閒聊天，皇上問，你早上一般都吃甚麼早點啊？大學士說，我很簡樸，就吃三個荷包蛋。道光一聽，大吃一驚，啊？你太富了，居然吃三個荷包蛋！你家富到甚麼程度啊？為甚麼呢？因為內務府告訴道光，雞蛋一個值三十兩白銀。三個雞蛋，一天吃掉九十兩，那能不讓他嚇着嗎？

而乾隆通讀歷史，當然深知佞臣的危害。大臣欺騙皇上，最大的危害是讓皇帝掌握不到真實情況，因此做出錯誤的判斷。比如鴉片戰爭期間，道光皇帝之所以決策時一錯再錯，一個主要原因，就是前線的大臣，一個接一個欺騙他。比如1840年（道光二十年）5月，靖逆將軍奕山在廣州，曾經和英軍打過一次仗。事後他向道光彙報說，清軍燒毀了英國大型戰艦二艘，中小型戰艦二十多艘，英軍「被擊及溺水死者不計其數」。道光皇帝一聽樂壞了，下令繼續進攻。那麼事實如何呢？我們今天查英國軍官的回憶錄和英國政府檔案的記載，當天英國軍艦，沒有一艘被擊沉，英國軍隊也沒死一個人。相反，英國人擊毀了中國一個炮台，擊沉了清軍的四十三艘戰船。所以說，如果是小事上欺騙一下皇帝危害可能還不嚴重，那麼軍國大事上也欺瞞皇上，那可就有亡國的危險了。因此從坐在寶座上第一天起，乾隆就把眼睛睜得大大的，觀察着官僚系統的每一個表現。一旦發現了誰敢於欺瞞皇帝，他都會嚴厲打擊，絕不手軟。

乾隆四年（1739 年），發生了這樣一件事。這一年，太廟需要修理。太廟是供奉皇帝祖宗牌位的地方，很重要，要定期修理。建築工程，由工部負責。工部在修理的頭一天，就上了個摺子，說先要修理太廟裡面的路燈，要領三百兩銀。

區區三百兩銀子，對皇帝來說，簡直不算是個錢。不料乾隆皇帝心特別細。看到三百兩這個數字，乾隆有點疑問。簡單修幾個路燈，能用得了三百兩嗎？乾隆就用朱筆批了一句，「此燈不過小小黏補，豈至用銀如此之多？」

工部在皇家工程中貪污銀子，已經輕車熟路了，多支個百十兩銀子，不當回事，他們回奏說，這是預支的銀子，將來修完了，餘下的銀子會再交回來。他們想，皇帝日理萬機，這麼一對付就能過去了。

不料這道回覆，卻讓乾隆大發雷霆。第二天，乾隆降下諭旨，說，據他所知，以前修建工程的慣例，都是先估後領，用多少領多少，修完後，剩下的銀子，從來沒有交回來的。他昨天派人查了一下工部的檔案，沒發現一筆交還的記錄。這就說明工部官員在騙皇帝。乾隆說：「該堂官等竟以朕為不諳事務，任意飾詞蒙混，甚屬乖謬。」你們以為我甚麼都不懂，好糊弄，是吧，你們想錯了。

就因為這幾百兩銀子的小事，乾隆小題大做，殺一儆百，把整個工部衙門的大臣都進行了嚴厲處分。從尚書來保到侍郎阿克敦再到那些司員們，或被降級，或被罰俸。這樣大面積的處罰，在清朝歷史上很少發生。滿朝大臣都嚇得瑟瑟發抖，沒想到這個年輕皇帝，這麼精明，這麼厲害。

這是記載於《清高宗實錄》的一件事。

清代史官修撰過一本政治語錄，叫《大清十朝聖訓》。其中記載了這樣一件事。有一次，一位巡撫給乾隆寫了份奏摺，彙報了地方上發現的一件壞事。彙報完了，在奏摺結尾，這位巡撫加了這樣一句：「正在繕疏間，據兩司道府揭報前來，與臣所訪無異。」也就是說，我正在寫報告，正好布政使和按察使兩個人的彙報也恰好到了，他們所說的，和我所了解的，一樣。

乾隆看到這，不覺一笑。他一眼就看出巡撫這句話背後是怎麼個心思：如果巡撫自己向皇帝彙報這件壞事，巡撫固然是立了功了，但是同為大吏的布政使和按察使，卻有了失察的嫌疑。為甚麼人家發現了這件壞事，而你們沒有發現？所以，這位巡撫筆頭一轉，這樣一提，說我剛寫完，他們倆也向我彙報了，這樣既保住了自己首先發現的「頭功」，又為布政使和按察使推卸了失察的責任。你看，做大臣，得需要多麼有技巧。不過，這些技巧到乾隆這兒，就不好使了。乾隆揮筆，在奏摺上批道：「或千百中偶有一二，豈能事事如此？」就是說，這種事，千百件中或者有一兩次巧合，怎麼到你，總是這麼巧？

所以乾隆皇帝的智商、情商，確實比一般皇帝要高。那些讓其他皇帝看起來頭暈眼花的官場詭計，逃不過乾隆的法眼。幾次交鋒之後，皇帝的精明就給大臣們留下了深刻的印象，甚至搞得大臣們吃不消了。有一次乾隆向大臣們徵求意見，說你們講講，我有甚麼缺點啊？有一個叫儲麟趾的人，居然給乾隆提了這樣一條意見：「愚臣管窺蠡測，以為自古人主患不明，惟皇上患明之太過；自古人主患不斷，惟皇上患斷之太速。」（《清史稿》）

甚麼意思呢？皇上，您太精明了，做事兒腦子轉得太快了，我們跟不上啊。自古以來啊，別的朝代都愁皇帝不精明，到您這啊，我們都愁您太精明了。別的朝代都愁皇帝優柔寡斷，我們愁你處理事情，速度太快了。我們反應不過來啊！

居然還有這樣給皇帝提意見的。當然這有拍馬屁之嫌，但確實是從一個側面說明乾隆這個皇帝，確實不好對付。這樣，朝中的大臣們就小心謹慎，不敢胡作非為了。

通過「大權獨攬」，壟斷決策權，乾隆就基本上防止了出現權臣的可能。通過時刻提高警惕，讓大臣們不敢欺騙自己，乾隆也最大限度地防止了佞臣對朝政的干擾，保證下情能夠準確上達。所以繼后妃、皇族、太監之後，乾隆有效防範了中國歷史上另一類威脅皇權的勢力，權臣和佞臣。那麼，前面我們所說的五種威脅，還剩下一種，那就是朋黨。

所謂朋黨，用通俗的話講，就是山頭。大臣跟皇帝沒法單打獨鬥。但是，當這些大臣分成山頭，團結起來之後，就不好辦了。同一個山頭的大臣們相互通風報信，協調行動，一起騙皇上，皇帝就很難應付了。兩個山頭的大臣相互掐，皇帝也不容易管，這就是我們說的威脅皇權的第五個力量——朋黨。乾隆即位之初，朝中就出現了朋黨的苗頭。

那麼，我們知道乾隆的父親雍正，為人非常嚴厲，雍正朝政治紀律很嚴明，乾隆朝怎麼會出現朋黨呢？

前文提到，乾隆為了政治平穩過渡，重用鄂爾泰和張廷玉這兩位雍正留下的老臣，但是鄂爾泰和張廷玉這兩個人，一滿一漢，勢均力敵，雙峰並峙。一般來講，同行都相互排斥。各個領域最頂尖的那幾個人之間總是很難搞好團結，這是一個規律，鄂爾泰與張廷玉二人地位相當，性格不同，彼此長期不和。

張廷玉在康熙年間就中了進士，資歷很深，所以他看不起後來居上的鄂爾泰。而鄂爾泰這個人天生性格張揚傲慢，自視很高，在內閣中排名又在張廷玉之前，所以他也不買張廷玉的賬。兩個人關係十分冷淡，《嘯亭雜錄》說，「同事十餘年，往往竟日不交一語」。就是說，在一個辦公室裡辦公，一整天誰也不說一句話。兩個人心裡顯然都有點芥蒂。在這種情況下，雖然他們倆並不想植黨，但是大臣們卻把他們當成了山頭。滿族大臣一般都投奔鄂爾泰門下，漢族大臣漸漸聚集在張廷玉門下，兩派相互攻擊，朋黨的雛形，就這樣出現了。

相對於后妃、皇族、太監、權臣和佞臣，朋黨是一個更難處理的問題。所以乾隆即位之初，對這兩大朋黨採取了一個平衡政策，然後等待時機再解決這個問題。甚麼時候等到了時機呢？乾隆十三年（1735 年）。為甚麼是乾隆十三年呢？因為乾隆十三年，後宮中出了一件大事，不但對乾隆的私生活產生了嚴重影響，也引發了政局的劇烈動盪。

第七章

皇帝的愛情

乾隆初政，行寬仁之治，然而從乾隆十三年（1735 年）開始，乾隆的執政風格卻一變而為嚴厲苛刻，滿臉殺氣。那麼，這一年到底出了甚麼大事呢？根據史書記載，這件大事是乾隆的皇后富察氏去世。

在中國歷史上，講皇帝，就必然要講到後宮。皇帝的感情世界，對他的政治生活，有着至關重要的影響。有的是好的影響。比如明朝的明孝宗，是中國歷史上唯一一個實行一夫一妻制的皇帝，他一輩子只娶了一個人，張皇后，兩個人感情非常好，別的女人，他連看都不看一眼。感情生活很幸福，他在政治生活中，心態也很開明，所以他統治時期，人們稱為「弘治中興」。也有不好的影響。比如唐玄宗和楊貴妃愛得死去活來，就重用楊貴妃的娘家人，後來就出現了安史之亂。所以皇帝的愛情，與一個國家的命運，經常是息息相關的。那麼，乾隆的愛情生活，是怎麼樣的呢？影視文學作品中，乾隆通常都是一個風流天子的形象，那麼真實的乾隆果然是這樣嗎？

根據歷史檔案，乾隆的後宮中，有名號的后妃，一共四十人。他先後有過三位皇后，其中最重要的，當然是他的結髮妻子，第一個皇后，富察氏。歷朝歷代因為種種原因，很少有人真正和皇后能做到鶼鰈情深。然而乾隆和這位結髮妻子的感情卻做到了始終如一。

根據史書記載，孝賢皇后富察氏是一位名門之女。「富察」是滿洲八大姓之一，她的家世很顯赫。富察氏嫁給乾隆的時候，年方十六，還不是皇后。因為那時，乾隆也才十七歲，還沒當皇帝。所以富察氏當初是作為福晉嫁到宮中的。

那麼我們知道，雍正那時候已經把乾隆預定為未來的皇

孝賢皇后朝服像

帝，所以給乾隆選福晉，其實就是為大清挑選未來的皇后，雍正當然要煞費苦心。除了名門之外，還有一個條件，那就是要漂亮。富察氏長得甚麼樣呢？現在故宮中，保存着著名西洋畫師郎世寧畫的油畫大像。從這張畫像上我們可以看出，富察氏皮膚白皙，面龐清秀，五官端正。雖然算不上傾國傾城，但也可稱得上很漂亮。畫像上的她神態溫婉，目光清澈。雖然已經貴為皇后，卻毫無居高臨下的驕矜之氣，可以看得出，她有很好的風度和修養。

富察氏除了出身名門、長相姣好之外，富察氏還是一個非常聰明、非常賢惠、非常有人格魅力的女人。

富察氏的魅力表現在三個方面。第一個方面，是她多側面的性格。

《清史稿》中記載，富察氏雖然是大家閨秀出身，但是卻從來不愛在自己的臉上精耕細作，也很厭惡金銀珠寶之類的惡俗裝飾。她做了十三年皇后，每天素面朝天，不怎麼化妝，穿衣戴帽都很簡單。用《清史稿》原話來説，就是「以通草絨花為飾，不御珠翠」。就是戴一點天然的花草，但是不戴珍珠翡翠。

漂亮對男人的征服是一時的，性格對男人的吸引才是永久的。富察氏的性格是多側面的。她既有精明的一面，又有天真的一面；既有溫柔的一面，又有活潑的一面。她為人既識大體，又善於經營細節。當乾隆他忙着處理政務的時候，富察氏就以自己的精明，把後宮管理得井井有條，讓皇帝不操心。當乾隆遇到甚麼不順利、情緒煩躁的時候，富察氏就如同一朵解語花一樣，馬上能感受他情緒的變化，輕聲細語地陪皇帝聊天，讓乾隆的情緒很快得到調整。當乾隆工作累了想放鬆一下的時候，富察氏又能展現自己特別活潑開朗的一面，展現自己的體育天賦，陪着他玩，兩個人在承德的圍場上縱馬奔馳，富察氏和乾隆可以瘋玩上一整天。乾隆本身是一個複雜的男人，他所期待的，絕不僅僅是一位聽話的、順從的女人，他需要的，也是一位和他一樣，多側面的立體的有深度的女人。那麼可以説，富察氏就是這樣的女人。這是第一點，多側面的性格。

第二個方面，富察氏非常善於理解乾隆的精神世界。有一年秋天，乾隆帶着皇后在避暑山莊打獵。乾隆無意間和富察氏聊起來，説當年祖宗們在關外之時，艱難創業，衣服袖子上，用鹿尾巴絨毛緣個邊就算很好的裝飾了，哪像今天這些八旗子弟，你看看，鑲金戴銀，鋪張浪費，驕奢淫逸得都沒邊了。皇帝順口説了這麼幾句話，富察氏卻記在心裡。回到北京後，富察氏特意讓人找來鹿尾絨毛，親手做了一個鹿尾毛緣邊的小荷包送給乾隆，意思是與他共勉，不忘滿洲儉樸本色。乾隆非常喜歡這個荷包，終生把它帶在身邊。所以富察氏與乾隆是能在各個層面，不僅是物質生活層面，也包括精神生活層面進行交流的。這很重要。

第三個方面，富察氏更是一個會關心人的女人。對於乾隆的生活起居，富察氏關心備至，事必躬親。有一次乾隆身上長了個癤子，醫生説，一百天之內，需要天天換藥。富察氏不放心宮女手重，怕把乾隆弄疼了，特意把自己的被子搬到乾隆寢宮的側室，每天親自給乾隆換藥，一直堅持了三個多月，直到乾隆完全康復，才回到本宮。(《清史稿·后妃傳》)

當然，最能體現皇后賢惠的，就是她對待皇太后的態度了。我們前面講過，皇太后出身很低微，一開始不過是個粗使丫頭。所以雖然成了老太后，每天仍然是大説大笑的，不改普通勞動人民的本色。而皇后出身名門，行不動裙笑不露齒，可以説這娘倆氣質完全不同，相處起來應該很有點難度。可是富察氏從心裡把婆婆當成親媽，對太后關心照顧無微不至。正因為皇太后出身低微，所以她在太后面前特別注重禮貌，遇到太后吃飯甚麼的，她都親自侍候，不讓宮女們伸手。老太后鬧病，皇后衣不解帶，成宿成宿地在跟前伺候。誰也想不到大家閨秀出身的皇后能吃得了這份苦，所以後宮上下都對她特別佩服。因此，婆媳關係也處得異常融洽，老太太一天也離不了這個兒媳婦。我們説過，乾隆是個非常孝順的兒子，所以富察氏在這一點上，讓乾隆非常滿意。

在茫茫人海中，找到自己真正滿意的另一半，對每個人來説，都是一個小概率事件。所以只能是「得之我幸，不得我命」，即使對於皇帝來説，也是如此。乾隆是個非常幸運的皇帝。如果説乾隆是人中之龍，那麼富察氏就是人中之鳳。乾隆非常自命不凡，對別人總是有很多挑剔，然而對這個結髮妻子，幾乎挑不出任何毛病。

所以乾隆當了皇帝之後，按照禮制，三宮六院，娶了許多妃子，但這些妃子，誰也沒能動搖皇后在乾隆心中的特殊地位。我們說，女人不經老，在富察氏一天天容貌褪色的同時，這些新進宮的妃子，如同一朵朵含苞帶露的鮮花，競相綻放。乾隆和皇后的感情，並沒有隨着時間的流逝而日漸淡薄，相反卻是一天比一天深厚。為甚麼呢？因為皇后身上的魅力，就像一罈酒一樣，歲月越久，這罈酒就變得越醇香。乾隆剛剛登基那些年，忙於處理國務，而富察氏就是乾隆的大後方、大本營。皇后的溫柔、持重，不急不躁，就像一塊貼身的玉石一樣，時刻調試着乾隆的政治體溫。所以，我們說，乾隆初政時期，政治風格，是開朗、寬大、仁慈，這與他感情生活的幸福是分不開的。一個人幸福的時候，對別人，也總是更能寬容。所以與皇后共同生活的時光，對乾隆來說，那是陽光燦爛的日子。

從以上我們所說的來看，乾隆與皇后的關係，實在是太完美了。古今中外，很少有這樣完美的夫妻關係。然而，「天道忌全」，天下沒有十全十美的事物。甚麼事凡是特別完美，總會有特別令人遺憾的另一面緊緊相隨。

傳統時代，特別重視子嗣。特別是一個女人，只有生了兒子，終生才算有所依靠。雍正八年（1730 年），結婚三年後，富察氏給乾隆生了第一個兒子。這當然是一件特大喜事，雍正盼嫡長孫已經盼了兩年多了，所以非常高興，親自給這個孩子起名叫永璉。璉，是宗廟中重要的祭器，那麼這個「璉」字，實際上就寓意着將來希望這個孩子繼承大統。這個孩子從小特別聰明，特別懂事，特別惹人喜愛，乾隆說他是「為人聰明貴重，氣宇不凡」(《清高宗實錄》)。

所以乾隆當了皇帝之後，就迫不及待地秘密立儲，在乾隆元年（1736 年），把六歲的永璉秘密立為太子。那麼兒子成了太子，富察氏當然也非常高興，終身有靠了，所以到這個時候，乾隆和富察氏的感情，也達到了幸福的高峰。

然而，人的命運有一個規律，一旦誰感覺自己太幸福了，誰向世界得意忘形地炫耀自己的幸福了，那麼滅頂之災就會從背後突然襲來。就在初登皇位的乾隆通過早早立儲向世界宣告了他的幸福之後不久，乾隆三年（1738 年）九月，年僅九歲的嫡子永璉病了。一開始不過是感冒，幾天之後卻病情轉重，很快就去世了。

這可完全是一個晴天霹靂。培養了九年的孩子去世了。我們可以想像這件事對富察氏和乾隆的打擊有多大。富察氏因此大病了一場，幾天之內，就形銷骨立，瘦得脫了相。乾隆當然十分擔心，天天跑過來探視。然而富察氏的與眾不同之處也就在這樣的時候體現出來了：在乾隆面前，富察氏很少流露內心的悲傷，不像別人那樣哭哭啼啼，相反，她沒話找話，和皇帝聊東聊西，想要來分散乾隆的注意力，減輕乾隆內心的痛苦。乾隆對皇后，真是越來越佩服。

永璉去世後，乾隆對富察氏也更加關心，與她同寢的次數比以前更多了。因為乾隆很清楚，只有讓皇后再生一個兒子，才是對皇后的最大安慰。然而，由於生了一場大病，體氣變更，身體不好，一轉眼七年過去了，皇后仍然沒能懷上孕。好不容易到了第七年頭上，時來運轉，乾隆十一年（1746 年），富察氏又生下了一個兒子。雖然此時乾隆和別的妃子已經有了好幾個兒子，但是這個孩子一出生，乾隆馬上愛不釋手。也許是出於父親的偏心，他覺得這個孩子是他所有兒子中最漂亮最聰明最可愛的一個，看哪哪喜歡。乾隆說他「性成夙慧，歧嶷表異，出自正嫡，聰穎殊常」（《清高宗實錄》）。就是說，又聰明又漂亮，太惹人愛了。

富察氏當然和乾隆一樣高興。她生怕這個孩子再出意外，幾乎把全部心血，都放在他身上，那真是含在嘴裡怕化了，捧在手裡怕摔了。乾隆也一樣，每天一下朝，就趕緊跑到皇后宮中，夫婦倆一起逗孩子玩。這是乾隆一天中最快樂的時光。然而，清代嬰兒死亡率極高，乾隆十二年（1747 年）大年三十，年僅兩歲的這個嫡子出了天花，又去世了。

這個打擊對乾隆和皇后來講，都太沉重了。乾隆還好說，畢竟有好幾個兒子了，但是這時候，皇后已經三十六歲，已經過了女人最佳生育年齡，以後再生孩子可能就難了。所以乾隆一方面為自己難過，另一方面更擔心皇后受不了。好在皇后這次沒有像上一次那麼大病一場。她默默地把悲傷藏在心中，表現得異常冷靜堅強。在皇子的葬禮舉行過後，她就像平常一樣，一如既往，恢復了平靜。皇后的堅強，讓乾隆非常驚訝，因此也對她更加敬重了。

就在嫡子去世後兩個月，乾隆十三年（1748 年）年初，三十八歲的乾隆要開始他即位之後的第一次東巡，到曲阜拜祭至聖先師孔子了。這個日程表是頭一年六月份就確定了的。乾隆即位十二年以來，由於統治方法比較得當，所以政治平穩，社會各個方面都呈現向上的勢頭，可以説是天下初步大治。因此乾隆躊躇滿志，感覺自己可以出巡視察一下自己的國土，檢閱一下自己的統治成績。再次經歷了喪子之痛的乾隆很想帶着皇后一起東巡，一個是共同分享事業成功的喜悅，另一個是讓皇后也散散心。因為乾隆心裡很清楚，皇后雖然表面上很堅強，然而內心所受的傷痛哪那麼容易平復啊？所以他想讓皇后和他一起出門。然而在出發前一個月，欽天監的官員向乾隆陳奏：「客星見離宮，占屬中宮有眚（shěng）。」（《清高宗實錄》）

欽天監是負責觀察天象的機構，還負責擇定日程凶吉。「客星」就是一顆不常見的星星。「離宮」，是天上名為離宮的六顆星。欽天監是説，一顆忽明忽暗的所謂「客星」突然出現在離宮六星之中，這預示中宮皇后將有災禍。

傳統時代的人，大多有點迷信。乾隆看了這個彙報，一開始也有點害怕，但是轉念一想，這個大難不是已經應驗了嗎？「新喪愛子」，剛剛死了兒子，這還不算是大難嗎？那麼以後應該沒甚麼厄運了。

乾隆十三年（1748 年）二月，乾隆就帶着皇后和皇太后上路了。一上了路，乾隆就感覺帶着皇后出門這個決定非常正確。因為早春二月，春風浩蕩，一大家子人一起出門旅遊，心情都很好，皇后也很開心，和乾隆一起高高興興陪着太后登上了泰山山頂。

不過樂極生悲，下了泰山，回到濟南，皇后就感冒了，開始持續發燒。在濟南待了好幾天也沒好，那麼返程日期已到了。乾隆想讓皇后在濟南養好病再走，但是富察氏説，我在這不走，你和文武百官都在這陪着我，這怎麼行，再說，也給地方上增加負擔啊。還是回北京，北京醫療好，回去再好好調治吧。乾隆一聽，也在理，就只好啟程北返了。三月十一日，皇帝皇后一行從德州坐上了船，沿着運河返回北京。坐上船，乾隆長出了一口氣，因為船上就不再顛簸了，比較平穩了，有利於皇后養病，所以乾隆坐在窗口前，望着河畔的春色，打算作上一首詩。不料就在這個時候，太監跑過來了，說皇后感覺不舒服，您哪，過去看看。

乾隆趕緊跑到皇后的船上，一看，皇后臉色蒼白，渾身冰冷，已經昏迷了，乾隆緊緊抓着皇后已經冰冷的手，但是已經很難再握住皇后的生命了。到了當天晚上，富察氏就去世了。《清高宗實錄》記載，十一日，「駕至德州登舟。亥刻，皇后崩」。

乾隆皇帝當然五內俱摧，他當天晚上就起草了一道諭旨，第二天發佈全國。乾隆說，皇后如果繼續在濟南養病，也許就沒事了，但是皇后一生凡事為別人着想，「誠恐久駐勞眾」，怕待久了給地方增加負擔，耽誤國家政事，所以急着回京，不幸於路上仙逝。乾隆說，皇后「二十二年來，孝奉聖母，事朕盡禮，待下極仁，此宮中府中所盡知者。朕痛失內佐，痛何忍言！」就是說，皇后二十二年來，對太后，對我，對下人，都非常好，無可挑剔。她突然去世，我的悲痛，你們可以想見。所以要隆重辦理皇后的喪事。三月二十二日，乾隆發佈諭旨，給皇后加謚號，叫「孝賢」，這是所有皇后謚號中最好的一個。所以後來人們都稱富察氏為孝賢皇后。

孝賢皇后的去世，對乾隆個人及乾隆一朝的政治都產生了非常大的影響。

首先，當然是對乾隆感情上，造成了嚴重的打擊。

皇后去世，乾隆心裡，當然痛斷肝腸。當天夜裡，他忙完了安排皇后喪事，一夜沒睡着。天快亮的時候，他向太監要過紙筆，寫下一首輓詩：

恩情廿二載，內治十三年。
忽作春風夢，偏於旅岸邊。
聖慈深憶孝，宮壼（kǔn）盡欽賢。
忍誦關雎什，朱琴已斷弦。

甚麼意思呢，就是說，我們夫妻恩情二十二載，你治理後宮一共十三年。這一切突然都化成春風一夢，飄散於運河的河岸邊。皇太后平日總稱讚你的孝順，嬪妃也無人不佩服你的明賢。我從此不忍再讀《詩經》中的《關雎》篇，因為我的朱琴，已經斷弦。

從皇后去世那一天開始，乾隆的人生，就陷入無窮無盡的悲痛之中。結髮二十二年來，他和皇后已經如同兩棵相互依靠交織成長的大樹，你中有我，我中有你，彼此已經成了對方的一部分。皇后去世，乾隆就感覺自己身體的一半，也已經死了。皇后去世後的頭半年，乾隆一直都睡不實覺，他動不動就覺得皇后還在身邊，夜裡經常驚醒。侍候乾隆的老太監注意到，皇后死後，乾隆的精神狀態變得有點不正常，用今天的話來說，就是「無目的活動」增多，就是走到某張桌子前，卻想不起來自己到這是想幹甚麼。工作沒甚麼效率，剛剛說過的話，馬上忘得一乾二淨。每天不停地發火，衝誰都發火，情緒特別惡劣。

就在這個時期，乾隆做了很多詩。只有寫詩，能讓他緩解一下情緒。我們提到過一個歷史紀錄：乾隆是中國歷史上產量最高的詩人，一生作了四萬三千多首詩。由於詩寫得太多太濫，乾隆的大部分作品，其實都很平庸，或者說只不過是「分行的日記」。不過，在這四萬多首平庸的詩作當中，有一百多首詩，寫得非常好，情真意切。這一百多首有一個共同的特點，都是悼念富察皇后的。

富察氏剛去世之後那一段，乾隆幾乎天天夢到皇后，醒來後有時就把夢中的情景寫到詩裡。比如我們來看下面這首：

其來不告去無詞，兩字平安報我知。
只有叮嚀思聖母，更教顧復惜諸兒。
醒看淚雨猶沾枕，靜覺悲風乍拂帷。（《乾隆御製詩二集》）

甚麼意思呢？意思是說，有一天晚上，乾隆夢到了死去的皇后。皇后說，我來這兒只是要告訴你，我在那個世界裡，過得很平安，你放心。另外，我還想看看，我的婆婆和宮中這些孩子們，現在怎麼樣啊？我對他們還是不放心。打聽完家裡的情況，皇后就悄悄消失了。一覺醒來，乾隆的眼淚已經濕透了枕巾。窗外風吹簾櫳的聲音，更襯托出子夜時分皇宮內院的這個寂寞和悲涼。

你看，這首詩寫得很真摯很樸實。這詩呢，不像是一位後宮三千粉黛的皇帝所做的，更像一個普通的丈夫，向妻子所做的告白。

長春宮是皇后的寢宮，乾隆命令，長春宮的所有陳設，都要保留原樣，一點也不得變動。每年皇后的忌辰，乾隆都要到這裡憑弔，在椅子上，一坐就是半天。這種做法堅持了四十多年，直到退位。

皇后去世時所乘的船，叫青雀舫，這是皇后最後生活過的地方。乾隆説，要把這艘船運進北京城，我要留作紀念。大臣們一聽，都嚇傻了，因為這艘船體積非常龐大，要是按今天的噸位，排水量上千噸，這怎麼運啊。乾隆説我不管，你們給我想辦法，我一定要保留這條船。最後，還是禮部尚書海望，想出了一個方法，他命人在北京城牆兩面，搭起長長的木架子，上面鋪上木頭軌道，軌道上鋪滿新鮮的菜葉，作為潤滑劑，幾千名工人一起使勁推扶拉拽，好不容易，才把這條大船運進了城內。乾隆就用這樣的方式，把孝賢皇后用過的一切東西，都保留起來。

第二點，還造成了乾隆與新皇后的不和。

富察氏去世之後，後宮不能沒有皇后，所以在老太后的多次催促之下，乾隆十五年（1750 年），又冊立了另一位妃子烏拉那拉氏為皇后。烏拉那拉氏是乾隆做皇子時就娶的側福晉，所以論資排輩，乾隆選中了她。

然而，對於那拉氏，乾隆一直找不到感覺。雖然此人也端莊秀美，出身名門，但是乾隆就是培養不起對富察氏一樣的愛意，一看到那拉氏，就想起富察氏，就感覺那拉氏這也不如富察，那也不如富察，所以對那拉氏一直很冷淡，有時一整天不和她說一句話。那拉氏也很委屈啊，那這皇后做得還有甚麼勁，經常一個人躲到角落裡哭泣。有時候乾隆看到了，也感覺很對不起這個新皇后。

乾隆十六年（1751 年）三月，在富察氏去世三周年忌日，乾隆寫了一首詩，分析自己為甚麼不愛新皇后：

獨旦歌來三忌周，心懷歲月信如流。

豈必新琴終不及，究輸舊劍久相投。

就是說，時光迅速，一轉眼孝賢皇后去世已經三年了。難道是新皇后處處真的不如舊皇后嗎？也不見得，其實主要是因為我與孝賢的恩情年深日久，其他人實在無法代替。

確實，富察氏在乾隆心目中，是任何人都無法取代的。法國作家埃克蘇佩里有一本很有名的小說，叫《小王子》，那裡面，小王子愛上一朵玫瑰。在小王子眼裡，這朵玫瑰是獨一無二，天下最美麗的。當然事實上，在別的地方，這樣的玫瑰遍地都是。但是在小王子眼裡，他的這朵玫瑰，是天底下任何玫瑰都不能取代的，因為它是他見到的第一朵玫瑰，也是他親手澆灌長大的。

那麼富察氏，就是乾隆的第一朵玫瑰，因此也是唯一的一朵玫瑰。第一次永遠是最美好的，因為它不可複製。對乾隆來說，富察氏是他的初戀，和富察氏在一起的一切的一切，都是永遠難以磨滅的記憶。雖然有了新皇后，雖然後來他又有了很多新妃子，但是對誰，他也找不到對孝賢的那種感覺。所以雖然乾隆也總勸自己對新皇后好點，無奈真情不能勉強，這個新皇后始終是有名無實，得不到乾隆的恩愛。一直到乾隆三十年（1765 年），一直備受冷落而心情抑鬱的皇后在南巡路上，終於與乾隆發生了一次激烈的衝突，皇后當眾剪去自己的頭髮，聲明想去做尼姑，說我這樣活着，還不如尼姑。乾隆大怒，把皇后打入冷宮。打那以後，乾隆再也沒有立過皇后。有人說你不是說乾隆有三位皇后嗎？至於第三位皇后，是嘉慶皇帝的生母，是死後追封的。這是孝賢去世對乾隆影響的第二點。

第三點則是私生活上的放縱。

從乾隆對孝賢皇后的感情來看，乾隆是一個很專一、很重情義、很重禮法的人。然而，乾隆的後宮還有另外一面，那就是放縱和恣肆的一面。不過，他的放縱和恣肆，與他的專一，正是相輔相成，互為因果的。

我們前面講過，乾隆的后妃，僅有名號的，就多達四十位。這個數字，如果放到其他朝代，可能不算多，可是在清朝皇帝中，已經是第二多了，第一多的是康熙皇帝，六十七個。孝賢皇后在的時候乾隆在私生活上一直很節制，很守禮法。然而，孝賢去世後，乾隆內心感覺特別空虛，就納了許多妃子。不管是誰，只要看中了，就想法娶進宮中來。乾隆的這些妃子，從出身來講，有大家閨秀，也有普通人家的女兒，甚至還有犯了罪的犯官女兒。從民族來講，有滿族，有漢族，有蒙古族，還有回族。可以說，五花八門。從這點上說，乾隆中年之後，是一位比較放縱自己私生活的皇帝。

乾隆後宮突破禮法的一個重要表現，就是出現了漢人之女。清代后妃制度規定，不能選漢人女子為妃。當然，清代祖制所說的漢人，不包括漢軍八旗。漢軍八旗被列為旗人。但是清代檔案明確顯示，乾隆娶過江南漢人的女兒，這是違反祖制的。我們先來看《宮中檔》的這個乾隆四十三年（1778 年）的朱批奏摺：

有明貴人之兄陳濟自揚州來京，懇求當差。看來此人係不安份之人。

這說明甚麼呢，說明乾隆四十三年（1778 年）時，宮中有一個明貴人，姓陳，是揚州人。另外，根據同一份清宮檔案，乾隆當時還有一個姓陸的常在，是蘇州人。也就是說，乾隆的后妃當中，至少有兩個人是江南的漢人。那麼，這兩個人，是怎麼違反祖制進的宮呢？

我們說，孝賢皇后死後，乾隆開始用私生活的放縱來填補精神上的空虛。現在有一個詞兒，叫「中年淪陷」，就是說一個人到了中年之後，就會放棄很多青年時代的理想和原則，因為意識到生命已經過半，時間已經不多，就開始尋求刺激。乾隆一定程度上也是這樣。他在乾隆二十二年（1757 年）的第二次南巡開始，就在出巡的路上不斷的獵豔。

從康熙朝起，皇帝巡幸各地，地方上和皇帝關係特別近的大員，有時會向皇帝偷偷進獻美女，供皇帝享用。康熙皇帝身邊的大臣李光地在自己的筆記《榕村語錄續集》中就披露過這樣一件事，說是康熙巡幸山西，山西撫巡噶禮向康熙進獻了四名美女。那麼據此推測，乾隆南巡過程中，應該也會有地方大員向他進獻美女。所以我推測這兩位漢妃，很可能是在乾隆南巡過程中，陪伴乾隆，被乾隆相中了，帶回了北京的。那麼這樣不是就破壞制度了嗎？乾隆自有辦法變通，他可以命這兩位妃子的家族入旗，就是變成漢軍旗人，這樣就算不違祖制了。

當然，乾隆后妃當中，最富於傳奇色彩的，應該是那個「香妃」。人們傳説，香妃是西域著名的美女，渾身散發着天然的異香。乾隆慕她的美名，把她納入宮中。還特別建了一座寶月樓，也就是今天中南海的新華門，供她居住。當然，今天我們梳理歷史資料，已經弄明白，所謂香妃，就是《清皇室四譜》中記載的「容妃」，維吾爾族，姓和卓氏，是維吾爾上層貴族之女。她是乾隆二十五年（1760 年）平定準噶爾後入宮的，寶月樓是甚麼時候修的呢？修建於乾隆二十三年（1758 年），所以説寶月樓（新華門）不是因為香妃所修。在容妃生前，沒有人管她叫過香妃，説她身有異香甚麼的，那純粹是後人編出來的。她只是民族比較特殊，其他方面並沒有特殊的地方。事實上，連那張著名的香妃像，是不是香妃本人，也大成問題。因為這張像，是 1915 年當時的故宮古物陳列所從避暑山莊運來的一批文物中偶然發現的，當時上面有一張清代的黃籤，標明這張畫像叫甚麼呢？叫做「美人畫像」，並沒有説是哪個妃子的畫像，更沒説就是香妃的畫像。古物陳列所在陳列這幅畫時，為了獲得轟動效應，根據香妃的傳説，給她定名為「香妃戎裝像」，使這幅畫像從此大名遠揚，但是很有可能，這張畫像和香妃，沒有任何關係。

我們可以説，乾隆在五十多歲的時候，娶了少數民族的容妃，這既有籠絡維吾爾上層貴族的意圖，也有尋求刺激的意圖。乾隆的後宮，在他人到中年之後，那是越來越豐富多彩五花八門了。不過，雖然後宮中粉黛如雲，乾隆卻再沒有能找到富察氏那樣的知己。乾隆在諭旨中曾經講過，自從孝賢皇后去世後，他就養成了獨宿的習慣，不再讓任何妃子陪伴他過夜。那麼每天晚上被他幸過的妃子走了之後，伴隨着乾隆渡過漫漫長夜的，其實是無窮無盡的寂寞。我們可以說，孝賢去世後，乾隆的生活中只剩下了性，卻沒有了愛情。

第四點影響是，對富察氏的思念，成了乾隆後半生感情生活的主旋律。

在私生活越來越放縱的同時，乾隆對富察氏的思念，卻與日俱增。閱歷的女人越多，乾隆越發覺，富察氏這樣的女人，上天只創造了一個。曾經滄海難為水，在後半生中，任何一個與富察氏有關的場合，都會引發乾隆的深深思念。

乾隆十九年（1754 年），他東巡關外，路過科爾沁草原，順道看望一下嫁到蒙古的女兒固倫和敬公主。富察氏一生生了四個孩子，兩男兩女，只有這個女兒最後活下來，嫁給了蒙古親王。看到女兒，乾隆不由得想到了她的生母，寫下了這樣兩句詩：「同來侍宴承歡處，為憶前弦轉鼻辛。」本來見到女兒很高興的場合，我因為想到死去的皇后，鼻子又是一陣酸楚。

自從皇后死後，乾隆一生就再也沒有進過濟南城，為甚麼呢，因為當初皇后就是在這生病的，所以每次快到濟南的時候，乾隆心情都很不好。乾隆三十年（1765 年），第四次南巡，乾隆又一次經過山東，就賦詩一首，說明他為甚麼不進濟南：

四度濟南不入城，恐防一入百悲生。

春三月昔分偏劇，十七年過恨未平。

就是說，四次不入濟南城，是怕一進去，就勾起痛苦的回憶，十七年前的三月，皇后在這裡病倒，十七年過去了，我心中仍然餘恨未平。

這樣的詩，乾隆一生做了不下百首。凡是看到皇后生前用過的物品，到了與皇后共同待過的地方，甚至看到南飛的大雁，都會引起他對富察氏的思念。每次乾隆去拜謁東陵的時候，都必到裕陵，給埋在那的孝賢皇后上墳。

乾隆五十五年（1790 年），已經八十歲的乾隆又一次來到妻子墳前，寫下這樣一首詩：

三秋別忽爾，一晌奠酸然。

夏日冬之夜，遠期只廿年。

就是說，我已經有三年沒給你上墳了，今天到這，忍不住又哭了。八十歲的老皇帝對地下的妻子說，我現在啊，年齡越來越大，唯一的安慰，就是可以早日見到你。所以雖然我身體還好，別人都說我能活到一百歲，我卻不想活那麼久，因為我真想能早點和你團聚！

九年後，也就是富察氏去世五十一年後，乾隆皇帝終於撒手人寰，完成了和富察氏地下相聚的願望。所以我們說，皇帝皇后之間，也是有真感情、真愛情的。乾隆和孝賢皇后之間的愛情，就是一首現實版的《長恨歌》。

我們說，一個人的感情生活是否幸福，會對這個人的性格、生活甚至工作產生極大影響。孝賢皇后在時，乾隆王朝是陽光的、向上的。孝賢去世後，乾隆這個人性情大變，就連他的施政風格也發生了巨大轉變。可以說，孝賢的去世結束了春風拂面的乾隆初政期，還引發了乾隆繼位之後最劇烈的一場政治地震。

第八章

不祥的乾隆十三年

乾隆皇帝這個人身上，有一些奇怪的現象。比如，剛當皇帝那陣兒，他就預感到乾隆十三年（1748 年）是一個不吉利的年頭。乾隆自己說過：「朕御極之初，嘗意至十三年時，國家必有拂意之事，非計料所及者。」（《清高宗實錄》）就是說，我剛登基的時候，就感覺，乾隆十三年（1748 年），必然會遇到甚麼意想不到的災難。為甚麼乾隆會有這樣的預感呢，沒人知道。我只想到了一個原因，那就是雍正在位恰好十三年，所以乾隆登極之初，就對「十三」這個數字心理上有一種不祥的預期。

歷史有時候就是這麼巧合。乾隆這個奇怪的預感竟然絲毫不爽地實現了。乾隆十三年（1748 年）的三月，孝賢皇后去世了。

孝賢皇后，是乾隆的第一位皇后，也是乾隆最鍾愛的女人，她突然病逝，不光給乾隆的感情世界造成了巨大的風暴，同時，也引發了大清政壇的一次九級地震。

孝賢皇后去世，乾隆非常悲痛。斯人已逝，乾隆能做的，只能是為她辦一個盛大的葬禮，盡盡自己的心思。所以乾隆對孝賢皇后的葬禮非常重視，要求每一個細節都要辦得完美無缺，在每一個環節，都做到百分之二百的好，這樣才能配得上皇后在乾隆心中完美的形象。

但是，大臣們不了解皇帝的心思。在他們心目中，孝賢皇后的喪事和別的皇室喪事並沒有甚麼區別，他們只需要例行公事按部就班地完成既定程序就可以了。所以這個葬禮辦得就和皇帝的要求有了差距。

葬禮上需要宣讀冊文，大體相當於今天的悼詞。這個事歸翰林院管。翰林院起草好悼詞之後，乾隆說我要看一看，拿過來一看，發現草稿中有一處滿文的譯文，翻錯了，把漢語中的「皇妣」，也就是皇母，不小心譯成了「先太后」，也就是祖母。說實在的，這類小小的錯誤在當時的文件翻譯當中是很常見的，發現了，頂多警告一下，馬上改過來就完了。誰也沒想到，乾隆因此勃然大怒，命令把管理翰林院的刑部尚書阿克敦斬監候，秋後處決。就是關到監獄裡，等秋天的時候砍腦袋。其他經管過此事的處級以上的臣僚，一律革職，全趕回老家賣紅薯去了。這個處理，把滿朝文武都嚇傻了，草稿當中翻譯錯了一個詞，就處理得這樣重啊？不至於吧！

就在大臣們還沒明白過味兒的時候，緊接着又發生了兩件事。

按歷代規矩，皇后的葬禮上需要使用黃金打造的金冊。金冊做完了，乾隆說拿來我要親自看看做得怎麼樣，一看，乾隆說造得不夠精緻，「甚屬粗陋」，配不上皇后的尊貴。製造金冊這個事，歸工部管，乾隆雷霆大怒，工部的所有司級以上的大臣，全部問罪。過了兩天，乾隆又發現祭祀用的桌子擦得不夠乾淨，這個事歸光祿寺管，光祿寺主要大臣一律降職。（《清高宗實錄》）總之，因為葬禮，乾隆處理了很多人。

事情到此還沒有完結。滿族舊習，遇到皇帝皇后的喪事，一百天之內，大臣們不能剃髮，就得那麼蓬頭垢面地待着，表示自己光顧着專心致志地悲痛了，顧不上收拾自己的儀表了。不過，這只是一種不成文的風俗，在國家法典《大清會典》中並沒有記載。所以天長日久之後，到了清代中期，越來越多的人已經把這個事忘了，十多年前，雍正皇帝去世時，很多大臣在百日內已經剃髮了，當時也沒有任何人追究。所以孝賢皇后死後，許多人也正常剃了頭髮。不料乾隆上朝後發現了，看到好幾個人腦門兒剃得精光跪在自己面前。乾隆勃然大怒，說，你們居然對皇后這麼不尊重！結果一品大員，江南河道總督周學健，以及湖廣總督塞楞額，被乾隆賜令自盡，湖南巡撫、湖北巡撫兩人也因此革職。誰也沒想到，堂堂大清王朝的一品大員就因為幾根頭髮掉了腦袋！

總之，根據《清高宗實錄》的記載，因為孝賢皇后去世，全國幾十名大臣都倒了霉。原來風平浪靜的朝廷上莫名其妙颳起了一股十級颱風。這所有人都沒有想到。

心理學家說，處於喪偶期的人，最容易出現人際關係不協調的狀態，經常是無緣無故地指責別人，對別人發脾氣。原因很容易理解，他們內心很痛苦，也希望所有人都能體會理解他的痛苦。身處巨大痛苦中的人，總覺得別人對他的關心同情不夠。乾隆就是這樣，他不明白天都塌下來了，他最親愛的人都去世了，他的世界已經變得暗無光彩了，為甚麼那麼多人，卻若無其事，該吃吃，該睡睡呢？

乾隆在極度悲痛中，無法控制自己的情緒，不加節制地釋放自己內心的痛苦，通過懲罰他人來泄怒，這才造成天下那麼多人倒了霉，掉了腦袋。

當然，乾隆一時的情緒失控，只是造成這次政治大風暴的表面原因，或者說皇后的去世，只是一個導火索。在任何重大歷史事件的背後，都有着更為深刻的原因。從更深層次來說，這場風暴，實際上也是乾隆對臣僚群體壓抑了多年的不滿的一次總爆發。

我們說，乾隆朝政治經歷了三個階段：早年寬仁，中期嚴峻，晚年寬縱。從乾隆即位到乾隆十三年的初政時期，乾隆的統治風格，是行仁慈寬大之政。

但是仁慈之主不是那麼好當的。乾隆對臣僚們寬大仁慈，一開始他們確實曾經如沐春風，感激涕零，感恩戴德，可是時間一長，有些人就故態復萌，又回到了康熙晚年那個懶散懈怠的老樣子了。從乾隆五年（1740 年）以後，大清王朝的政治紀律就開始出現廢弛的苗頭。許多地方，最勤奮的地方長官，也不過是能按時上班，處理完幾個文件，早早下班，回家去聽戲喝酒去了。這就已經算好官了。至於那些懶惰的地方官，初一十五，才到衙門裡坐一坐，平時老百姓根本見不着他們影兒。

這還不算大事。更為嚴重的是，乾隆一寬大，手一鬆，貪污之風又颳起來了。雍正年間，由於雍正皇帝大力整頓，臣僚們基本都能安分守己，到了乾隆六年（1741 年）前後，朝中卻先後發生了數起大案。

根據《清高宗實錄》記載，乾隆六年（1741 年），有人舉報山西布政使薩哈諒「收取錢糧，加平入己」。甚麼意思呢？布政使是一個省裡專管財政的長官，相當於今天的財政廳廳長，就是說山西財政廳廳長薩哈諒這個人，在收稅的時候，隨便濫收費，應該收一萬兩，他收兩萬兩。多的那一萬，歸了自己了。

乾隆看過這份舉報信後，十分意外，他本來想建成一個歷代都不能比的清明盛世，沒想到在自己的眼皮底下，會發生這樣明目張膽的貪污行為。他非常生氣：「是朕以至誠待天下，而若輩竟視朕為無能而可欺之主乎？」就是說，我以至誠待天下，而這些人竟然把我當成了歷史上那些可以隨便欺負的無能之主嗎？

這件事頭一次引發了乾隆對自己的寬大之政進行反思。自己對大臣們這樣好，為甚麼還是這麼個結果呢？顯然，自己的執政方針有問題。

到了這個時候，乾隆有點理解他的父親雍正了。我們以前説過，乾隆剛當上皇帝的時候，對雍正抱着很強的逆反心理。覺得雍正這個皇帝做得沒風度、不聰明。成天急赤白臉，搞得大家對他都沒好印象。但是到了現在，乾隆發現，父親雍正那麼嚴厲、那麼苛刻，也不完全是他個性殘暴，一定程度上也確實是大勢所迫。是康熙晚年留下的一些大臣們不容他寬大。中國有個成語，叫水弱易玩，就是説，人們因為水這個東西看起來比較柔弱，所以很多人最後都是淹死在水裡。一個統治者過於仁柔，結果可能是導致更多的大臣陷入法網。乾隆即位之初，學習唐太宗，誠心誠意對待百官，希望百官也能和自己一心一德，共臻盛世。然而，到現在，他發現，清代大臣整體素質，和唐代唐太宗的時候沒法比。雖然皇帝對他們十分善待，但是有相當一部分人，並沒有用相同的忠誠來回報君主。相反，他們把皇帝對自己的信任當成了可鑽的空子，只顧着拚命撈錢。所以乾隆十五年（1750 年），他反省自己的初政説：「我登基之初，還有『好名』之心作怪。」如今「閱事既多，才深知政治必須出於大公至正，才能不走偏」。（《清高宗實錄》）我們説過，乾隆即位之初就明確的一個統治思路是寬嚴相濟。現在他感覺，寬得已經超過尺度了，需要動用嚴的一手了。

所以乾隆十三年（1748 年）的政治風暴，確實並非偶然。好幾年來，乾隆一直憋着一股勁，醞釀着，要對臣僚們來一次大整風。只不過因為孝賢皇后在，乾隆的生活很幸福，情緒一直很好，沒有動得了殺手。現在，皇后死了，乾隆心情極度惡劣，就藉着這個機會，玩了一個變臉。突然間就變成了一頭暴怒的獅子，在大清帝國政壇上颳起了一股恐怖之風。

所以我們說，乾隆十三年（1748 年）是乾隆朝政治的一個分水嶺。

那麼從乾隆十三年（1748 年）起，乾隆皇帝的統治方式都有哪些具體的改變呢？

第一，統治方針上，由儒入法。

我們前面說過，乾隆受的是正統儒家教育。儒家在處理君臣關係上，強調的是「君使臣以禮，臣事君以忠」，這是一種理想主義的狀態，但是現實生活中很難做到。儒家的思想是，人之初，性本善。那麼調侃地說，我認為，法家的思想則是，人之初，性本賤。法家認為，人是趨利避禍的一種動物。你只有用利益去吸引他，用嚴刑峻法去嚇唬他，他才會聽話。我們說，儒家和法家的觀點當然都是片面的，人性既有善也有惡。歷代都有很多有理想有操守的大臣。不過不論哪個朝代，確實都有相當一部分人，你和他們講多少大道理都沒用，只有在他們面前懸起功名利祿，在後面舉起皮鞭，他們才會乖乖地跟你走。這種人隨着君主專制的加強，到了明清兩朝特別多。因此從乾隆十三年（1748 年）開始，乾隆拋開了寬大仁慈的面具，放棄了「以禮治天下」的儒家夢想，拿起了法家的屠刀和鞭子，像秦始皇那樣以「法」「術」「勢」來統馭大臣。這是統治方針和思路的轉變。

第二，具體措施上，嚴懲貪官。

從乾隆十三年（1748 年）開始，乾隆皇帝掀起了一場懲貪風暴。

我們讀歷史，一直有一個認識誤區，那就是清代懲貪最厲害的皇帝，是雍正。其實不對，是乾隆。乾隆比雍正仁慈，那是乾隆十三年以前的事。到了中期，乾隆皇帝可以說，是中國歷史上懲貪態度最堅決、手段最嚴密、手腕最強硬的皇帝之一。

乾隆具體是怎麼做的呢？乾隆中期懲貪，有甚麼特點呢？

一、廢除了「完贓減等條例」。

乾隆以前，雍正懲貪，實行的是「完贓減等條例」。就是說，凡貪污挪用公款的罪犯，如果在一年之內將所有公款補齊了，就可以免死，減罪一等。如果一年之內沒有全部補上，還可以再寬限一年，讓犯官自己到監外去籌款來還錢。第二年仍然沒能補全的，犯官進監獄，而他的家裡人，老婆孩子仍然可以幫他籌錢補賠。這樣拖來拖去，貪官污吏最後很多人都沒有被處死。

到了乾隆朝，乾隆在二十三年（1758 年）克服巨大阻力，毅然廢除了這個「完贓減等條例」。乾隆規定，不管你家裡多有錢，貪污白銀只要滿了一千兩，就判處斬首，絕不寬貸，你用多少錢，哪怕十萬兩，也買不回這條命。這一改革，就使大清王朝的懲貪力度大大地上了一個台階，無數貪官，人頭落地。這還不算完事，那人死了，錢就不用還了唄？不行，「其未完銀在於各犯家屬名下嚴追，並將所有家產盡數查出，變價還項」。就是，本人殺掉了，還要接着追查家屬的財產，把所有家產都要追出來，這才算罷手。為了防止貪污的人轉移家產，他要求各省總督巡撫一旦發現有貪污犯，第一件事，就要派最快的快馬，去查封他的家產，防止他轉移。所以乾隆懲貪手段之嚴酷，比雍正有過之而無不及。在中國整個歷史上，懲貪最嚴厲的皇帝，乾隆可排第二位，第一名，當然還是得明朝的開國皇帝朱元璋，朱元璋懲貪，用的是剝皮實草之法，就是只要貪污六十兩，就要把這個官員的皮剝下來，裡面填上草，放在下一任官員的辦公桌邊上，提醒你別再貪污了。這個辦法，乾隆比不了。

二、執法從嚴，波及面廣。

高級大臣犯別的罪，也許情有可原，但是如果是貪污，即使情節輕微，只貪了幾兩銀子，也絕不寬恕。而且凡是與此案有牽連的其他官員，都會受到嚴肅處理，一個也不會放過。

乾隆二十二年（1757 年），雲南總督恆文按各地慣例為皇帝準備「土貢」，就是找一些土特產，做節日的貢品。雲南產甚麼？歷史記載，雲南以產黃金聞名。《千字文》中不是說「金生麗水、玉出昆岡」嗎？麗水就是指金沙江。於是他想買點黃金，做幾個金手爐，獻給皇帝。當時黃金市價為十四兩銀子買一兩金子，而恆文呢，因為省政府經費不夠，每兩金子只出十兩銀子，讓部下去買，錢不夠，你們自己想辦法。這當然是以購買為名，行勒索部下之實，一個堂堂省級長官做這樣的事，確實挺不光彩的。不過這件事，總共也沒佔幾百兩的便宜，情節也確實談不上重大。

但是這個事被揭發後，乾隆的處理卻很重。雖然恆文能力突出，一直深受乾隆的寵愛。但是因為事涉貪污，乾隆還是決定，賜恆文自盡，對於其他牽涉在內的人員，給恆文買金子幫過忙的雲南巡撫、布政使、按察使這三位高官，也一併被革職，與此事有關的其他五十六名州縣的地方官員，都受到了處罰。可見只要涉及貪污的案子，乾隆就一點也不會手軟，態度十分堅決。

三、打擊貪污沒有禁區，哪怕你是皇親國戚。

乾隆的後宮中，除了孝賢皇后地位最高外，第二高的是慧賢皇貴妃。這位貴妃是大學士高斌的女兒，也很受乾隆寵愛，受寵程度僅在孝賢皇后之下。所以慧賢皇貴妃的弟弟高恒沾了姐姐的光，仕途很順利，乾隆二十二年（1757年），讓他出任兩淮鹽政這個肥缺。但是這個人，很貪婪，就任不久，就「收受商人所繳銀兩至十三萬之多」（《清高宗實錄》）。貪了十三萬兩，胃口真不小。案發之後，乾隆一點也不客氣，以其「辜負聖恩，罪無可逭（huàn）」，把這位小舅子立即處死了。

不過畢竟是自己的至親，殺掉高恒之後，乾隆心裡很不好受，對高恒的後人很照顧。十年之後，又派高恒的兒子高樸出任葉爾羌辦事大臣，葉爾羌在今天的喀什地區。不料這個人跟他爹一樣，到任不久就私自派人去開採玉石，轉往內地販賣，得的錢裝入自己的腰包。事發之後，乾隆雖然很痛惜，但還是下旨說，高樸「貪婪無忌，罔顧法紀，較其父高恒尤甚，不能念為慧賢皇貴妃侄而稍矜宥也」。就是不能因為他是皇貴妃的侄子而稍稍有所寬縱，所以降旨將高樸「即於當地正法」，在葉爾羌當地就給砍了腦袋。

所以乾隆中前期，反貪確實是清代歷史上決心最大，力度也最大的。乾隆中前期，省級以上大臣，被以貪污罪名查處的多達三十幾起，其中被砍了腦袋的有二十餘名。乾隆朝，在清代，是處死高級大臣人數最多的一朝。整個乾隆朝，有資料可查的大的貪污案，就有五百八十九件，這在整個清史上是絕無僅有的。

以上是我們所說的乾隆懲貪的三個特點。我們說，在一定程度上，治理傳統中國，有一個最簡單的規律，只需要抓好「懲貪」這一條，基本上就能成功。你看歷史上，只要懲貪比較有力度，政治紀律比較嚴明，那基本上都是治世。那麼反之，懲貪抓得不好的，基本上都是亂世。所以乾隆中期，就牢牢抓住了「懲貪」這個關鍵，保證了清朝繼續在向上軌道上前進。

乾隆由寬到嚴的這種突然變化，當然是所有人都沒想到的。在大家眼裡，乾隆本來是一個儒雅、仁慈、自制力極強的君主。沒想到，他身上竟然還有這樣「喜怒無常」、縱情任性的一面，看來十三年了，人們對乾隆還是不夠了解。看來這個人畢竟是雍正的兒子，雍正的冷酷，他一絲不少地繼承下來了。確實，在反貪的同時，乾隆對大臣的態度，也從開始的「以禮待之」，變成了頤指氣使，呼來喝去，動輒痛罵訓斥，和雍正當年，幾乎一模一樣。比如乾隆三十五年，他在聖旨當中，居然當眾提了貴州巡撫宮兆麟的外號，他的原文是：「看來宮兆麟之為人，應對是其所長，而於辦事殊少實際，是以外間竟有鐵嘴之號。」（《清高宗實錄》）就是說，宮兆麟這個人，只會耍嘴皮子，辦不了實事，怪不得大家管你叫宮鐵嘴。這道詔書可是明發全國的啊，這個省長的外號，這下就讓全國人民都知道了。

所以我們說，乾隆十三年後，乾隆不論是在語言上，還是行動上，都越來越向他的老爹雍正回歸。

確實，人的遺傳基因力量是非常強大的。有的時候，人會意識到自己遺傳的缺陷，因此盡力加以掩飾和矯正，但往往效果不明顯。乾隆雖然十分欣賞祖父康熙的寬仁，但是他自己性格中，還是繼承了很多父親苛刻暴烈的一面，也許正是因為這一點，所以乾隆十三年（1748年）前，他拚命加以掩飾。但孝賢皇后之死，讓他精神近於崩潰，沒心情掩飾自己，他要任情縱性，隨心所慾地做這個皇帝了。

因此，我們以乾隆十三年（1748年）為界，把他的統治分為前期和中期。如果說乾隆前期，像一輪初升的太陽，讓大家感覺很溫暖、很明亮。那麼，進入中期，他就像一輪升到高天的烈日，烈日炎炎，熱得讓大家都受不了。

為甚麼乾隆在中期比老爹雍正還狠，後來的名聲卻遠比雍正要好得多呢？這一個是因為第一印象很重要。乾隆剛即位時，曾經實行了十三年寬大之政，這個寬仁的形象深入人心，不會立刻被人們忘掉。第二個是不久之後，乾隆就將大清推向盛世頂峰，國家方方面面，都出現全盛局面，在經濟蓬勃發展的同時，政治紀律還保持了比較嚴明的狀態，這在歷代都是很難做到的，讓人對他不能不服氣，所以他的這種嚴猛，就被淹沒在引人注目功績之中了。

除了統治風格的劇變，在具體的用人上，乾隆十三年（1748年）前後，也發生了重大的變化，這就是我們講的乾隆十三年政治變化的第三點，大力起用新人。

我們前面講過，乾隆剛剛繼位時，為了保持政局平穩，保留了雍正留下的老班子。這並不是說他不想用新的人馬，只不過是他感覺時候沒到。他前後用了十多年時間，來進行新舊人員的交替。

在乾隆十三年（1748 年）以前，唯一破格提拔的重要人物是訥親。訥親是滿族鑲白旗人，因為他辦事幹練，雍正挺賞識他，所以在雍正末年，年紀輕輕，就已經進入軍機處。乾隆即位後，不是定下了親貴不得干政的政治原則嗎？好幾位皇族被清除出了軍機處，訥親在軍機處中本來排名最末，年紀最輕，又沒甚麼背景的人就得到了乾隆的重用。乾隆讓他兼管吏部戶部，這兩個最重要的部。又任命他為領侍衛內大臣、協辦總理事務、進封一等公爵，一時權傾朝野。乾隆為甚麼這麼重用訥親呢，一是因為訥親精明能幹，思路和乾隆經常能合拍。《清史稿》說，「訥親敏捷，料事每與上合」。第二，是清廉，「以清介持躬，人不敢干以私，其門前惟巨獒，終日縛扉側，初無車馬之跡」。（《清史稿》）就是說，他在大門口拴了個藏獒，像小獅子一樣，送禮的，都不敢上門。這兩點，特別合乾隆的心思。不料在倒霉的乾隆十三年（1748 年），因為他指揮金川戰爭失利，最後被乾隆賜死了。

雖然殺了訥親，但是從任用訥親的過程中，乾隆卻發現使用年輕大臣的好處。這些人思維敏捷、精力充沛、辦事幹練，有衝勁，不像老臣那樣拖泥帶水。特別是，他們與朝中朋黨沒有甚麼關係，皇帝用起來放心。所以繼訥親之後，乾隆又提拔了另一個青年大臣，叫傅恆。

傅恆是富察皇后的親弟弟，也就是乾隆的小舅子。乾隆和皇后關係好，對這個小舅子也好，而這個小舅子也確實有才幹。傅恆為人能禮賢下士，寬厚待人，和自己的姐姐性格很像。「款待下屬，多謙和與共几榻，毫無驕狀。」（《嘯亭雜錄》）就是說，下屬到他那拜訪，他從來不拿架子，不管多小的官兒，總是往炕上讓。傅恆的另一個特點，也是能跟上乾隆的思路。乾隆後來決定攻打準噶爾時，滿朝大臣一致反對，只有傅恆一個人支持皇帝。所以乾隆說「西師之役，獨能與朕同志，贊成大勳」(《清高宗實錄》)。乾隆十三年（1748 年），訥親被殺後，乾隆就讓傅恆做了首席軍機大臣，也就相當於過去的「宰相」。這個時候，傅恆才不過二十五歲，是史上最年輕的首席軍機大臣。這個首席軍機大臣傅恆做了二十三年，直到乾隆三十六年（1771 年），傅恆在征討緬甸的時候，染病去世了。

以上講的都是滿族大臣。乾隆皇帝這個人，用人上比較重滿輕漢，但是他也提拔任用了一些漢族大臣，最著名的叫劉統勳，就是劉墉劉羅鍋的父親。劉墉在民間故事中很有名，但是他父親在歷史上，比劉墉可重要多了。劉統勳，是山東高密人，雍正年間進士，乾隆年間做到大學士以及軍機大臣，有一部電視劇——《天下糧倉》，演的就是劉統勳的故事，在這部電視劇中，劉統勳是一個很清廉、很剛正的官員，在歷史上，劉統勳也確實有這些特點。劉統勳的特點一是智商高，判斷事情準確，乾隆說他「遇事神敏」(乾隆所作《懷舊》詩中句「遇事既神敏」）。二是敢於直言，敢於彈劾朝中那些高級大臣，曾參奏大學士張廷玉、訥親這樣的權傾朝野的高官。用乾隆的話來說就是「秉性剛勁」(《懷舊》詩中的下一句「秉性復剛勁」）。三是不結朋黨。一個人獨來獨往，不拉幫結伙。四是清廉，《諸城縣志》稱讚劉統勳說「家故有田數十畝，敝廬一區」，家裡只有幾十畝薄田，幾間破房子。乾隆對他非常欣賞，曾說：「譬如劉統勳方不愧真宰相。」就是說，人們習慣把大學士稱為宰相，其實只有劉統勳這樣的人，才算得上宰相之才。

所以我們總結乾隆中期大量啟用的新人，基本上都有這麼幾條的特點：

第一，是聰明，幹練，能辦事，跟得上皇帝的思路。

第二，是不拉幫結伙，不結朋黨。

第三，是比較清廉，不貪污。

政治方針確定之後，下一個關鍵就是用甚麼樣的人去執行，乾隆中期政治成功的重要原因是以其過人的眼光，打造了一支能打勝仗的臣僚隊伍。乾隆不像有些傳統帝王那樣，重德不重才。他對大臣的要求是，「務得有猷（yóu）有為」，有德無才的，堅決不用。對那些高分低能的書呆子他一直很討厭。有德有才的，那當然一定要用；有才無德的，也會適度用。比如到了乾隆後期，乾隆也用了和珅這樣的貪官。當然乾隆的這種重才輕德的做法，也埋下了深刻的隱患。

中國歷史中最常見的政治疾病是「腸梗阻」，也就是最高決策無法有效通過官僚機構貫徹到社會底層。而乾隆在中前期，成功地解決了這個問題。乾隆中期的大臣隊伍效率高，執政能力強，皇帝的重大決策基本可以得到有力貫徹。這就為乾隆盛世的到來提供了堅實有力的組織保證。

乾隆提拔新人，打造新班子，一個重要目的，是瓦解舊的朋黨。乾隆啟用的這些人，都與朝廷中舊的幫派沒有甚麼關係。隨着新舊班子交替的逐步完成，乾隆終於可以對原有的朋黨組織進行大的手術了。手術的目標，就直指當時最重要的一位政治人物。

第九章

伴君如伴虎

乾隆十三年（1748 年），乾隆處分了很多大臣。其中級別最高的一個人，是三朝老臣張廷玉。

這個事發生在乾隆十三年的十月。這個月，按慣例，翰林院要為剛剛去世的皇后寫祭文。因為乾隆對孝賢皇后的喪事特別重視，所以把祭文拿來親自檢查了一遍，看了之後，認為其中有一個詞，用得不妥。哪個詞呢？「泉台」。這詞是甚麼意思呢？指九泉之下，本來是很文雅的說法。但是乾隆吹毛求疵，說，「泉台」這兩字不夠「尊貴」，普通人用這個詞尚可，「豈可加之皇后之尊」，皇后這樣尊貴的人，應該想出些特別的詞來加以形容，這個詞不妥。因為這樣一件莫名其妙的小事，乾隆下令，把主管翰林院的大學士張廷玉，罰俸一年。

罰俸一年，對其他官員來講，可能不是太重的處罰。但是對張廷玉來講，可不一樣，這是他步入仕途四十七年來，受到的第一次處分。這讓老臣張廷玉不免膽戰心驚。

我們來重點講一下這位老臣張廷玉。為甚麼呢？這一是張廷玉這個人的命運確實很曲折，很令人唏噓；二是乾隆和張廷玉的恩怨糾結，背後反映了一個重要問題，那就是乾隆打擊朋黨的努力。乾隆朝處理朋黨問題比較成功，其中一個最大的手筆，就是對張廷玉的處理。

張廷玉這個人，可以算得上是中國歷史上做官本領最高強的大臣之一。為甚麼這麼說呢？因為從康熙晚年到雍正晚年，是清代政局一個比較動盪的時期，康熙朝是諸子爭立，雍正朝是整肅政治紀律，不斷收拾大臣，張廷玉卻正是在這樣一個動盪時期，從一個普通進士，一步步晉升到位極人臣的大學士，直到乾隆中期以前，四十七年間，沒有犯過任何錯誤，沒有受到任何處分，這在當時是絕無僅有的。

那麼他做官有甚麼訣竅呢？我們看一下他的履歷。

張廷玉是安徽桐城人。出身書香門第，官宦世家，他的父親是康熙朝大學士張英，所以從小家教特別好。二十九歲，張廷玉中了進士，又被點了翰林。三十三歲那年，康熙皇帝在一個偶然的場合遇到了他，發現這個年輕人長得一表人才，言談舉止又特別穩重特別得體，落落大方，很高興，命他「侍直南書房」（《張廷玉年譜》），就是把他留下來做了自己的貼身低等小秘書。

從那之後，張廷玉就交了好運了。從三十三歲到四十五歲，他給康熙皇帝當了十二年秘書。同樣的才華，同樣的努力，在不同的崗位上，回報大不一樣。給皇帝直接服務，回報當然是非同一般。在這十二年間，因為康熙皇帝十分賞識他，他的級別，從從七品的翰林院檢討升為從二品的禮部侍郎，整整升了十級。

這是康熙朝，張廷玉從一個進士，做到了侍郎。有的小說說他康熙朝就是權傾朝野的大學士，這是不符合史實的。

到了雍正朝，張廷玉就更了不得了。

康熙去世，雍正登基。雍正一見張廷玉，對他特別欣賞，說他「氣度端凝，應對明晰」（《張廷玉年譜》），就是說氣質沉穩，頭腦清楚，應對起來特別有條理。雍正皇帝是一個特別有魄力的人，敢於破格用人，康熙去世才半個月，他就把張廷玉升為禮部尚書。

我們都知道，雍正皇帝是中國歷史上出了名的難伺候的皇帝，為人特別苛刻。但是他對張廷玉，卻是一見如故，欣賞至極。把張廷玉提拔為禮部尚書之後，雍正就離不開這個人了，每天都要張廷玉進宮，甚麼事，都要和張廷玉商量，凡是發佈聖旨，都是雍正口授，張廷玉記錄。頭一年不是把張廷玉升為禮部尚書了嗎，第二年又讓他兼翰林院掌院學士，管理翰林院。雍正四年（1726 年），又晉升他為文淵閣大學士、戶部尚書。雍正六年（1728 年），又讓他兼吏部尚書，一個人，做了兩個部的尚書。到了雍正七年（1729 年），雍正設立軍機處，又讓他做了首席軍機大臣，可謂一人之下，萬人之上，成了天底下除了雍正皇帝外最有權的人。當然這個首席張廷玉只做了三年，雍正十年（1732 年）鄂爾泰從外省進京，按照清代先滿後漢的慣例，鄂爾泰做了首席軍機大臣，張廷玉退居次席，但仍然很有實際權力。

除了不斷給張廷玉加官晉爵之外，還有兩件小事情，可以看出雍正對張廷玉是多麼重視，君臣感情是多麼好。

第一件事，雍正五年（1727 年）五月，張廷玉生了病，請了半個月病假。病好以後，進宮見皇帝，雍正見着他，第一句話就說：「朕前日向近侍曰，朕連日臂痛，汝等知之乎？」就是說，「我前兩天對太監們說，我這幾天胳臂疼，你們知道嗎？」「近侍驚問故，朕曰，大學士張廷玉患病，非朕臂痛而何」。「太監們忙問怎麼了？胳臂疼怎麼不找御醫看呢？我笑了，說，大學士張廷玉病了，這不就相當於我胳臂痛嗎？」你看，雍正視張廷玉如同自己的肱（gōng）股，離開一天，就如同沒了胳臂那麼難受。

第二件事，雍正十一年（1733 年），張廷玉有一次請假，回老家去探親。回老家之後，雍正皇帝很想念他，在奏摺上批了這樣一段話：「朕即位十一年來，在廷近內大臣一日不曾相離者，惟卿一人。義固君臣，情同契友。今相隔月餘，未免每每思念。」（《張廷玉年譜》）這段話寫得簡直有點像情書。說的甚麼意思呢？說我當皇帝十一年了，和你一天也沒有分離過。我們名義上是君臣，實際上，就是拜把子兄弟！契友，就是結拜兄弟。如今分別了一個月，我特別想念你。可見君臣兩個人感情好到了甚麼程度。

因此雍正去世後，張廷玉獲得了清代漢族官員從來沒得到過的一個殊榮：身後配享太廟，也就是死後與雍正一起到陰間做伴。這是一項極高的政治榮譽，整個清朝，從關外算，二百九十六年，從入關算，二百六十八年，他是唯一享受到這個待遇的漢人。

有清一代，漢大臣當中不乏為大清江山立下汗馬功勞的人，為甚麼只有張廷玉一個人配享太廟呢？這還要從清代的宗廟制度說起。

太廟是皇帝供奉祖宗牌位的地方，起源很早，夏商周時期就有了。當然那時最高統治者不叫皇帝，叫王，宗廟也不叫太廟。夏朝叫「世室」，殷商時稱為「重屋」，周代稱為「明堂」，秦漢時候起才稱為「太廟」。一開始，太廟只供奉皇帝的祖先，後來覺得光自己祖先在這待着怪孤單的，所以把皇帝們生前的大臣也供進幾個來，給死去的皇帝做伴。但是，能夠獲得這項榮譽的大臣很少，能進太廟的大臣只有兩類人，一類是皇帝的至親，另一類必須是對江山社稷做出了特別重大貢獻的大臣。

清朝太廟的配享殿分為東西兩殿，東配殿供的是宗室親王，比如為清朝開國立下大功的努爾哈赤的兒子代善、多爾袞，晚清的蒙古親王僧格林沁，恭親王奕訢等十四個人。西配殿供的是非宗室的功臣，比如開國勳臣揚古利、額亦都，乾隆時的著名大臣傅恒、福康安等十二個人。

整個清朝一共有二十六個人配享太廟，非宗室的功臣僅有十二人。清朝多少個皇帝啊？十二帝，一個皇帝平均才有一個非宗室的功臣配享。所以這是一項極高的政治榮譽。

而在這所有的配享的臣子當中，只有張廷玉一個人，是漢族。也就是說，整個清朝二百餘年，他是唯一享受到這個待遇的漢人。所以這絕對是一項殊榮，可以說明雍正對他是多麼看重。

這是張廷玉在雍正朝的情況。

到了乾隆朝，乾隆元年（1736 年），張廷玉已經六十五歲，是三朝老臣，又有擁立之功。當初雍正皇帝在秘密立儲之後，傳位密詔的副本開始只給一個人看過，那就是張廷玉，後來又加上了一個鄂爾泰，一共看過的就這兩個大臣。雍正剛剛去世，大家一時慌亂，找不到傳位密詔，這時候只有張廷玉一個人知道密詔的副本放在哪，指示太監很快找到了，幫乾隆順利即了位。所以乾隆對他非常尊重，繼續讓他做大學士，和鄂爾泰一起，處理國家大事。乾隆平時和張廷玉説話，從來都是和顏悦色，稱他為先生，從不直呼其名。張廷玉上朝時，乾隆總是要提醒身邊太監，趕緊上前攙扶，別讓老人家有甚麼閃失了。乾隆二年（1737 年），皇帝又特封張廷玉為三等伯爵。文臣封伯，這開了一個特例。可以説，乾隆初年，張廷玉所享受的待遇，在清代的所有漢族大臣中，堪稱空前絕後。

這是他在乾隆朝的情況。

那麼，說到這，可能有的讀者就奇了怪了：我們讀清史，不論是《張廷玉傳》，還是皇帝的《實錄》，都沒發現張廷玉做過甚麼特別大的事，立了甚麼特別大的功。為甚麼康雍乾三代皇帝都這麼欣賞他呢？

說到這，我們就要來說說張廷玉身上的過人之處。在清代嚴厲的政治紀律下，張廷玉能取得如此成功，絕不是偶然的。他的成功，有兩方面的原因。一個是有過人的才幹。第二個是對「臣道」，就是怎麼做大臣有精深的研究。我們先來看第一個方面，過人的才幹。

張廷玉才幹的第一點，是突出的秘書之才。張廷玉自康熙四十三年（1704 年）入值南書房起，就充分表現了出色的秘書天才。他記錄皇帝的話，記得特別準確，起草文件，速度特別快。雍正即位之初能看中了他，也是因為這一點。當時雍正要辦理康熙的喪事，還要處理政務，一天要發佈十好幾道聖旨。《張廷玉年譜》說，當時雍正皇帝「口授大意，（廷玉）或於御前伏地以書，或隔簾授几，稿就即呈御覽。每日不下十數次，皆稱旨」。就是說，雍正採取口述辦公的方式。一個人口述甚麼東西，當然都是比較簡單，比較淩亂，比較口語化的。張廷玉就有本事，在幾分鐘之內，把口語變成典雅的文言文，而且是一篇條理清楚、文采斐然，沒有任何漏洞的文言文。張廷玉一天起草這麼十幾道聖旨，幾十年如一日，從來沒有出過差錯，確實是舉世罕見的秘書天才。

張廷玉才幹的第二項，是他的滿語水平。張廷玉是個漢人，但是滿語卻非常精通，比當時大部分滿族人說得還好。這是為甚麼呢？因為張廷玉有先見之明，中了進士後，專門花兩年時間去學習滿語。在《年譜》中，他說自己「研究清書，幾忘寢食，得清書奧妙，館師每試，輒取第一」(《張廷玉年譜》)。清書就是指滿語。就是說自己研究滿語，研究到了廢寢忘食的地步，成績非常好。他知道，皇帝辦公時，核心機密都是用滿文來記錄。要是不通滿語，你就進不了決策的核心層。所以他下大功夫學通了滿語。這是第二點。

張廷玉才幹的第三點，是超強的記憶力。張廷玉的大腦就是一個活的檔案庫。全國所有高級大臣，幾百號人，他們每個人的出身背景、主要經歷、做過哪些大事，他都記得一清二楚。全國所有縣令的名字，一千多個縣，他都能馬上說出來。所以皇帝離不開他。雍正皇帝曾經這樣稱讚他:「爾一日所辦，在他人十日所不能也。」(《澄懷園語》卷一) 你一天的工作量，相當於別人幹十天的。

所以張廷玉成功的基礎，是過人的才幹，讓皇帝用起來特別順手。不過，這只是他做官成功的一半原因。除此之外，他還有別人沒有的另一半，那就是對「臣道」的深入研究。

甚麼叫「臣道」呢，就是怎麼做大臣，怎麼侍候君主。這個詞在《易經》時期就有了。《易經》說:「陰雖有美，含之以從王事，弗敢成也。地道也，妻道也，臣道也。」意思是說，陰柔是一項美德，要用它來服侍君主，而不敢成就自己的功名。這就是地之道、妻之道、臣之道。這是《易經》老莊一派對臣道的心得，主張「臣道」要陰柔，要把所有功勞都歸功於君主，自己要默默無聞。儒家對臣道的研究也非常重視。早在戰國時代，著名的儒家學派思想家荀子就專門寫了一篇文章，名字就叫《臣道》。那麼，荀子的研究成果如何呢？

荀子說，事奉君主，首先要分析一下你侍候的君主是一個甚麼樣的人，是明君還是昏君。不同的人，有不同的對付辦法。怎麼對付明君呢？「恭敬而遜，聽從而敏，不敢有以私決擇也，不敢有以私取與也，以順上為志，是事聖君之義也。」（《荀子 · 臣道》）意思是說，做臣子，你要既恭敬又謙遜，既聽話，辦事又得敏捷，不敢以自己的私心影響君主的抉擇，以順從君主的意志為唯一目標，這是事奉明君的辦法。

那麼事奉昏君或者暴君怎麼辦呢？「若馭樸馬，若養赤子。故因其懼也而改其過，因其憂也而辨其故，因其喜也而入其道，因其怒也而除其怨，曲得所謂焉。」（《荀子·臣道》）就是說你要像駕馭未馴服的馬，或者培養不懂事的孩子一樣，要特別小心，琢磨他的心思。趁着他因為甚麼事恐懼了的時候提點意見，改正他的錯誤，趁着他憂患了的時候給他講如何具體處理事情，趁着他高興的時候給他講治國的大道，趁着他發怒的時候，除去你的敵人。

你看，在秦始皇出現之前，古人就已經把伺候君主的方法研究得如此爐火純青了，總結了很多「為臣之道」。當然，這些所謂的道與術，是特殊歷史背景下的文化產物，其中多少是精華，多少是糟粕，需要我們今天重新認識。不過，這些為臣之道，確實是張廷玉的入門教科書。

除了這一點之外，我們還說過，張廷玉是官宦世家，是康熙時期的大學士張英的兒子。張英為官很成功，做了幾十年高官，沒有過閃失。因此張廷玉做官，是有家傳功夫的，父親張英不但言傳，而且身教。所以剛剛走上仕途的張廷玉就顯得特別成熟，言談舉止特別沉穩、特別得體，所以一眼就被康熙相中了。

張廷玉深知，皇帝最防備的是甚麼？是大臣的私心。所以，你必須表現得沒有私心，才能夠最終滿足自己的私心。所以張廷玉為官數十年，最大的竅門，是處處事事，他都能從皇帝的角度出發去考慮問題，從不摻雜自己的私心。張廷玉剛入官場時就發生過一件軼事。他年輕時有一次做主考官，有一個朋友想買通他，讓他透露試題，張廷玉當然沒有同意，但是張廷玉拒絕的方式很藝術，他是怎麼拒絕的呢？他賦了一首詩，其中兩句是：「簾前月色明如晝，休作人間幕夜看。」就是說，我要做一輪皎潔的明月，你不要把我這當成一團漆黑的暗夜。這個一時傳為佳話。

一方面是處理事情沒有私心，另一方面張廷玉在功名利祿面前一直表現得非常謙退。雍正十一年（1733年），張廷玉的長子張若靄考進士，中了一甲第三名，也就是俗話說的「探花」，別人要是知道自己的孩子得了探花，肯定會高興得不得了，但是張廷玉不是這樣。他知道之後，第一個反應，是「驚懼失措」。他立刻跑到宮裡，面見皇帝，「免冠叩首」，說我們家好幾個人都中了進士，如今又得了個探花，這氣運也太盛了，不好，凡事太圓滿了不好，所以他請求雍正，別讓這孩子當探花了，把他降為二甲吧。張廷玉說，「天下人才眾多，三年大比莫不望鼎甲，官宦之子不應佔天下寒士之先」。就是說，天下人都想考上前三名，我家已經有好幾個做官的，把這個榮譽，讓給普通人家吧。雍正聽了，大為感動，於是，將張若靄降了一名，改為二甲第一名。然後，又專門發佈諭旨，把

這件事的前因後果詳細說了一遍，目的是表揚張廷玉的公忠體國，大公無私。(《張廷玉年譜》)

所以你看張廷玉這個人，既有過人的才幹，別人代替不了，又為人這樣謙退，處處為皇帝着想。那當然深得皇帝的喜愛。因為他不貪污，所以在雍正朝，皇帝先後多次對他進行過賞賜，賜給他的銀子，動不動就上萬兩，還給了他一所當舖，讓他過上了舒服的生活。因為張廷玉不主動為自己親人朋友謀私利，所以雍正皇帝對於他的孩子就特別照顧，他的孩子張若靄後來做官也很順利，雍正一看到他，就想到他父親辭退探花這件事，所以總是提拔他，年紀輕輕就做到了禮部侍郎。

那麼，讀到這，有的人說，哦，我們明白了，張廷玉做官最大的竅門就是沒有私心。不對，這還不是張廷玉做官的最核心的竅門。截止到乾隆十三年（1748年）前，張廷玉在政治最高層四十多年從沒有犯過任何錯誤，靠的是他身上另一個特質，超人的謹慎。

我們說，伴君如伴虎。為甚麼漢語中會有這樣一個成語呢？因為人們從歷史中總結出，在皇帝身邊，陪王伴駕，確實是一件極為危險的事。

不信你去翻翻歷史，中國傳統政治史上那些特別有名的文臣武將，大多數下場都不怎麼樣。你看，商紂王時的比干，是被掏心而死的。秦朝的李斯，最後是被秦二世腰斬。漢朝的韓信，被劉邦給剁了。宋代的岳飛血灑風波亭，明代的于謙上了斷頭台，明末的袁崇煥則慘遭凌遲。清代的那些名臣，鰲拜、年羹堯、隆科多、肅順，都是沒能保住自己的性命。有些人不是直接被殺，但下場也不怎麼樣。比如唐代的魏徵，生前雖然得了善終，但是死後，卻被唐太宗「親仆其碑」，把墳給扒了。宋朝名相寇準，為國家立了大功，最後的結局卻是丟官罷職，死在發配的路上。

那麼，為甚麼離皇帝近就這麼危險呢？根本原因，當然是傳統的君權，幾乎沒有任何限制，對大臣們是想殺就可以殺。同時君權是高度自私的、排他的，所以皇帝們的防備心理和猜忌心理又特別強。高級大臣，在皇帝身邊久了，難免不犯些錯誤。因此在皇帝身邊工作，那真是處處陷阱，步步驚心。

張廷玉熟讀經史，專門研究過歷代大臣為甚麼會犯錯誤。他認為，一般有以下幾種原因：

一是性格過於剛直。比如比干這樣的大臣，當着商紂王的面批評他不仁不義，不講方式方法，下場當然很悲慘。

二是只從天下大公出發思考事情。比如岳飛。他只從國家民族角度去考慮問題，卻不顧及帝王個人的心理隱私，成天勸宋高宗把徽欽二帝接回來，卻不替宋高宗考慮把他們接回來，宋高宗怎麼辦，所以以國家利益去挑戰帝王的一己之私，終至不死不可。

三是權力過大，又不知道謹慎。歷史上倒霉的丞相大多數是因為這個原因。皇帝與丞相性格不同，經歷不同，不可能事事都想到一起。和皇帝衝突多了，這個宰相最後難免就要倒霉。

第四點則比較有清朝特色，不能「好名」。這是甚麼意思呢？好名，就是追求個人的名譽，愛惜自己的名聲。這應該是好事啊。但是在清朝有不少大臣就是因為「好名」而倒霉了。為甚麼呢？因為在清朝皇帝看來，你處處維護自己的名聲，追求人格完美，這就不利於你像奴才一樣事事聽主子的，不願意給主子幹髒活兒。有時候，你和主子就可能對着幹。所以雍正提出一個重要觀點，那就是大臣們不但不能圖利，也不能「好名」。他說「為臣不惟不可好利，亦不可好名。名之與利，雖清濁不同，總是私心」（《清世宗實錄》）。所以大臣的人格追求，在清代有些時候也成了他倒霉的理由，雍正朝的著名大臣楊名時，就是因為好名，堅持自己的理想和原則，不太聽皇帝的話，被雍正罷官了。

所以張廷玉在政治生涯中，一再提醒自己，不要犯以上這四種錯誤。因此他不想做名臣，只想做大秘書。不想做思想者，只想做執行人。因此張廷玉一生最突出的特點是周密小心，不圖虛名。我們講過，張廷玉在政治上，有一句名言，叫做「萬言萬當，不如一默」（《清史稿》）。你再有才華，再會說話，也不如一句話都不說。凡是說出口的東西，就有可能犯錯誤。所以他一生為人，特別謹慎小心，每天下班回到家裡，他做的第一件事，是把這一天的大事小情都在大腦中過電影，細細梳理一遍，看看有沒有甚麼說錯的話，做錯的事，如果有，第二天怎麼彌補。第二件事，是把帶回來的草稿甚麼的燒掉，從來家裡不留文件書信甚麼的，因為甚麼呢？因為清代文字獄厲害，留下文字，就是留下把柄。他在朝中為官多年，「無一字與督撫外吏接」（《清史稿》），從來不和外省的官員通信，為的是避免皇帝猜疑。

我們說，張廷玉給雍正服務了十三年，可以說，幾乎雍正朝的每一項重要決策背後都有他的身影。那麼為甚麼我們翻遍清史，找不出他做過甚麼大事的記載呢？這正是他的高明之處。他把所有功勞，都記到皇帝頭上，從來不提自己的貢獻。當時許多大臣都是經過張廷玉的推薦而受到雍正重用的，但是這些人卻一輩子也不知道自己是怎麼被提拔起來的，張廷玉見到他們從來也不說。這確實是一般人做不到的絕頂功夫。因此從康熙開始，三代皇帝都對他這點極為讚賞。只有這樣的人，皇帝用起來才放心。

所以說，張廷玉，真是把「臣道」研究到了家了。

以上就是我們講的，張廷玉為官多麼成功，以及為甚麼這麼成功。然而，沒有任何人，能做到一生總是成功。到了乾隆中期，張廷玉這樣官場上的超人，也居然倒了霉了。比如我們開頭提到的，乾隆十三年（1748 年），已經七十八歲的張廷玉就受到了做官四十七年來的第一次處分。在那之後，他還受到了更多的挫折。

那麼，為甚麼一直屹立不倒的張廷玉到了乾隆朝就倒霉了呢？

第一個原因，是乾隆這個人太精明了。

乾隆皇帝的性格與雍正很不相同。雍正皇帝這個人，我們對他的印象，一般都是很嚴厲、很苛刻、很陰沉。但是這只是他性格中的一個側面。其實他身上還有大家不太了解的另一面，就是特別直腸子的一面，一旦認準你是個可靠的人，就會對你掏心窩子地好，甚麼心裡話都和你說。所以我們看雍正的朱批，他給那些他信得過的大臣的朱批，就像好哥們聊天一樣，甚麼親熱的話都往外說。比如我們看他給寵臣田文鏡的一條朱批：朕就是這樣漢子！就是這樣秉性！就是這樣皇帝！爾等大臣若不負朕，朕再不負爾等！這樣的朱批，其他皇帝絕對寫不出來。所以說他性格中也有天真淋漓、真性真情的一面。

雍正皇帝之所以這麼喜歡張廷玉，除了張廷玉有才能外，還有一點，就是他們兩個人的性格特別互補。雍正這個人性格喜怒不定，大起大落，所以電視劇《雍正王朝》中，康熙曾經批評他性子急，遇事容易衝動，這一點是和史書中記載一致的，《清世宗實錄》記載，康熙早年曾經評價雍正，說他性格是「喜怒不定」，「為人輕率」。雍正雖然很在意康熙的批評，努力改正這個毛病，但是改得不那麼徹底，雍正在自己的書房中，一直掛着康熙手書的「戒急用忍」四個字，用來提醒自己，還是經常犯性急病。那麼張廷玉這個人呢，性格周密細緻，特別有耐心，特別有涵養，所以君臣二人，性格上非常互補。我們知道，人們交朋友的時候，有時往往對自己身上沒有的那些特質特別欣賞。性格內向的人往往喜歡外向的人，外向的人也喜歡內向的人。因此雍正和張廷玉這對君臣，相處得非常好，每當雍正性急病發作的時候，張廷玉總是能耐心地勸解，讓他考慮得更周全一些。所以在雍正看來，張廷玉算得上是歷史上少有的忠心赤膽的純臣。因此，他在遺囑中給張廷玉如下評語：

大學士張廷玉器量純全，抒誠供職，朕可保其始終不渝。將來着配享太廟，以昭恩禮。(《清世宗實錄》)

就是說，雍正保證，張廷玉肯定是忠臣，以後也不會犯錯誤，所以我死後，你要繼續使用他，死後要讓他進太廟配享。這是雍正對張廷玉最大的認可。

然而乾隆皇帝對張廷玉的印象，與雍正可大不一樣。人和人之間啊，性格相似的人，有時會特別默契，但有時卻會相互排斥。精明人最排斥的就是和自己差不多精明的人。乾隆和張廷玉一樣，都是特別世故、特別精明、特別有城府的人。所以乾隆一眼就看出了張廷玉身上的「巧」和「滑」。乾隆認為張廷玉做事，表面上大公無私，背後卻心機極深。他雖然為君主辦事盡心盡力，功勞不小，但一舉一動、一言一行，和別人一樣，同樣是出於自身利益最大化的考慮，因此稱不上純臣。張廷玉也為部下辦過不少事，只不過他辦得特別隱蔽，一般人看不出來。但是乾隆能看出來。你看，張廷玉做了這麼多年官，把自己的家族的人，自己的門生，自己圈子裡的人，都安排得很好。張廷玉的兩個弟弟張廷璐、張廷瑑（zhuàn）分別當了禮部侍郎和內閣學士，兒子張若澄和張若靄也都入值南書房和軍機，參與機要。「一門之內，朝紳命服，輝映閭里，天下榮之。」（《張廷玉墓誌銘》）一家子的人穿的都是高品級的官服，讓天下人都很羨慕。所以乾隆認為張廷玉是一個心機很深的人，需要提防。這是他不喜歡張廷玉的第一個原因。

第二個原因，是張廷玉年紀大了，可利用價值已經大大降低了。乾隆剛即位的時候，對張廷玉那麼尊重、那麼重視，不光因為他是顧命老臣，更主要的原因，是他那個時候，特別需要張廷玉的政治經驗。如果説大清帝國政治是一架精密的機器的話，張廷玉腦子裡裝着每一個零件的説明書和使用記錄。所以乾隆剛當皇帝那陣，離不開他，因此才給了他前所未有的政治待遇，封了伯爵。不過，當了六七年皇帝以後，乾隆對政務已經越來越熟悉，對張廷玉這樣的老臣，也不再像以前那樣重視了。而且，張廷玉年紀越來越大，精力和記憶力也大不如前了。乾隆三年（1738 年），張廷玉曾經上書，請求辭去他所兼的吏部尚書一職，他在奏摺中說：「今犬馬之齒六十有七，自覺精神思慮迥不如前，事多遺忘，食眠漸少。」（《張廷玉年譜》）那一年他六十七歲，大腦已經不如以前好使，記憶力也不太行了，睡眠也越來越少。辦起公來是有些力不從心了。

所以乾隆從那個時候開始，不斷提拔重用年輕的大臣。因為年輕人做事，精力充沛，反應敏捷，乾脆利落，效率很高，不像老臣那樣瞻前顧後，拖泥帶水。前面說過，軍機大臣裡，鄂爾泰進了軍機後就一直是首席軍機大臣，張廷玉是二席。乾隆十年（1745 年），鄂爾泰去世了，乾隆沒讓三朝元老張廷玉做首席，卻起用了年紀輕輕而且又沒有甚麼資歷的訥親做了首席。訥親才三十多歲，排在了七十多歲的張廷玉前頭，這讓張廷玉心裡難免有點不舒服。

乾隆十一年（1746 年），乾隆又下了一道命令，說「大學士張廷玉服官數十年。今年逾古稀，每日晨興赴闕，未免過勞，朕心軫（zhěn）念。嗣後不必嚮早入朝」（《清高宗實錄》）。就是說，張廷玉今年七十多歲了，老了，每天一大早進宮不方便。我體恤他，以後就不用他上早朝了。這道諭旨，表面上是體恤老臣，實際上，是宣佈，張廷玉以後不再參與核心機密。因為乾隆每天商量甚麼大事，主要就是在早上這一時段。很顯然，張廷玉在大清朝廷中的實際地位大大降低了。所以身體原因是乾隆不再重用張廷玉的第二個原因。

第三個原因，也是最重要的一個原因，則是打擊朋黨的需要。

我們前面講過，乾隆執政初期，朝中就出現了以鄂爾泰和張廷玉為首的朋黨問題。鄂爾泰與張廷玉二人，都是乾隆特別倚重的大臣，都是軍機大臣、大學士，倆人地位相當，但因為性格不同，彼此長期不和。滿族大臣一般都投奔鄂爾泰門下，漢族大臣漸漸聚集在張廷玉門下，出現了朋黨的雛形。

要解決朋黨問題，首先就要打擊朋黨的首領，所謂擒賊先擒王。所以乾隆的打擊目標，就瞄準了朝中最重要的這兩個大臣，鄂爾泰和張廷玉。

第十章

張廷玉之死

為甚麼乾隆對朋黨問題這麼重視，朋黨又有哪些危害呢？朋黨之爭，說白了，就是大臣們為了小集團的利益，你爭我奪，搞窩裡鬥。朋黨問題是中國政治史上的一個痼疾，它的危害性一言以蔽之，搞不好就會導致一個王朝的滅亡。中國古代有過三次最著名的黨爭，搞垮了三個大王朝。哪三次呢？唐代的牛李黨爭、宋代的新舊黨爭、明代東林黨爭。牛李黨爭是指唐代末期以牛僧孺為首的牛黨和以李德裕為首的李黨的鬥爭，朝中分成這兩大派，鬥了將近四十年，結果把唐王朝鬥垮了。大詩人李商隱一輩子在官場上不得志，就是因為在牛李黨爭之中沒有周旋好。宋代王安石與司馬光的新舊黨爭，圍繞着到底變不變法，也是爭了幾十年，最後還沒爭明白呢？北宋已經在內爭中不斷衰弱，最後滅亡了。明朝的魏忠賢閹黨與東林黨，也展開了長期激烈的鬥爭。大臣們忙着結黨內鬥，沒心思管正事，不能全力對付各地起義和關外滿族的威脅，明朝也滅亡了。

所以乾隆皇帝對朋黨問題非常警惕。他即位之初，朝中形成了鄂張兩大朋黨，明爭暗鬥，雖然這個時期朋黨活動跟以前朝代相比，並不明顯，極為輕微，但是乾隆皇帝的執政風格是防微杜漸，防患於未然，他誓言要在他這一朝，徹底打掉朋黨這個政治頑疾。

在乾隆還沒開始動手前，乾隆十年（1745 年），鄂爾泰得病死了。於是，乾隆打擊的重點就落在了張廷玉身上。乾隆深知，要打擊朋黨，必須先打擊這個山頭的核心人物，只有這樣才能使這個山頭的人群龍無首，不攻自散。所以鄂爾泰死後，乾隆一直在觀察張廷玉，想抓他的小辮子處理一下。

幸虧張廷玉這個人在朋黨問題上是特別謹慎，絕不輕易幫別人說話，也絕不輕易介入各種人事糾紛。他的名言是甚麼呢？「予在仕途久，每見升遷罷斥，眾必驚相告曰：此中必有緣故。余笑曰：天下事，安得有許多緣故。」（《澄懷園語》）就是說，我當官當得這麼久，見得事多了去了。每一次人事有變動，人們就在那亂猜，肯定是這個原因、那個原因，猜得很離譜。其實天下事，往往都是很簡單，哪有那麼多原因。所以張廷玉的從政原則是事不關己，絕不發言。

但鄂爾泰死後，張廷玉還是越來越害怕。因為他知道皇帝要打擊朋黨，肯定要找他的茬。雖然從他本心來講，深諳為臣之道，一生謹小慎微，並不想成為朋黨領袖，但是身處如此高位，想不被別人攀附是不可能的。主動要投靠他的人實在是太多了，趕都趕不走。同時，要想在政治高層立足，下面也確實要有一批支持他的人，一批給他抬轎子的人，這樣你才能站得住，不可能和誰都不交往。所以他很清楚，幾十年間，他給這些門生故舊，也辦了很多事，雖然他辦得手腕高明，畢竟不能完全沒有形跡。一旦查出來，自己沒有好果子吃。

所以張廷玉感覺，自己退休的時候到了。

我們說，張廷玉一輩子做官很成功，對「臣道」很有研究。「臣道」中最重要的一條，就是及時「抽身退步」，平安降落。如果做不到這一條，那麼其他方面再成功，也不過是一場春秋大夢而已。歷史上有多少大臣，做官的過程很輝煌，但結尾卻很悲慘。所以張廷玉生怕自己哪天因為年老糊塗，犯了甚麼錯，落個不好的下場。特別是現在皇帝憋着勁要打擊朋黨，一旦自己門下哪個人出了事，把自己牽扯進去，這輩子不白幹了嗎？所以他就開始尋找機會，打算退休，回老家。

那麼，他退休退得順利嗎？不太順利。

乾隆十三年（1748 年）正月，按照宮中的慣例，乾隆宴請大臣，吃完飯後，乾隆和張廷玉聊了會兒天。七十七歲的張廷玉看皇帝情緒不錯，就提出了退休請求。他說自己「年近八旬，請得榮歸故里」（《張廷玉年譜》）。我已經快八十歲了，可不可以榮歸故里了呢？

說這句話之前啊，張廷玉是很有信心，認為乾隆應該會順利批准他的請求。一個是他給他們祖孫三代服務了這麼多年，盡心盡力，應該讓他歇歇了。另一個，乾隆現已經不用他上早朝，所以他認為，乾隆不太需要他這個人了，應該會很高興地放他回家。

讓他萬萬沒想到的是，乾隆沒批准。

為甚麼呢？因為雖然乾隆不太喜歡張廷玉，但也並不是完全不需要他這個人。在乾隆看來，張廷玉雖然年紀大了，但是畢竟經驗豐富，留在朝中，給自己當當顧問，還是可以發揮餘熱的。萬一有甚麼突發事件，乾隆以前沒遇到過的，張廷玉還能給出出主意。

所以乾隆回答說：「卿受兩朝厚恩，且奉皇考遺命，將來配享太廟。豈有從祀元臣，歸田終老之理？」就是說，你死後要配享太廟，和皇帝做伴，你看那些配享之臣，很多都是為國家貢獻出生命的，你也應該死而後已，能幹到哪一天算哪一天，要為國家貢獻出全部力量啊。

一心想要急流勇退的張廷玉，馬上回答，說配享的大臣，不見得都得幹到死，你比如明太祖就允許劉基回了老家。

張廷玉沒想到，他的這句話一出口，乾隆的臉色馬上就變了，一下子冷若冰霜。原來他引用的劉基這個典故，觸動了乾隆的一根敏感神經。

我們知道，劉基是明初開國功臣，然而後來，朱元璋過河拆橋，建國後就不再重用他了，讓他退休，後來又偷偷派人下毒，把他毒死了。張廷玉提到劉基，讓乾隆敏感了，乾隆認為，這是前兩年他不讓張廷玉上早朝，張廷玉心懷不滿，用這個典故諷刺自己對功臣不夠意思。所以你才要退休，是吧？

因此乾隆很生氣，馬上引經據典，拿大道理壓人。他說：「為人臣者，當法始終如一之藎臣。如諸葛亮，盡忠一生，此乃人臣之表率。人臣不可存圖逸之心。」藎臣就是忠臣，就是說，你做大臣，應該學習忠臣。你要學，就得學諸葛亮啊。諸葛亮鞠躬盡瘁，死而後已，給皇帝一直幹到死。你要提前退休，這說明你貪圖安逸，不是藎臣，對我們愛新覺羅家族你不夠忠誠。

張廷玉一聽這話，不敢再接話茬兒了，因為皇帝這個話說得很重。同時又感覺有些委屈，我給你們家幹了這麼多年，這麼辛辛苦苦，沒想到卻落了個不夠忠誠的評語！於是「免冠叩首」，「嗚咽不能自勝」。七十多歲的白鬍子老頭，跪在皇帝面前痛哭流涕。

乾隆看他這個樣子，也不忍心再說甚麼了。招呼小太監：「把張先生扶出去休息吧。」

乾隆皇帝不讓張廷玉退休也就罷了，為甚麼還說張廷玉不是忠臣，不夠忠誠呢？

因為乾隆是中國歷史上對「臣節」要求最嚴的皇帝。甚麼叫臣節？就是人臣應該恪守的節操。

中國的傳統社會人際關係，很多都是單向的，不平衡的。在君臣和父子關係中，君和父只講權利，不講義務。而臣和子只講義務，不講權利。在乾隆看來，乾隆朝的大臣，不管皇帝對你怎麼樣，重用還是不重用，每個人都要時刻準備着為皇帝貢獻出一切，包括自己的生命，這才是臣子的本分。

乾隆四十九年（1784 年），甘肅發生了一次起義，起義軍攻陷通渭縣城，通渭縣知縣王樓既不能守住縣城，又不能在城破之後自殺殉城，而是躲入倉房，留得了一條性命。然而他雖躲過了起義軍這一關，卻躲不過皇帝這一關。乾隆對不守臣節者從來都是恨之入骨，所以事後特別命人把這個王樓從甘肅千里迢迢押到避暑山莊，親自追究他的「不守臣節」之罪。乾隆在御座前設下刑具，對王樓親自施以酷刑，《清高宗實錄》説，「親行廷鞫，加以杖夾，令其羞辱」，乾隆命人給他上了夾棍，打了板子，親眼看着他在自己面前痛得死去活來，然後才把他殺掉。

所以乾隆認為，大臣必須全心全力給皇帝辦事，不能有一點私心，不允許大臣們在忠誠度上打一點折扣。

申請退休卻受到乾隆嚴厲批評，被指責為不忠誠，張廷玉當然心驚膽戰，只好打點精神，繼續到朝中點卯。不久之後，孝賢皇后病逝，張廷玉被「罰俸一年」，這個事，更是使張廷玉嚇破了膽。他步入仕途四十七年沒犯過任何錯誤的光輝紀錄，就這樣被打破了，乾隆十三年（1748 年）之後，乾隆皇帝性情大變，接下來，他是不是還會受到更大的打擊呢？因此張廷玉日夜提心吊膽，精神總是高度緊張，老得就更快了。到了乾隆十四年（1749 年），七十八歲的張廷玉牙齒都掉得差不多了，面上到處都是老年斑，腿腳越來越不好使，要是沒有人攙着，已經沒辦法長距離走路了。

張廷玉的身體變化，乾隆當然看在眼裡。他發現乾隆十三年到乾隆十四年這一年，張廷玉老得太快了，思維明顯不如以前清楚，説話有時也顛三倒四了。乾隆心中也不免感歎歲月無情。乾隆十四年（1749 年）十一月，有一次他召見張廷玉，聊天的時候，關心了一下張廷玉的身體，説，最近身體怎麼樣，我看你老得挺快啊？張廷玉趕緊抓住這個機會，詳細把自己身上的幾種老年病説了説，説皇上啊，我實在是幹不動了。

這一次，乾隆動了惻隱之心。這個張廷玉，固然為人有取巧的一面，但是四十多年如一日為愛新覺羅家族工作，也確實不容易。不如放他回老家去享幾年清福吧。所以乾隆發佈諭旨：説張廷玉這一年老得太快了，因此，特批同意他退休。

張廷玉大喜過望，看來能平安降落了，自己這輩子總算功德圓滿，能得個善終了。

截止到這個時候，我們可以説，張廷玉的一生確實還算是很完美，享受過榮華富貴，能及時平安降落，死後又能配享太廟，名垂千古。這是所有做大臣都追求的最高境界啊！

可惜，人的命運往往難於捉摸，就在一切本來都安排得很好的時候，又節外生枝了。

這次節外生枝，可以説是張廷玉年老糊塗，自己犯的錯。

乾隆十年（1745 年），鄂爾泰死了，那麼在那之後呢，鄂黨一位重要人物，大學士史貽直，就接過鄂爾泰的班，經常和張廷玉做對。上一次張廷玉請求退休，乾隆不是批評他不夠忠誠嗎？打那之後呢，史貽直就經常到乾隆面前進讒言，說張廷玉這個人確實不夠忠誠，又沒有甚麼豐功偉績，沒有資格配享太廟。

所以申請退休成功之後，張廷玉心中雖然一塊大石頭落了地，但是另一塊石頭卻懸起來了：史貽直又一直鼓動皇帝取消自己的配享資格。如果自己回老家之後，史貽直在皇帝面前再進讒言，乾隆耳朵根子一軟，真的取消了自己的配享資格，那可怎麼辦呢。一想到這，張廷玉又睡不着覺了。

在家中琢磨了幾天，張廷玉終於下了決心，決定豁出老臉，再進宮一次，面見乾隆，請求乾隆做出一個保證，保證他不會推翻雍正的遺囑，讓自己在死後，還會配享太廟。

我們說，張廷玉這個舉動是非常不恰當的，因為你大臣怎麼能隨便找皇帝給你寫保證書呢？在此以前，這樣的舉動以謙退聞名的張廷玉絕對是做不出來的，現在他年近八十，確實是有點人老糊塗了。乾隆十四年（1749 年）十一月中旬，張廷玉冒着深冬的嚴寒，顫顫巍巍地再一次進了紫禁城，跪倒在乾隆面前，說明了自己的這個憂慮，說我這輩子挺滿足，就是一樣，不放心身後的事，因此「免冠嗚咽，請一辭以為券（quàn）」（《清高宗實錄》）。跪在地上哭着磕頭，請皇帝你明確表個態，發個文件。

這個事讓乾隆十分意外，也十分不高興。自己從來沒有說過不准張廷玉配享，張廷玉卻提出了這樣過格的要求，這明擺着是信不過自己這個主子啊。不過張廷玉畢竟早年做過他乾隆的老師，後來又是顧命老臣，如今哭哭啼啼，跪在自己面前，他不好意思撕破面皮，更何況自己已經答應讓張廷玉退休，那麼乾脆就送佛送到西，讓他高高興興走吧。這樣也能創造一段與三朝元老有始有終的歷史佳話。

所以乾隆就同意，專門發佈一道保證張廷玉以後會配享的詔書。但是張廷玉出宮之後，乾隆一個人坐在那越想這個事，心裡越不是滋味，所以他寫一首意味深長的詩，派人送給張廷玉。詩的內容是甚麼呢？

造膝陳情乞一辭，動予矜惻動予悲，先皇遺詔惟欽此，去國余思或過之。可例青田原侑（yòu）廟，漫愁鄭國竟摧碑，吾非堯舜誰皋契？汗簡評論且聽伊。（《御製詩全集》）

這首詩很有琢磨頭。前四句很好理解，你到我面前，跪地陳情，請我給你一個保證。這一舉動，令我不免起了惻隱之心。先皇的遺詔，我當然會遵守，你原本不必擔心。那麼「可例青田原侑廟」，甚麼意思呢？青田，是指劉基，劉基是浙江青田人。我們前面說過，劉基得到了配享資格，同時又曾經退休，所以乾隆說，有劉伯溫的先例，我就同意你退休回家。「漫愁鄭國竟摧碑」，這個典故可就有點不祥了，鄭國是指唐代的名臣魏徵。魏徵被封為鄭國公，生前很榮耀，但是死後，唐太宗翻舊賬，認為魏徵犯了很多錯誤，下令把他墳前的碑給砸了。最後兩句「吾非堯舜誰皋契？汗簡評論且聽伊」甚麼意思呢？我們知道堯舜是有名的聖君，皋契是當時有名的賢臣。這句話直譯是，我算不上堯舜之君，我也不知道，誰可以配得上稱為皋契那樣的賢臣？將來歷史怎麼評價我們君臣呢，隨它的便吧！那背後的意思，是你原本沒有皋契那樣大的功勞，父皇讓你配享，現在看，你也許不夠格。這兩句詩裡有很大的情緒，這誰都看得出來。

張廷玉興奮之下，看到皇帝的這首詩，也沒太影響心情。在他看來，乾隆既然保證了自己會配享，其他一切都無所謂了，你愛怎麼說怎麼說吧。所以他心中所有的石頭都落了地，終於可以睡個安穩覺了。回到家爬到床上，就呼呼大睡。按道理說，乾隆皇帝這確實是破例施恩，一般皇帝都不可能同意給大臣寫甚麼保證書，所以按朝廷慣例，第二天早上他應該親自進宮去謝恩。可是他年近八旬之人，昨天進宮已經折騰了一天，太累了，第二天早上他就沒爬起來，就命他的兒子張若澄，替他到宮中謝恩。

張廷玉沒想到，這個小小的疏忽，惹來了大禍。

我們說過，張廷玉一生，四十多年陪伴在皇帝身邊，從來沒有在禮數上犯過錯誤。所以乾隆原以為，如此「施與特恩」，第二天一大早張廷玉肯定早早前來謝恩，所以乾隆起床後呢，就在那等着。誰料跑到宮裡來的，是張廷玉的兒子。本來已經對張廷玉不滿很久的乾隆，心中的怒火一下子騰地被點燃了。

乾隆認為張廷玉沒有親自來，證明了他的猜測，那就是張廷玉對他乾隆這個皇帝，並沒有甚麼真情實感。他侍候乾隆，只是為了得到好處。所有要求一一都得到滿足之後，就視皇帝為陌路，居然連最後一面都不願見了。乾隆給他寫了那麼一首寓意深長的詩，他居然也沒有回應，那顯然是以為反正我要回老家了，再也不用搭理皇帝了。

很長時間以來，乾隆一直在尋找張廷玉的錯誤，想收拾他一下。但是張廷玉這個人太精明了，一直沒找到，這次，他終於可以理直氣壯地發泄心中的怒火了。乾隆馬上命軍機大臣寫了一道聖旨，令張廷玉「明白回奏」，解釋一下，你不來親自謝恩，到底是怎麼想的！

當天寫旨的軍機大臣，是誰呢？恰好是張廷玉的門生，叫汪由敦。汪由敦知道，乾隆皇帝這次發火，可是非同小可，生怕張廷玉倒大霉，因此連忙派了一個小斯跑到張府，把這個消息傳過去，讓張廷玉好有所準備。

不料這事弄巧成拙，張廷玉不知是老糊塗了還是嚇糊塗了，犯了一個更大的錯誤：第二天一大早，天還沒亮，他就勉強支撐着，跑到了宮中，跑到乾隆面前，去叩頭請罪。這真是一個再愚蠢不過的舉動了。為甚麼呢？因為乾隆皇帝命他明白回奏的諭旨，按理要第二天上午才能發到張家。就是說，諭旨還沒發到家，張廷玉就已經提前知道這件事了。這分明是告訴了皇帝，有人向張廷玉傳遞了消息。

軍機大臣當中，居然有人敢於泄露朝廷機密，乾隆認為，這是再明顯不過的朋黨行為。自己打擊朋黨十多年，沒想到在眼皮底下，居然有人敢這樣幹。乾隆打擊張廷玉，出發點就是要打擊朋黨，不過以前他一直沒抓住真憑實據。現在，就是這個關鍵時刻，真憑實據自己送上門來了，乾隆不會再放過機會了。如果說，在此之前，乾隆對於怎麼處理張廷玉還沒有做出最後決定的話，那麼，這一事實，卻讓乾隆決心必須把張廷玉徹底搞垮、搞臭，把張廷玉一黨徹底打散。因此乾隆當面把張廷玉痛罵了一頓，趕出宮中，又花了一整天時間，親自寫了一篇上諭，公佈天下。上諭中說：

今日黎明，張廷玉即來內廷，此必軍機處泄露消息之故。朕為天下主，而今在廷大臣因師生而成門户，在朝則倚恃眷注，事事要被恩典，及去位而又有得意門生留星替月，此可姑容乎？(《清高宗實錄》)

就是說張廷玉頭一天不能親來謝恩，第二天卻早早跑來，這肯定是軍機處中有人泄露消息的原因。汪由敦當初是張廷玉舉薦的，汪由敦因此和張廷玉相通消息，這明顯是結黨營私的行為。張廷玉臨退休前，索要了所有好處，然後舉薦汪由敦這樣的人當大學士，這是要在皇帝身邊安插親信，「留星替月」，實在是太陰險了。因此乾隆宣佈，「着削去伯爵」，削去張廷玉的伯爵爵位，以示懲罰。汪由敦呢，也被革去了大學士之職。

既然撕破了臉皮，乾隆索性就把十幾年來對張廷玉忍住沒說的話都說了出來，他直截了當地指出，張廷玉實在不應當配享太廟：「試思太廟配享，皆佐命元勳，張廷玉有何功績與之比肩乎？」(《清高宗實錄》) 配享太廟的，都是做出特別巨大貢獻的人，你張廷玉，有這個資格嗎？

說完這句話，乾隆又把歷代配享之臣列了個名單，送給張廷玉閱讀，並讓他明白回奏，你比得上這些人嗎，配得上配享之榮嗎？

乾隆這一問，七十八歲的老臣張廷玉還能怎麼回答？他只好回奏說：

臣老耄神昏，不自度量，於太廟配享大典，妄行陳奏。敢懇明示廷臣，罷臣配享，並治臣罪。(《清高宗實錄》)

就是說，我年老糊塗，犯了大錯，現在我請求皇帝罷去我的配享資格，並且治我的罪。

乾隆於是明令取消了張廷玉的配享資格，把他趕回了老家。張廷玉為了這個「配享」奮鬥了一輩子，沒想到最後，還是栽在了這個上面。他費盡苦心要平安收場，沒想到，最終卻丟了伯爵和配享兩項榮譽，一生的臉面，付之東流。

處理了張廷玉之後，乾隆終於出了一口氣，他如此羞辱張廷玉，就是為了告訴大家，張廷玉已經徹底失寵了，以後誰也別再想攀附他了。果然，滿朝大臣都嚇得噤若寒蟬，張廷玉出京的時候，居然沒有一個人敢給他送行。可見乾隆打擊朋黨，確實是起了作用。

乾隆十五年 (1750年) 春天，張廷玉灰頭土臉地回到老家。從想退休的那一天開始，張廷玉就無數次地設想自己「衣錦還鄉」那一時刻的風光場面，在他想像中，他這樣的重要人物回到老家，那一定是轟動性場面。沒想到，實際情況卻是非常尷尬。地方大員們為了避嫌，沒有一個人出面迎接，只有一位侄子，帶着幾個家人，抬着一頂小轎，把他接進了祖上的老屋。

張廷玉感覺特別羞愧，回到老家後就閉門在家，很少見客。在家裡整整休息了一個月，才有心情拄着拐杖，外出散散步。好在故鄉的山水風光，是對老年人最好的安慰。幾個月過去後，張廷玉把心理漸漸調整過來了，心情也慢慢開朗了點。

然而，噩運卻並不甘心到此為止。就在張廷玉心情好轉些之後，朝廷中又出了一件事：他的兒女親家，四川學政朱荃，犯了貪污罪，被乾隆抓起來了。

這件事發生得真不是時候。一抓起朱荃，乾隆就想到了張廷玉。因為朱荃最初被提拔起來，就是因為張廷玉的舉薦，何況後來張廷玉又和他做了親家。朱荃成了貪污犯，張廷玉顯然當然舉薦有錯誤。乾隆一生氣，決定收回以往三代皇帝對張廷玉的一切賞賜物品，以示對張廷玉的懲罰。

根據《清高宗實錄》記載，乾隆十五年（1750 年）七月，乾隆派出了一個自己特別信任的人，內務府大臣德保，去執行這個任務。德保出門之前，乾隆特意把他召進宮內，在他耳朵邊秘密囑咐了幾句話。

這一年八月，欽差大臣德保來到了張廷玉家。張廷玉率領全家，跪在門口迎接。他早早就遵旨，把康熙以來，三朝皇帝賞賜給他的一切東西，包括字畫、珠寶，以及衣服器物甚麼的收拾到一起，打包準備交給德保。誰也沒想到，德保身邊不但帶了十多名隨從，還從知府那裡借來了二百名士兵。德保說，你這些東西全不全哪？他要檢查一下，有沒有遺漏的賞賜物品。這二百士兵顯然都有充分準備，進了張家，不由分說，開箱砸鎖，挖地三尺，居然抄了張廷玉的家。張廷玉一家人目瞪口呆，只能眼睜睜在旁邊看着。

好在張廷玉的清廉並非虛言。抄了半天家，也沒抄出甚麼財產。事實證明，張廷玉是個清官。不過，德保卻帶走了抄家過程中翻出來的所有帶文字的東西：甚麼書籍、文章、信件，乃至張廷玉寫的便條，都帶回了北京。

原來，德保出京之前，乾隆在他耳朵邊囑咐的，是到了張家，一定要藉查找皇帝賞賜字畫之名，嚴格檢查張廷玉的私人文件及藏書，看看其中有沒有對乾隆的不滿之詞，看看這個老傢伙是不是敢私底下罵我。

把這些文件帶回北京，細細審查了半個月，德保一無所獲，他對這位張閣老不禁佩服得五體投地。張廷玉是一個文臣，進士出身，文人嘛，誰也保不住心情不好的時候，會用文字發泄一下，也保不住會在書信日記中，品評品評當朝人物，說幾句牢騷話。特別是那些當過大官的，回老家之後，都愛寫寫回憶錄甚麼的，記錄點高層政治的秘密。但是張廷玉卻沒有這樣做。在他的數百封私人書信中，沒有一字涉及政治。張廷玉回家後確實編了一本《年譜》，也就是我們現在可以看到的《張廷玉年譜》，不過，這本《年譜》中，他只是詳細記載了三朝皇帝對他的「恩遇」「賞賜」，雖然細到哪一天皇帝賞了他幾塊薩其馬，給他一個小荷包，卻沒有一字，涉及對朝政的品評。德保雖然素知張廷玉以謹慎聞名，不過他沒有想到，會謹慎到這樣的程度，簡直都成了精了。正是這樣的謹慎，讓張廷玉逃過了一死。要知道，這次抄家，如果稍有把柄，張廷玉就必然要身首異處。

對三朝老臣，由收繳賞賜之物變成了抄家，這一舉動引得朝廷上下一片驚疑之聲。毫無收穫的乾隆皇帝也覺得這事做得沒有甚麼意思，後來不得不下了道諭旨，說是德保弄錯了皇帝的旨意，他並沒有命人抄家。不過，大家都心知肚明，抄家是何等的大事，德保不弄清楚情況，怎麼敢貿然抄一個三朝元老的家？就算德保是真的糊塗弄錯了，乾隆後來為甚麼沒處分德保，反而還升他的官呢？事情明擺着，就是皇帝想置張廷玉於死地。

雖然逃過了一死，但經過一次抄家，張廷玉的名譽卻徹底掃地了，在政治上已經死亡。經過這場問罪，張黨完全被擊垮了。門生故吏都最終確認，張廷玉在政治上絕對沒有翻身的機會了，因此如樹倒猢猻散，各尋出路，從那之後，再也沒有人敢登張廷玉的門，張黨終於不復存在。乾隆打擊朋黨，終於以全勝結局。這一事件，奠定了乾隆中期以後，再也沒有朋黨活動。我們觀察中國歷史，漢唐宋明，這些著名大王朝，朋黨之爭都非常激烈，但是清代乾隆中期之後，朋黨卻徹底銷聲匿跡了，直到嘉慶道光兩朝，也沒有顯著的朋黨活動。可以說，乾隆是中國歷史上治理朋黨問題最成功的皇帝。

修煉了一輩子臣術，最後還是一敗塗地。經過這場打擊，張廷玉徹底灰心喪魄。他每天傻呆呆地坐在家裡，一整天一句話也不說。乾隆二十年（1755 年），回到家中苟活了五年之後，張廷玉終於死了。

消息傳來，乾隆也感到一絲悲痛。畢竟他們君臣相處了十四年，回想起張廷玉一生的所作所為，他感覺自己對張廷玉確實苛刻了點。畢竟，張廷玉為大清辛辛苦苦工作了近五十年。於是乾隆皇帝又做出眷念老臣的姿態，宣佈寬恕張廷玉的一切過失，仍然命他可以配享太廟，讓他和雍正做伴去了。只是不知道張廷玉死後還能否知道這一切。

到了乾隆四十四年（1779 年），乾隆曾寫了一篇文章，回憶自己駕下曾經工作過的五位大學士。其中關於張廷玉，乾隆寫了這樣一段話：

張廷玉雖有過，余仍不加重譴，仍准以大學士銜休致，及其既卒，仍令配享太廟。余於廷玉曲示保全，使彼泉下有知，當如何啣感乎？

翻譯成白話文就是：張廷玉雖然犯了錯誤，我沒有嚴懲他，仍然讓他退休了。及至他去世之後，我仍然允許他配享了太廟。我對張廷玉是如此的優容，如此地好，如果他地下有知，是不是得感激得在地下還要再死一回啊？

第十一章

登上盛世極峰

處理張廷玉，是乾隆王朝在出現全盛之勢前的最大一個政治行動。處理張廷玉這個事，有一個代表性，就是代表着乾隆整頓朋黨的成功，也代表着乾隆防範體制內的五種力量——后妃、皇族、太監、權臣、朋黨的威脅的最終成功，這就為乾隆王朝出現全盛，創造了條件。

我們提起乾隆，每個人頭腦中的第一印象，就是一位盛世之君。確實，大家都知道，清代有過一個康乾盛世，這個盛世的起點，是康熙二十三年（1684 年），因為這一年以前，康熙平定了三藩，這一年又收回了台灣，天下徹底太平。終點是嘉慶四年（1799 年），因為這一年乾隆去世，長度是一百一十五年。在這個一百多年的盛世中，有一個公認的全盛時代，那就是從乾隆二十四年（1759 年）到乾隆四十五年（1780 年），這二十一年。人們公認，乾隆全盛時代，不光是康乾盛世的頂峰，也是整個中國傳統社會最鼎盛的時代。著名清史學家戴逸先生說，乾隆全盛時代是中國傳統社會經濟政治文化發展的最高峰，其盛況遠遠超過漢唐宋明在內的所有王朝。因此我們說，乾隆皇帝在中國歷代皇帝中，統治成績，奪得了第一名。

那麼，為甚麼是乾隆而不是其他皇帝奪得了這個第一呢？乾隆全盛之勢的到來，有哪些方面的原因呢？

我想有以下幾點原因。

第一點，是乾隆有效防範了體制內的五種政治勢力，保證了政治紀律的嚴明，這是我們之前一直重點講述的內容。

第二點，是乾隆打造了一支高效率的官僚隊伍，這是全盛之勢出現的第二個原因，我們之前也講過了。

第三點，則是乾隆本人的勤政。

中國傳統社會，皇帝就是一個國家的心臟和靈魂，他是否勤政，直接關係國家的興衰。

在中國歷朝歷代，絕大多數皇帝上朝，都是要等大臣們來齊了之後，皇帝的大駕才姍姍而來，是大臣等皇帝。可是在乾隆一朝，卻出現了相反的情況。甚麼情況呢？皇帝等大臣。因為乾隆太勤快了，每天早上不到五點他就起床了，天還沒亮，他就已經穿戴整齊，把朝珠甚麼的都掛好了，坐在那等着上朝，然後一趟趟派太監出去，看看大臣們來齊了沒有。經常是太監們跑出去看了好幾次，大臣們「始雲齊集」，到齊了。這期間，乾隆經常等得不耐煩，也不能總是傻坐着啊，只好「流連經史，坐以俟之」，東翻西找，看書來打發時間。

所以乾隆皇帝經常發火，在《清高宗實錄》中，乾隆曾經這樣訓斥群臣，說：「凡朕御門聽政，辨色而起。每遣人詢問諸臣會齊集否。數次之後，始雲齊集。即今日亦復如是。」就是說，我每天啊，天沒亮就起來，等你們來。都是要問好幾次，你們才來齊。今天又是這樣，你們到我這都不着急，你們上班是不是更不上心啊？

乾隆個人的勤政，是乾隆達到全盛的第三點原因。

第四點原因，也是更重要的原因，是乾隆對農業和農民問題的重視。

乾隆二十六年（1761 年），山東德州發生大水。當時，天降大雨，一連下了七個晝夜，城裡城外，一片汪洋。德州城裡的老百姓房子都進水了，只好扶老攜幼，登上城牆，在城牆上搭些窩棚，在那裡住。住了半個多月，水還沒退，這時候問題來了。甚麼問題呢？糧食都吃光了。眼看着幾萬名老百姓都要捱餓了。這可怎麼辦呢？

其實這個時候，德州城裡是有糧食的。在哪呢？在官倉之中。因為山東糧道衙門的官倉設在德州。但是這時候，德州城中的最高官員，也就是山東督糧道顏希深，不在城裡，發大水之前他出差在外了。督糧道，是掌管糧食收支的道員，他不在，沒有人敢打開糧倉。為甚麼？因為清朝規定，動用官倉的糧食乃是國家大事，一定要由督糧道向上級申請獲得批准之後才能放糧。否則「擅動倉穀」，是一項極大的罪名，事後你不但要丟官，而且你放了多少糧，還要你自己補賠給國家。那誰敢放糧啊！所以城裡其他官員只能眼睜睜坐在那等着顏希深回來再說。

顏希深家裡有一位七十多歲的老母，姓何，何太夫人，聽說這種情況，十分生氣。老太太把管官倉的官員叫到家裡，大發脾氣，說：「此何時也！猶拘泥於常法乎？數十萬災民將成餓殍（piǎo）矣！君等無須憂慮，宜速開倉放賑，如有議處，吾子功名可不必計較，願盡吾家所有，查封以抵償。」（陸以恬《冷廬雜識》）甚麼意思呢？就是這都甚麼時候了，還顧得上這些嗎？你走完這套程序，幾十萬人都餓死了。你們別怕，快點開倉放糧。如果有甚麼處分，我兒子頂着。要是賠錢，我就把我這些家產都變賣了賠，總可以吧？

老太太這麼一說，別的官員也不好再說甚麼，於是倉庫管理人員終於打開糧倉，數十萬飢民，就活下來了。

事後，這個消息傳到了省府，山東巡撫非常震驚。他知道「擅動倉穀」，這是蔑視國家體制的嚴重違法行為啊，馬上向乾隆舉報。沒想到，乾隆得知此事後，在奏摺上憤然批道：「汝為封疆大吏，有如此賢母良吏，不保舉而反參劾耶？」就是說「有這樣的賢母和好官，巡撫應該舉薦啊，怎麼還能彈劾呢？」乾隆降旨，已動用的倉穀，准許作為正項開銷，無須賠補，並且特別賜給顏母三品封誥。從此，皇帝對顏希深母子留下了深刻的印象，顏希深也因此仕途一路通暢，很快做到了督撫的高位。(郭成康《乾隆皇帝全傳》)

正如同對顏氏母子的這個處理一樣，我們說過，乾隆這個人特別精明，凡事都斤斤計較察察為明，但是只有一點，他對賑災中的跑冒滴漏卻睜一隻眼閉一隻眼，「難得糊塗」。發生災害時，他寧肯地方官報得嚴重一點，錢花得多一點，也不願意出現老百姓流離失所的現象。因此他多次說「辦賑理宜寧濫勿遺」。

所以我們查檔案，乾隆朝救災，花錢確實是非常大方。乾隆十八年（1753 年）左右，戶部把乾隆即位以來用於救災的錢和前兩任皇帝做了對比。報告說:「雍正十三年（1735 年）之間，江南賑項，凡用一百四十三萬，已不為不多。而乾隆元年至十八年，用至二千四百八十餘萬，米稱是。」(《清高宗實錄》)就是說，雍正十三年之間，江南賑災，共用了一百四十三萬兩，和歷代相比已經很多了。而乾隆元年到十八年，用了多少呢，已經用了二千四百八十餘萬，糧食也是二千多萬石。這樣一算，乾隆年間，平均每年救災的錢，是雍正年間的十多倍。所以縱向比較中國歷史，我們可以肯定地說乾隆是傳統社會中救災最為賣力的皇帝。

除了救災最捨得花錢，乾隆還有一個歷史紀錄，那就是他是中國歷史上最慷慨的皇帝。為甚麼這麼說呢？因為他減免的民眾稅款，在中國歷史上是最多的。我們前面說過，乾隆登上皇位後頭一年，就把雍正年間天下老百姓所欠的農業稅全都免了。在此後六十多年當中，乾隆皇帝多次免收了農民的農業稅。他先後在乾隆十一年（1746 年），三十五年（1770 年），四十二年（1777 年），五十五年（1790 年），嘉慶元年（1796 年），五次，普免全國錢糧。甚麼意思呢？全國老百姓應該交的農業稅，全都不要了，一文錢不要。我們知道，在傳統社會，農業稅是最主要的財政收入，佔全部財政收入的百分之六七十以上，所以全都不收了，影響非常大。這五次，一共少收農民白銀一億四千多萬兩，糧食一千二百萬石。再加上局部的減免，據一本研究清史的專著，《清代的國家與社會》一書統計，乾隆一朝所減免的農業稅總數為二億零二百七十五萬兩白銀，毫無疑問，這是中國歷朝之冠。乾隆年間，所減免的農業稅，相當於五年全國的財政總收入。在位六十多年，有整整五年，不收全國人民一分稅錢，這個手筆，在中國古代史上，確實是沒人能比的。

乾隆如此大手筆地花錢賑災、減免賦稅，當然說明乾隆這個人很善良，關心民間疾苦。但是政治家的所作所為，遠遠不是用個人品質所能完全解釋的。在乾隆這些慷慨的行為背後，有一個深刻的政治動機。熟讀歷史的乾隆知道，飢餓的農民是國家最危險的敵人，而溫飽了的農民則是皇權最堅定的支持者。前面我們講過，乾隆即位之初，就總結了五種威脅皇權的因素，這些都是官僚體制內的因素。除了這五項之外，乾隆還總結了另外兩大外在因素，一個是敵國外患，就是外部侵略勢力。另一個，就是民間的起義，會從社會底層顛覆國家。因此為了江山萬代，乾隆必須減輕對農民的剝削，使絕大多數老百姓有飯吃。這是乾隆關心百姓生活的最主要原因。

除了救災和減免賦稅，乾隆在改善民生上還做了大量的工作。比如推廣紅薯、玉米等高產作物。

紅薯和玉米，原來都是美洲的作物。它們有一個共同的特點，是甚麼呢？產量高，又耐旱、耐澇，甚麼地方都能長。但是乾隆以前，這些作物雖然早在明朝末年就傳到了中國，卻沒有多少人種。因為老百姓不太明白這個新鮮事物怎麼種，特別是紅薯，需要到南方去引種，非常麻煩。乾隆積極鼓勵人們研究紅薯種植法，設立了科技貢獻獎，誰在這方面有貢獻，就給誰獎勵。當時有一個福建監生叫陳世元，到山東做買賣，正好遇到山東旱災，種甚麼甚麼死，老百姓吃不上飯。陳世元說，你們聽我的，種一個新品種，叫甘薯，這東西不怕旱。老百姓不相信，陳世元說，你們種，到時候不收，我賠你們錢！說着自己捐錢出路費，從福建運來薯種，許多老百姓種了。到了秋天，大家到地裡一挖，好傢伙，「子母鈎連，如拳如臂」，紅薯如同小胳臂那麼粗，一吃，甜脆可口，非常好吃。於是大家轟嚷動了，從此在山東推廣開來。乾隆聽說了這件事，賞陳世元一個官，叫國子監學正。山東按察使陸耀，這個人有點研究精神，親自編寫了一本《甘薯錄》，教大家怎麼種甘薯，效果不錯，被乾隆晉升為湖南巡撫。玉米也是在乾隆時期，在全國推廣開的。所以我們可以說紅薯、玉米是推動乾隆「全盛」的兩隻有力的助推火箭。正是這兩種作物的成功推廣，使乾隆朝的糧食產量創了歷史紀錄。中國歷代的糧食總產量是多少呢？漢朝是 417 億斤，唐代為 626 億斤，宋代為 835 億斤，明代為

1392 億斤。而到清乾隆晚期，一躍而達 2088 億斤，達到歷史最高水平（吳賓《論中國古代糧食安全問題及其影響因素》）。正是糧食不斷增產，才使乾隆朝發生人口爆炸，才支撐着各項社會經濟指標達到中國歷史的最高峰。

這是第四點，乾隆重視農民和農業。

第五點，我們還不能忘了，還有康熙和雍正的功勞。乾隆盛世，是建立在祖父和父親兩代奠定的基業之上。傳統中國之所以多災多難，主要原因就是統治者素質參差不齊，偶爾出現幾個雄才大略的人，也是只能英明個二三十年，他死後他的政策就難以持續了，這就是人治的弊端。所以，中國古代歷史上很難出現長期連續的和平穩定時期。漢代的文景之治，不過四十多年，其間還夾雜着七國之亂。大唐盛世中的貞觀之治和開元盛世，也不過各自二三十年，中間還隔了一段相當長的政治動盪時期。

那麼，只有康乾盛世，持續了一百一十五年。這是為甚麼呢，因為碰巧連續三位皇帝都是雄才大略，都是勵精圖治，這在中國歷史上絕對是小概率的事，也是中國歷史上唯一的一次。從康熙到雍正再到乾隆，三位素質一流的皇帝來了一次接力賽跑，就跑了個中國歷史的第一。

那麼好，以上，全盛之勢，各方面的因素都差不多具備了。政治，經濟，前人打下的基礎。那麼還有一條我們沒有講，那就是軍事。我們以上說的都是文，那麼，一個盛世，必須是文武兩手都硬。為甚麼呢？因為需要強大的國防，來保證

乾隆戎裝圖

你文的方面的成就。要不然，這些都是過眼煙雲，外敵一入侵，這些財富都成別人的了。宋朝經濟文化特別發達，經濟總量是唐朝的好幾倍，為甚麼提到盛世，人們不提宋朝呢？因為它國防不行。所以我們最後一點，講講乾隆朝的軍事成就。

從康熙朝起，清朝邊疆地區就一直存在着一個強大的敵人，那就是準噶爾。

提到準噶爾，很多人可能沒甚麼印象，但是我們説到明朝的一次著名的「土木堡之變」，可能很多人都知道。那是明朝正統年間，蒙古瓦剌部落的太師也先進攻明朝，明英宗率兵親征，説我要親自和蒙古人打仗，結果呢，在土木堡被蒙古人給俘虜了。這個製造了「土木堡之變」的明朝瓦剌部落，或者叫西蒙古部落，其實就是清朝的準噶爾部落，不同的名字，同一個部落。所以這是一支軍事力量很厲害的部落。

在清朝入關後不久，準噶爾人就在中國西部建立了強大的準噶爾汗國，這在當時，在亞洲內陸是一個很重要的政治勢力。當時準噶爾的首領叫噶爾丹，他被中亞國家，認為是當時歐亞最偉大的三位統治者，哪三位呢？一個是西面的俄羅斯彼得大帝，一個是東面清朝康熙皇帝，中間就是他，「博碩克圖汗」噶爾丹，認為他們三個在歐亞大陸上鼎足而三，決定着亞洲的命運。噶爾丹制訂了一個雄心勃勃的計劃，甚麼計劃呢？第一步，統一天山南北，第二部，再統一整個蒙古，最後從清朝皇帝手裡奪過整個江山，恢復大元舊業。

康熙皇帝面對噶爾丹的這個勢頭，不得不兩度率兵親征，舉全國之力與準噶爾較量。和準噶爾作戰，是康熙皇帝一輩子打得最重要的戰爭，雖然打了兩次著名的勝仗，但只是暫時扼制了準噶爾的勢頭，並沒能徹底消除這個威脅，準噶爾的實力仍然在。雍正九年（1731 年），準噶爾再度內侵，清朝和它大戰於一個叫和通泊的地方，結果清軍大敗，西路軍三萬人差不多全軍覆沒。這是清王朝建立以來內外戰爭中失敗最慘痛的一次。雍正皇帝不敢再和準噶爾打仗了，給了人家不少好處，通過和平談判，暫時實現了邊疆的安定。但是，準噶爾的威脅，一直還存在在那。

所以當了皇帝之後，乾隆心中的一個大事就是關注準噶爾問題。自乾隆即位以來，清朝與準噶爾之間一直平安無事，一直在和和平平地進行着貿易。但是乾隆卻一直警惕地關注着準噶爾的一舉一動，不斷派人在邊界地帶打探情報。乾隆十八年（1753 年），乾隆皇帝得到了一個讓他很高興的消息，甚麼消息呢？準噶爾發生內亂了。原來，準噶爾汗國原首領噶爾丹策淩病逝後，他的三個兒子為爭奪汗位自相殘殺，導致汗國出現動盪。乾隆經過深入了解情況，全面權衡，做出了一個重要的決定：要舉全國之力，派出大兵，徹底消滅準噶爾汗國。

這個決定出乎了朝廷上所有人的意料。為甚麼呢？因為第一，雍正年間和準噶爾和談後，雙方已經處於和平狀態將近二十年了，乾隆即位以來，是一位太平皇帝，沒怎麼打過仗，全國上下已經習慣了和平，「人心狃於久安」。如今突然要大規模對外作戰，人們毫無精神準備。第二，在中國古代史上，中原王朝對待邊疆少數民族，極少主動發起攻擊，主要的辦法就是「羈縻」。也就是說，用金錢和布匹收買，或者嫁個公主過去和親，還從來沒有過雙方太太平平的，中原王朝卻主動去攻擊一個草原民族。所以乾隆發動平準之戰，在大家看來完全是自找苦吃。準噶爾並不是一個迫在眉睫的威脅，如果你不發動這場戰爭，歷史絕不會因此而指責你。如果一旦戰爭失敗，那麼後果是不能承受的，你二十年統治的成果會毀於一旦，乾隆自己也會身敗名裂。

乾隆卻一定要發動這場戰爭。為甚麼呢？因為乾隆皇帝的雄心、自信心和責任心在清代帝王中是首屈一指的。他對自己的能力極端自信，他也絕不僅僅滿足於自己統治的這一代平安無事。他對每件事的考慮，都是從「大清朝億萬斯年」這一大局出發，着眼於大清江山的永遠鞏固。他不僅僅要對自己的名聲地位負責，更要對子孫後代負責。現在，對內，他已經消滅了對政治的各種威脅。對外，他也要建立一個長治久安的外部環境。現在準部出現內亂，而清朝國力強盛，這是最終解決準噶爾問題，徹底統一中國的千載良機。

這一形勢，乾隆看得十分清楚。但是大臣們誰也看不了這麼遠。乾隆大力進行思想動員，說服滿朝文武，打了這場戰爭。從乾隆二十年（1755 年）到乾隆二十四年（1759 年），經過四年多艱苦戰爭，清朝終於徹底打敗了準噶爾，統一了全國。這場戰爭的意義，非同一般。從那以後，大清最強大的一個敵對勢力被徹底消滅了，大清帝國的邊疆從此徹底平安。這是自成吉思汗以來，中國在邊疆地區獲得的最輝煌的一次成功，清朝的疆域也因此擴展到了最大。

平定準噶爾，有着巨大的標誌性。它標誌着乾隆盛世達到了「全盛」，也就是傳統國家治理基本完美無缺的階段。這在中國歷史上是第一次出現的。

為甚麼說乾隆朝是「全盛」，而不說康熙雍正或者中國歷史上其他皇帝的統治時期是全盛呢？全盛有哪些表現呢？

首先，乾隆朝幾乎消滅了對最高權力的所有威脅，實現了前所未有的政治穩定。

我們說過，歷史上威脅皇權的勢力有以下幾種：一是敵國威脅，二是民間起義，三是權臣佞臣，四是太監擅權，五是后妃干政，六是皇族亂政，七是朋黨之爭，這七種勢力在中國帝制時代，從來沒有被徹底平息過。甚至在雄才大略的康熙和雍正時期，也仍然存在敵國、權臣和朋黨的陰影。康熙朝前期，有以鰲拜為代表的四大權臣。康熙朝後期，各皇子紛紛與大臣勾結形成朋黨。雍正朝初期，也出現了年羹堯、隆科多兩大權臣。同時這兩朝又都存在準噶爾這個嚴重的外患。所以，這兩朝只能說是盛世，不能說是全盛。只有乾隆總結汲取歷代統治經驗，以極其高明的手腕，對內縝密陰柔地化解了鄂張朋黨，對外主動積極地消除了敵國力量，把這七種威脅化解到近乎無影無形的程度，確保了皇權的至高無上和政治紀律的高度嚴明。到這個時候，對大清江山安全的所有威脅，都消除了，用乾隆自己的話來說，「前代所以亡國者，曰強藩，曰權臣，曰外戚，曰女謁，曰宦寺，曰奸臣，曰佞幸，今皆無一彷彿者」（《清高宗實錄》）。這個情況，在中國歷史上是從來沒有出現過的。這是第一點。

第二，經濟總量巨大，國家財力雄厚。

由於乾隆在經濟上採取了比較得當的措施，比如前面講的在發展農業上的種種措施，所以乾隆朝經濟發展很快。據統計，乾隆朝的 GDP 不但達到了中國歷史上的最高值，也佔了當時世界 GDP 總量的三分之一，超過美國在今天世界經濟上的地位。

由於經濟總量巨大，乾隆時代國家財政儲備的雄厚也是空前的。康熙朝庫存銀兩平均三千多萬，雍正年間庫存銀平均四千多萬兩。那麼到了乾隆後期，國庫存銀在七千萬兩左右，這也是中國歷史的最高值。乾隆朝財政收入空前之高，也是「盛世」的主要標誌。

第三，軍事力量強大，國際地位高高在上。乾隆二十四年（1759 年）統一準噶爾之後，中國疆域北起薩彥嶺，南到南海諸島，西起巴爾喀什湖，東至庫頁島，領土面積一千三百多萬平方公里。環顧四周，幾乎所有的小國，都是清朝的屬國，所謂「通譯四方，舉踵來王」，「以亙古不通中國之地，悉為我大清臣僕，稽之往牒，實為未有之盛事」（《清高宗實錄》）。就是說，那些以前和中國沒有交往的國家，也都來進貢，這是歷史上前所未有的情況。那麼向清王朝舉行朝貢之禮的國家有哪些呢？東面有朝鮮、琉球，南面有安南、暹羅、南掌、柬埔寨、緬甸、呂宋、文萊、蘇祿，西北則有安集延、塔什罕、拔達克山、博洛爾等等。就是漢唐時期，也沒有過這樣的氣派恢宏。

值得特別強調的是，清代對邊疆地區的實際控制力前所未有。漢唐元明強盛之時，中國版圖也曾經十分巨大，不過那其中許多邊疆地區都只是對中央政府名義上的服從，中央王朝對它們缺乏實際控制力，比如萬曆皇帝當初控制努爾哈赤部落，就是很鬆散的、名義上的，所以後來才導致滿族的興起。只有到了乾隆盛世，中國才真正對版圖內所有土地都做到了強有力的控制和管理，使邊疆地區真正成為中國領土不可分割的一部分。這一點都是以往任何朝代都無法望其項背的。

第四，乾隆朝的人口數達到空前的數目。

在清代以前，中國人口多數時間在兩千萬到七千萬之間

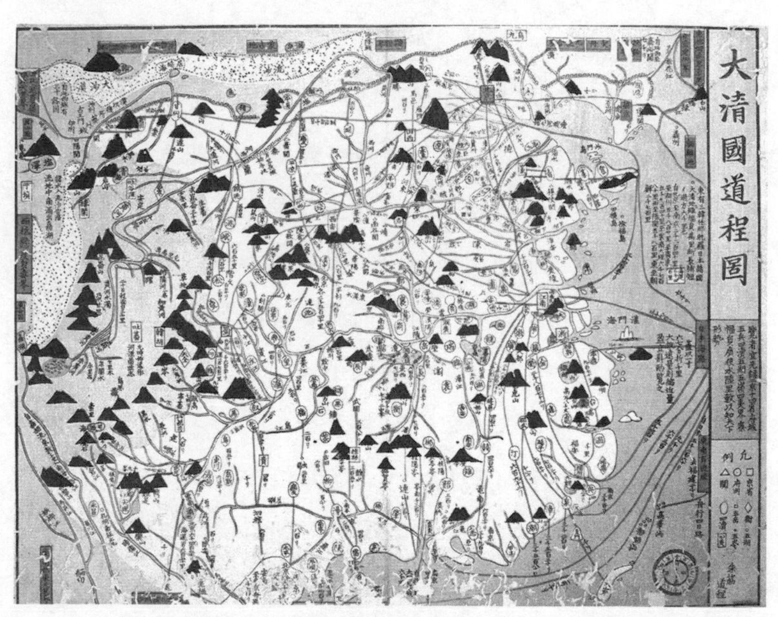

大清國道程圖

徘徊，只有少數幾個歷史時段突破過一億。乾隆六年（1741年），做了一次人口統計，全國人口是一億四千三百萬。到了乾隆六十年（1795年），全國人口統計數字是多少呢？是二億九千七百萬，將近三個億。乾隆統治五十多年，使人口翻了一番，人口總量比中國歷史上以前的最高值，增長了兩倍多，這是中國歷史上從來沒有出現過的情況。18世紀初，就是康熙晚年，中國人口佔世界人口比重是多少呢？百分之二十三點四，不到四分之一。到這個世紀末，就是乾隆統治末期，是多少呢？達到了百分之三十四，三分之一還要多。（《康乾盛世歷史報告》）乾隆朝以不到世界十分之一的領土面積，養活百分之三十多的世界人口，又能長期保持社會穩定，這談何容易。這說明，乾隆皇帝的統治效率是非常高的。

因此，乾隆二十四年，也就是公元1759年，準噶爾戰爭勝利的消息傳來，四十九歲的乾隆悲喜交集。他立刻連續拜謁了景陵和泰陵，向康熙和雍正皇帝彙報這一喜訊。一是兩朝遺志終於圓滿實現，清王朝最大一塊心病被徹底根除；二是他的統治已經全面超越了祖父和父親，他可以十分自豪地向他們彙報自己的統治成績了。在父祖陵前，乾隆想到他們對自己的期待，想到自己這些年為了完成他們遺志所做的艱苦努力，乾隆不禁悲從中來，痛哭失聲。

平定準噶爾之後，乾隆二十四年（1759年）起，「盛世」「全盛」這些詞彙開始頻繁地出現在清朝臣民的口中。乾隆自己也宣稱：「比年以來西域大奏膚功，國家勢當全盛。」（王先謙《東華錄》）大清進入了全盛階段。確實，歷史學家公認，這一年起，乾隆王朝登上了巔峰階段。

然而，我們總説，水滿則溢，月盈則虧，盛極必衰。一個人爬上了峰頂，那麼也就意味着，他再往下走，就都是下坡路了。乾隆朝達到全盛狀態之後，遇到了許多中國歷史上沒有遇到的新問題、新情況。這些問題，用老辦法，已經不能解決了。比如人口問題和國際環境的變化。面對中國歷史上從來沒有過的巨大人口壓力，面對西方世界的挑戰，乾隆將如何應對呢？

第十二章

嚴峻的新挑戰

乾隆的前半生，基本上是進取和向上的，因此成功是他前半生的主色調。然而中國有句古話，月盈則虧，盛極必衰。出現全盛之勢後，大清王朝也遇到了許多前所未有的新問題、新挑戰。

那麼，大清王朝出現哪些新問題呢？讓我們從乾隆二十二年（1757 年），乾隆皇帝第二次南巡中的一件事講起。

乾隆即位之初，勵精圖治，聚精會神處理國務，沒有功夫遊山玩水。直到乾隆十六年（1751 年），天下基本大治，乾隆才開始效仿他的祖父康熙，進行了第一次南巡，六年之後，他又進行了第二次南巡。

乾隆南巡，離開北京，走到了山東。有一個退休官員，叫彭家屏，從河南老家跑到山東來迎駕。皇帝巡視的路上，各地官員要積極迎駕，到路上去迎接皇上，表示自己對皇上有「犬馬依戀之忱」，就是對皇帝很有感情。這個彭家屏，就是河南夏邑人，康熙六十年（1721 年）的進士，後來在官場上一直做到江蘇布政使，因為皇帝不喜歡他，前兩年告老還鄉了。這一次聽說皇帝南巡，他特意從河南風塵僕僕趕到山東。那時候從河南到山東，可不是坐兩三個小時動車的事，要在路上走好幾天。

為了見皇帝一面，在路上奔波了好幾天，乾隆很感動，說明人家對我這個皇帝，有感情，所以還是接見了他。一見面，乾隆就問，你們河南，莊稼長得好不好啊？老百姓生活得怎麼樣啊？乾隆見了每個地方官，都習慣這樣問問當地的情況。

彭家屏一聽，趕緊往前跪爬半步，說皇上啊，您可問着了，我這次正想跟您彙報這個事呢。我老家夏邑，去年受了災了，發了大水，莊稼都淹了，一點收成沒有。老百姓吃不上飯啊，流離失所，到處要飯。可是，河南巡撫圖勒炳阿成天向皇帝報喜不報憂，不向皇帝報告災情，也不積極救災。彭家屏說，皇上，圖勒炳阿這個人，當巡撫不合格，您哪應該罷他的官！

聽了彭家屏的話，乾隆一愣，我們在前面說過，乾隆即位後，一直很重視百姓的疾苦，特別重視救災這件事。乾隆最痛恨的就是敢於向他隱瞞災情的官員。所以聽說有人向他隱瞞了河南的災情，他很重視。

但是乾隆對彭家屏的話，也是將信將疑，為甚麼呢？第一，圖勒炳阿是旗人，因為精明強幹，會辦事，所以乾隆提拔他做了河南巡撫，也就是相當於今天的省長，乾隆是特別賞識圖勒炳阿這個人的。他認為圖勒炳阿不至於這麼明目張膽地欺騙自己。第二，乾隆是一個非常強調綱紀，也就是紀律的人。按照朝廷的綱紀，返鄉的官員，應該安分守己，不能干預地方公事。那麼彭家屏以一個退休官員的身份，告自己老家的現任巡撫，讓乾隆替換巡撫，是違反綱紀的。第三，我們剛說過，乾隆不喜歡彭家屏。為甚麼不喜歡呢？乾隆最痛恨的是大臣們搞朋黨，而彭家屏當官的時候就有很深的朋黨習氣。早在雍正年間，他就積極投靠雍正的寵臣李衛，攻擊李衛的對頭鄂爾泰，所以乾隆對他的印象很不好。正是因為乾隆討厭他這一點，所以前兩年，還沒到年齡，就讓他提前退休了。

因此聽到彭家屏狀告圖勒炳阿，乾隆的第一反應是懷疑彭家屏和圖勒炳阿這兩個人有個人恩怨，所以彭家屏想找機會搞掉自己的敵人。所以乾隆當時做了一個決定，先查明真相再說。乾隆命令彭家屏回到河南，會同圖勒炳阿一起，到河南西部去實地查勘災情，共同向他彙報。

那麼，有人可能問，你讓圖勒炳阿自己去查勘河南的災情，能得到真實的情況嗎？別急，這只是明的一手，與此同時，還有暗的一手。乾隆採取了一個極為秘密的措施。他把自己身邊的一個非常信得過的人，叫觀音保，叫了過來。這個人的官職是步軍統領衙門的員外郎，相當於今天北京衛戍區高級軍事參謀。乾隆對他說，我交給你一個秘密任務，你回去趕緊化一下裝，化成甚麼呢？戴上瓜皮小帽，裝成一個商人，到河南夏邑去一趟，看看那到底災情如何。

這個措施，典型地反映了乾隆的行政風格。乾隆這個人，太精明，心眼太多了。他雖然很欣賞圖勒炳阿，但是也不是百分之百地信任。所以才採取了暗訪這種方式。

安排完了，乾隆繼續上路南巡。這第二次南巡，乾隆到了蘇州、杭州和南京，玩得非常盡興。這次南巡，乾隆發現，江蘇浙江這些地方，比六年前第一次南巡，經濟更加發達，百姓生活更富庶，天下已經呈現極盛之勢，所以乾隆皇帝心情非常好。在回程的路上，四月初七日，乾隆走到了江蘇與山東交界，一個叫澗頭集的地方。乾隆望着大轎外邊爛漫的春色，詩興大發，打算做上一首詩。我們知道，乾隆是中國歷史上產量最高的詩人，一有時間就想做首詩。

就在這個時候，噶噔，大轎一下子撂地下了。乾隆伸出頭一看，前面護兵似乎和甚麼人在那爭執起來了。

原來御路上，跪着兩個破衣爛衫、瘦得皮包骨的老頭兒。

傳統時代，皇帝出行，是有着極為森嚴的規矩和排場的。一般情況下，皇帝想從哪走，提前一年就會修出一條御路，這條御路，要墊着新鮮的黃土，用碾子壓得如同打穀場一樣光滑。這條路只能踏上皇帝一個人的足跡，連給他抬轎的轎夫，都只能走在兩側的輔路上。誰要是不小心踏上御路那就是犯了大不敬之罪。所以以前沒出現過普通老百姓突然闖到御路上來的情況。因此乾隆非常驚訝，趕緊讓侍衛把這兩人帶到轎前。

兩老頭哆哆嗦嗦跪在乾隆面前，乾隆問，你們，怎麼回事？兩老頭說，我們是河南夏邑，就是河南西部的一個縣的人，我們來找您，是因為我們那地兒遭了水災了，災荒非常厲害，老百姓吃不上飯，實在活不下去了。所以我們才來找您反映情況，請您救救我們啊。

乾隆一聽，眉頭緊鎖，這才又想起彭家屏向他反映的事。因為在南方一路玩得很高興，乾隆已經把派人查訪這個事放到腦後了。聽這兩個老頭這樣一說，乾隆才想起來，哦，對，這個事還沒處理呢。我們前面不是說，乾隆派人去暗訪了嗎？雖然觀音保暗訪還沒回來，但是一看這兩個災民這個皮包骨頭的樣子，可見災情不輕。看來，彭家屏說的不是沒有道理，這個圖勒炳阿確實是個報喜不報憂的官，得好好處理一下。

不過乾隆沒有馬上下旨意，因為既然已經派人暗訪了，那麼還是先等等，等觀音保回來，再決定如何處理，不在這一兩天。乾隆命人把兩個老頭當成證人帶着一起北上。不料兩天之後又出現了一個意外事件。四月九日，乾隆一行走到山東鄒縣的時候，突然路邊又冒出一個人，來攔御轎。乾隆一看，這個人，同樣是衣衫襤褸，同樣是一口河南口音。一問，又是河南夏邑人，叫劉元德，也是來反映災情的。

乾隆這下子，停到這，不往前走了。

為甚麼不走了呢，是不是決心在這把這件事處理掉呢？不是。乾隆想到了另外一層的事。

乾隆這個人，我們說過，心思非常細，也非常多疑。他想，彭家屏剛剛返回夏邑去調查災情不久，就出現了連續兩起河南夏邑人來攔御轎。這難道僅僅是巧合嗎？當時從河南西部，跑到山東，好幾百公里，起碼要走上十天半個月，一路上吃喝住宿，得相當一筆路費。一個災民，手裡哪來的錢？背後說不定有人支持和策劃。乾隆從二十五歲登基，歷經了種種複雜的政治事件，所以他思維方式，越來越習慣於把任何事都看成陰謀，所以乾隆懷疑，這很有可能不是一起普通的老百姓自發反映情況的事，而是由返鄉大臣彭家屏在背後策劃，讓這些普通百姓不斷出面，試圖扳倒河南巡撫圖勒炳阿的一起政治陰謀。

要真是這樣，那可是大清政治中一個非常危險的苗頭。為甚麼？這是以下犯上，嚴重破壞綱紀的行為，如果開了這樣一個頭，別的省也效法這種方式來驅趕地方官，地方上還能有寧日嗎？

所以乾隆下令，立刻審問這三個災民，查查背後有沒有主使的人，主使的人是不是彭家屏。

在嚴刑拷打之下，審訊有了結果。頭兩個來反映情況的災民，沒收到甚麼資助，也與彭家屏沒有任何關係，是自己一路要飯走到山東的。而第二起攔轎的災民劉元德則交代，他來山東，確實有人給拿了路費。不過給錢的不是彭家屏，而是夏邑縣的一個秀才段昌緒和一位武生劉東震，這兩個人共同資助的。這兩個人鼓勵他去找皇帝反映情況，他們想扳倒的倒不是巡撫圖勒炳阿，圖勒炳阿離他們太遠，他們要告的是當地縣太爺，縣邑知縣孫默，這個人不好好救災，全縣人都很痛恨他。段昌緒和劉東震對劉元德說，咱們把這樣的壞官趕走，是造福全縣的大好事。

審問結果報上來，乾隆一看，果然部分被他猜對了，確實是有人在背後組織這個事。乾隆判斷，夏邑可能確實有點災情，因為河南地處黃河中下游，自古以來本來就多災多難。不過這次水災應該不會太嚴重，所以圖勒炳阿才沒有向自己彙報。但是有些不安分的人卻藉着這點災情，試圖扳倒朝廷命官，這還了得？所以乾隆決心好好處理一下這件事，對這些老百姓來一個殺一儆百。

就在這個時候，到河南暗訪的那個官員觀音保，回來了。

觀音保是乾隆最信任的親信之一。他對乾隆特別忠誠，辦事特別周密。所以聽到他回來，乾隆趕緊讓他進屋。

幾十天不見，觀音保的模樣乾隆簡直都認不出來了，瘦了一大圈，渾身上下都是塵土。

觀音保搶步上前，給乾隆請了個安，說：「皇上，夏邑之災，並非尋常水災，而是百年不遇的大災！」

觀音保彙報說，夏邑遭災已經連續兩年了，由於多年重災，縣城裡遍地都是乞丐，城門外到處都是屍體。全縣物價奇高，只有人價極低，滿大街都是賣兒賣女的。為了證明自己的調查結果，觀音保還特意在災區買了兩個孩子。

「哦？還買了兩個孩子？花了多少錢？」乾隆問。

「四百八十文。」

那時的四百八十文約合現在多少錢呢？九十六元人民幣，就是說一個孩子四十八塊錢。乾隆還以為自己聽錯了：「甚麼？

四百八十文？兩個孩子加在一起嗎？」

觀音保說，「對啊」，說着，從身上掏出一張紙，呈給乾隆，乾隆接過來一看，是一張賣身契，價錢寫得清清楚楚。

乾隆看完了，臉色沉了下來，半天沒有言語。看來，彭家屏和三個老百姓反映的情況是千真萬確，夏邑縣的縣令孫默和河南巡撫圖勒炳阿確實膽大妄為，欺君罔上。水災重到如此程度，圖勒炳阿居然對他一字未提，漠視民命，罪不可綰（wǎn）。

在正常情況下，乾隆會馬上降旨，把孫默和圖勒炳阿奪官罷職，投入監獄。但是乾隆暫時並沒有這樣做。乾隆坐在那沉吟良久，半天說不出話。這是為甚麼呢？

單純從這個案子來說，處理起來很簡單。但是乾隆是一個政治家，是大清王朝的最高統治者，他處理每一個問題，都要從全國大局這個角度來考慮。把孫默和圖勒炳阿罷官很容易，但是乾隆擔心，這樣的話，會形成一個不好的示範效應。甚麼示範效應呢？就是幾個普通老百姓，一找皇帝反映情況，就把堂堂的一省巡撫給扳倒了。這個事如果傳開，各地都來效法，怎麼辦？此時雖當盛世極峰，但是乾隆心裡清楚，國家發展中已經出現了很多嚴重的問題，特別是乾隆二十年（1755 年）以後，大清社會出現了越來越多的動盪，以下犯上的事層出不窮，所以他必須謹慎地處理這件事，避免為動盪局勢火上澆油。

那麼，為甚麼乾隆二十年（1755 年）以後，大清社會出現了動盪呢？

我們說，乾隆二十四年（1759 年）左右，大清登上了盛世極峰。然而，事情總是有正反兩面，極盛中，醞釀着衰落的原因。甚麼原因呢，就是人口壓力。人口迅速增長，是清朝盛世的最主要表現，但也是後來衰落的最直接的原因。人口的增長是幾何式的，乾隆朝人口，後期比初期翻了一倍，達到將近三個億，這在中國古代歷史上是從來沒出現過的。但是，糧食產量的增長卻是有極限的，在傳統農業生產條件下，糧食增長的速度，遠遠趕不上人口增長。我們在前面講過一個數據，乾隆朝的糧食總產量，創了歷史之最，達到二千多億斤，這個數字是漢朝的五倍，唐朝的三倍，非常厲害。但是與此同時，清代的人均糧食產量，卻滑到了歷史最低值。歷代人均糧食產量是多少呢，秦漢是 985 斤，隋唐是 988 斤，宋代是 1457 斤，明代是 1192 斤，而乾隆年間是多少呢？780 斤。(吳賓《論中國古代糧食安全問題及其影響因素》）這說明甚麼？說明人口太多了，再高的總產量一平均就沒了。

所以乾隆二十年（1755 年）之後，大清王朝出現的主要矛盾，就是人多地少，土地資源越來越稀缺。因為人多地少，地主就不斷提高地租。乾隆初年，四川瀘州的一塊耕地，每年向地主交租是多少呢？八石五斗。僅僅過了四年，地主就把地租提高到了二十四石，四年翻了將近三倍。湖北黃岡的一塊耕地，原本收租三石，兩年後，租價就上升到了六石，兩年翻了兩倍。(郭成康《乾隆皇帝全傳》)

這樣，就出現很多問題，比如地租太高，佃戶交不起，怎麼辦？就拒絕交租。那地主也不幹啊，於是就不可避免出現衝突。而且這種衝突是非常普遍的，所以民間就出現了鐵尺會、烏龍會等等會，佃戶們加入這些會，聯合起來跟地主鬥爭。比如乾隆十八年（1753 年），福建邵武的佃農杜正祈等人「結無賴子數十人，屢與田主構難。人給一鐵尺，號鐵尺會」（《清高宗實錄》）。就是說，他們幾十個人，組成了一個鐵尺會，入會的人，每人發一把鐵尺，表示一起行動，不交地租。各地這些會，越來越多。

事情還不止於此。因為底層農民越來越窮，所以雖然乾隆經常減免租税，普免錢糧，我們説乾隆一朝一共五次普免全國錢糧，但事實上，還是有越來越多的人交不起國家的賦税。乾隆十二年（1747 年），河南羅山縣的農民，因為交不起賦税，「刁徒七八百人挾有草束，前來公行叫喊，奉旨不完錢糧，不許差役催追舊欠」（郭成康《乾隆皇帝全傳》）。就是説，這個縣裡七八百個窮人一起，一人手拿一束乾草，跑到縣衙裡，把草扔在地上。這是甚麼意思呢？這是説你們收皇糧收得太多，我們交不上，我們不種地了，讓地裡長草吧！這種事，很多省都出現過。

這些現象，在乾隆中期是越來越多。應該説，這是一個社會發展的必然階段。因為經濟發展，必然導致經濟衝突日益增多，這一方面當然是壞事，從另一方面看，卻是社會文明發展的一個難得的契機。為甚麼這樣説呢？因為西方很多國家的近代化，就是在人口壓力和社會衝突中這樣發展起來的。比如1381 年，英國歷史上爆發了一次大規模的農民起義。當時英國也因為人多地少，大量的農民離開家鄉外出打工。但是僱主拚命壓低工資，打工農民的收入多年不能增長，就起來鬧事，英國國會就頒佈了一個《勞工立法》，禁止勞動者通過鬧事的方式漲工資。這下農民不幹了，所以 1381 年，農民在泥瓦匠瓦特．泰勒的帶領下開始起義，他們拿着砍刀、木棍，到處襲擊莊園和官邸。雖然起義最後被鎮壓，但是這次起義卻基本達到了自己的目標。國王理查二世向農民們低頭，取消了《勞工立法》，打工農民的工資水平大幅增長。這就推動了更多農民離開土地，從而推動了英國的經濟轉型和社會發展。所以事實上，人口與資源的緊張，導致的社會衝突，正是推動歐洲由傳統社會邁向現代社會的主要動力。

因此，人多地少，對乾隆來說，既是問題，也是機會。他正可以利用這個機會，第一，從經濟上，開放採礦業、工商業、外貿業、發展服務業，吸納大量勞動力，促進經濟升級換代。第二，在社會上，允許農民通過一定方式組織起來，與地主協商租價，讓地主不能過度剝削，這樣，既促進了社會自治的發展，又可以限制貧富分化，穩定清朝的統治。

但是，乾隆皇帝卻完全沒有這樣的思維。

我們說過，乾隆這個人，特別聰明，在中國皇帝裡算得上特別雄才大略。但是，他有一個致命的問題，就是他雖然身處中國從古代向近代的轉折期，但是他的思維方式完全是傳統的，受的教育完全是傳統的。乾隆的政治經驗和智慧，完全來自傳統史書。他採取的所有治理手段，都是古已有之。就是說，他的思維是有很大的局限性的。

所以面對社會動盪的苗頭，乾隆採取了兩手措施。第一手，為了解決人多地少的矛盾，乾隆想盡了一切辦法，減免稅賦、推廣良種，大量興修水利，鼓勵農民開荒。把傳統農業的生產潛力挖掘到最大。第二手，傳統型政治思維，決定了乾隆對民間社會的動盪，只能採取一種方式，那就是強力壓制的方式，從嚴控制。我們說乾隆愛民，愛的是「良民」，對於那些所謂不守本分敢於鬧事的「刁民」，乾隆是視如仇敵的。面對各地風起雲湧的動盪事件，乾隆的態度就是一個，堅決壓制。乾隆規定，嚴禁民間聚眾鬧事，如果鬧事的人多至四十人以上，那麼「不分首從，即行正法」，所有的人，一律處死。為甚麼呢？這是為了防微杜漸，防止事情變得更不可收拾，變成對王朝的嚴重威脅。所以他一再告誡地方官員，必須在「群情洶湧之初」，「擒首惡以儆餘兇」。（《清高宗實錄》）就是在事情一露頭的時候，就狠狠打擊，絕不能手軟。這是乾隆的一貫思維。

比如乾隆六年（1741 年），戶部寶泉局——寶泉就是銅錢，寶泉局也就相當於今天國家印鈔廠——出了一件事。當時廠內兩千多名工人，因反對工頭剋扣他們工資，一起停爐罷工，不再鑄錢了。乾隆一聽，馬上要求大臣們嚴厲鎮壓。他怕大臣們不敢動手，下旨說：「此等刁民，即槍傷一二何妨。」（《清高宗實錄》）就是說，對這樣的刁民，可以打死一兩個，沒有甚麼大的妨礙。

乾隆十三年（1748 年），蘇州發生了一次災荒，米商們把大米囤起來賣高價，糧價大漲，老百姓買不起。於是，有一個叫顧堯年的讀書人，就率領着很多老百姓，來到官府請願，請求地方官採取措施，來控制糧價。為了表示自己對朝廷的恭順，顧堯年還特意「自縛雙臂」，讓人用繩子把自己的雙臂捆起來，跪到大堂上為百姓請願，說明自己完全是朝廷的順民，沒有他意。乾隆聽說了這件事之後，因為參與這件事的老百姓很多，乾隆非常害怕。他說：「因近日聚眾之案甚多，特命刑部定議，立即正法。」（《清高宗實錄》）也就是說，最近，聚眾之案很多，這個苗頭不好，一定要嚴厲鎮壓。因此他命令蘇州的地方官，把顧堯年等幾個為首的人，杖斃於大堂之上，就是在公堂之上活活打死。乾隆處理這類事情的一貫方針，就是槍打出頭鳥，帶頭鬧事的人，不管有理沒理，一定要從嚴處理。

在這樣的背景下，第二次南巡路上有人指使災民攔御轎這件事，在乾隆眼中，就成了對大清統治的嚴重威脅。有組織地試圖扳倒朝廷命官，這樣的事絕不能鼓勵。但是河南夏邑確實有大災，地方官確實隱瞞災情，救災不力，必須得到應有的處理。怎麼把握這個度呢？乾隆為難了。

經過左思右想，乾隆最後做出了這樣一個決斷：

第一，嚴肅處理地方官。圖勒炳阿和知縣孫默都革職，等待進一步審訊處理，以儆戒其他敢於隱瞞災情的官員。

第二，反映情況的人也得到處分。彭家屏被立刻勒令回家，以後不得干預公務。攔御轎的劉元德以及背後資助他的段昌緒、劉東震三人，交給山東巡撫從嚴審辦，繼續審查背後有沒有其他主使，對他們要嚴肅處理。

乾隆這麼做，是對兩邊各打五十大板，誰都不放過。完事後，乾隆還下了一道意味深長的諭旨給河南老百姓：

傳諭各百姓等，巡撫、知縣之罷斥，乃朕遣人密加訪察，自為整飭官方起見，初不因彭家屏之奏，亦不因一二刁民之遮道呈訴也。若因此遂致增長刁風，挾制官長，則是自干罪戾，不能承受國家惠養之恩矣。（《清高宗實錄》）

意思是說，要告訴天下老百姓，這起案子的處理，是因為我洞察一切，為了整頓官紀主動派人暗訪發現的，並不是因為彭家屏的奏報，也不是因為「一二刁民」來攔轎反映情況。如果以後誰效仿這幾個「刁民」，以下犯上，隨便告官，那麼必然要受到朝廷的嚴懲。

這道諭旨再次反映了乾隆一生堅持的政治原則，是權操於上，不可下移。絕對不能以下犯上。所以乾隆在諭旨中接下來又如此告誡百姓：

州縣乃民之父母，以子民訐（jié）其父母，朕豈肯聽一面之詞，開挾制之風。闢如祖父雖愛其孫，必不使其恃恩反抗父母，此等刁風斷不可長！（《清高宗實錄》）

就是說，州縣官員是民之父母，過去都說父母官嘛，那麼這樣一比，皇帝自然是老百姓的祖父了。祖父當然是疼愛孫子的，但是也不能溺愛，要講究方式方法。如果遇到孫子和自己的父母做對，明智的祖父會怎麼做呢？顯然，他絕對不會助長培養孫子以下犯上的惡習。所以，孫子跑到祖父面前來告發自己的父母，即使有理，祖父也不能明確表態支持。

因此，普通老百姓作為孫子輩，即使受了父母的委屈，也只能含冤忍受，相信英明的祖父有一天發現父母的錯誤加以懲治。而不應該主動跑到祖父面前，來說父母的不是。

所以，乾隆決定要把「孫子」就是這幾個老百姓，交給自己的「兒子」處理。因此他才把跑到山東攔轎的劉元德以及背後主使的段昌緒、劉東震交給地方官審辦。他知道，自己的

「兒子」十分明白怎麼處理這幾個「孫子」，才能使他們記住下次不要再以下犯上。

果然不出乾隆所料，他的「兒子」賑災不行，但是處理「孫子」造反，卻十分能幹。劉元德被乾隆交給山東巡撫之後，山東巡撫當即發文給夏邑，命夏邑縣立刻把出錢資助劉元德的秀才段昌緒和武生劉東震抓起來，遞解到山東。

這個時候，革職的命令還沒有從省裡傳下來，孫默還是夏邑縣令，但是他已經知道自己的烏紗馬上就要掉了，因此他非常清楚如何辦理這個案子，才能挽回自己的命運。山東巡撫命他抓人，但是他不光是抓了人，還親自帶領人馬，前往秀才段昌緒家，對段家來了一次徹底的大抄家。他命令屬下把段家所有帶字的東西，所有書籍和文章，片紙不留，一律帶回來讓他細細檢查。

為甚麼抓了人還要抄家呢？因為孫默非常清楚，乾隆皇帝對於批評朝廷的言論非常重視。這些秀才們愛舞文弄墨，平時一定會寫些日記文章之類，而這些文章之內沒準會有一兩句對朝廷的牢騷怨望之語。如果找到一兩句他們咒罵朝廷的證據，那麼這個案子的性質就變了，皇帝的注意力也會被轉移，自己很可能就會脱身。

果不其然，衙役們在段昌緒的臥室之中搜出了幾頁很不尋常的文書，甚麼文書呢？吳三桂起兵反清時的檄文抄本。我們知道，吳三桂是清初的三藩之一，在八十年前的康熙年間，起兵造反，發佈了反清的檄文，這篇檄文內容當然是痛罵清朝的統治，在當時廣為流傳。這麼多年後，你段家仍然保留這樣的文章，這不是大逆是甚麼？

孫默如獲至寶，飛馬把這一「成果」彙報給圖勒炳阿。圖勒炳阿一看也大喜過望，又添油加醋了一番，說這事涉嫌謀反，十分嚴重，然後以八百里加急的文件報給了乾隆皇帝。

乾隆對此非常重視。一方面，他對任何政治上的反清苗頭都視如大敵；另一方面，在前些天對夏邑事件各打五十大板後，他已經感覺十分不妥。因為各地密報已經傳上來，說普通百姓扳倒巡撫這件事像長了翅膀一樣，已經傳遍了大清各省，成了全國各地街談巷議的頭條新聞，甚至有不少地方的人聽到這個消息，都準備要進京告狀。

乾隆皇帝於是斷然採取了如下措施：

第一，夏邑縣知縣孫默以及圖勒炳阿能偵破這樣的反清大案，「尚屬能辦事之員」。立了大功，不必革職，仍留原任。

第二，命圖勒炳阿徹查這個大案，特別是要查清這個檄文到底從哪裡抄來，背後有沒有其他情由。乾隆在上諭中還莫名其妙說了這麼一句：「命圖勒炳阿前往彭家屏家查抄，以查彭家是否亦藏此道偽檄。」顯然，乾隆皇帝仍然懷疑彭家屏與此案有關，即使無關，他也一定要將他特別討厭的那個已經還鄉又干預公事的二品大員彭家屏牽連進這個案子中，狠狠處理一下，才算罷休。果然，審查結果證明，彭家屏雖然沒有吳三桂偽檄，但是卻存着幾本明末野史，比如《潞河紀聞》《日本乞師記》《豫變紀略》等等。這些野史都是甚麼內容呢？記載的都是明末清初的時候，各地反清鬥爭的情況。在乾隆看來，這些內容對清朝統治都是非常有害的。

乾隆對這個結果基本滿意，他認為證據已經夠了，可以定案了，於是決定，把私藏吳三桂反清檄文的段昌緒「從寬」斬立決。對於彭家屏，乾隆以其私藏逆書之罪，「從寬賜令自盡」，讓他自殺了。

不光讓彭家屏自盡了，對於彭家屏的財產，乾隆也不放過。彭家屏家裡有幾千畝土地，對這些土地，乾隆皇帝的處理手法十分出奇，他命令地方官，把這幾千畝土地全部分給夏邑的貧民。乾隆的意思顯然是，既然你願為貧民出頭，那麼就把你的土地分給他們，了了你的心願吧！估計這樣一處理，以後就再沒有人敢向彭家屏學習，隨便擾亂社會秩序了。

通過以上處理，乾隆對底層百姓鬧事展示了自己強硬的一手。如果僅此一手，我們說，乾隆是一個非常不講理的皇帝。不過，乾隆畢竟是乾隆，他還有另外一手。不久之後，乾隆又使出了他柔軟的一手。他命令，夏邑縣歷年所欠的農業稅一律免除，乾隆還派人深入這個縣，調查此地連續多年遭遇水災，到底是甚麼原因，準備通過興修水利的方式加以根治。在整個事情處理完後，他又把圖勒炳阿調進北京，體面地解除了他的巡撫之職。夏邑縣令孫默最後仍然被革職了，以為其他官員之誡。

這就是乾隆皇帝處理地方矛盾的一貫方式：既處理帶頭鬧事者，最後又會全力解決百姓實際問題，以防百姓造反。

彭家屏的這個案子，在歷史上，一般都被歸為「文字獄」，稱為「彭家屏私藏野史案」。確實，乾隆皇帝處理他以及段昌緒等秀才，表面上的理由，都是他們收藏「反清」文件和書籍。但是實際上，這並不是乾隆製造這起大案的主要動機。乾隆醉翁之意不在酒，他的主要動機，是打擊敢於帶頭鬧事的人，對日益動盪的底層社會，不斷強化控制。這其實是他的危機意識的一個表現。在乾隆中期，還有很多人像彭家屏那樣，受到乾隆相當離奇的處理，由此形成了乾隆中期的許多奇案。

第十三章

乾隆朝的離奇案件

乾隆中期，產生了許多離奇的、今人的思維很難理解的案子，這些案子都是冤案，而且都是乾隆皇帝一手製造的冤案。我們前面說過，乾隆性格中有很善良的一面，但是這些冤案，反映的卻是乾隆性格的另一面。

先來講第一個案子。

乾隆四十五年（1780 年）七月的一個早晨，廣西布政使，也就是主管一省財政的官員朱椿，他前兩天連着好幾天，忙着全省的財務核算，累壞了。今天正好忙完了，給自己放一天假，想到桂林城外，去轉一下，散散心。他坐着轎子，剛剛出了胡同，突然路邊搶出來一個老者，六十多歲，身穿長衫，鬚髮花白，看上去像是個讀書人，顫巍巍地跪在路邊，手中高舉一冊文書。朱椿一看，看來這是又遇到一位告狀的。哎呀，真是掃興，想給自己放個假都不行！

有告狀的就得審理，於是他命令隨從把老頭手裡的那冊文書拿過來，坐在轎子裡一看，哦，原來不是告狀的。文書封面上，寫着兩個字，「策書」，是一份政策建言書。建了甚麼言呢？朱椿打開一看，只見裡面，端楷正書，字寫得很漂亮。有四條建議，哪四條呢？一、請朝廷進一步減免錢糧，減輕底層人民負擔；二、建議各地添設義倉，就是慈善機構，來救濟貧民；三、禁止種煙，以多打糧食；四、裁減寺僧，就是控制和尚數量，來減輕社會負擔。

朱椿從頭到尾讀了一遍，發現這篇文章，層次清楚，邏輯嚴密，是一份十分認真的政策建議書。而且和一般老百姓上的建言書不同，這份報告裡面還有許多定量分析。比如建議禁止種煙，建言書中詳細分析了種煙的成本，說：「今種煙之家，十居其半。大家種煙一二萬株，小家亦不減三千。每萬株費人工十或七八，灰糞二三百擔……」就是說，如今廣西，有一半農民家裡種煙。多的種一萬多株，少的也有三千。那麼每一萬株煙，就需要十個人工，需要肥料二三百擔，數字非常詳細。可見他寫這篇建言書，進行了大量調查研究，一個老人關心家國的拳拳之情，躍然紙上。

那麼，看到這份建言書，布政使朱椿是甚麼反應呢？是不是非常感動，把這個老人叫進府中，和他把酒暢談呢？不是。

看完了這份建言書，只見朱椿臉紅頭漲，神色大變，命令身邊的幾個隨從：「立刻把老頭拿住捆上，絕對不許逃脫！」

朱椿顧不上再旅甚麼遊，立刻轉轎回府，升了大堂，把老頭帶過來細細審問。老頭一看布政使大人不但沒有把他待為上賓，熱情款待，反而疾言厲色，如臨大敵，老頭一時搞不懂甚麼狀況，跪在地上，原原本本從頭道來。原來這老頭名叫吳英，是廣西平南縣人，讀了一輩子書，只考上了一個秀才。如今六十多歲了，身體多病，眼看着來日無多，不甘心一肚子才華，就這樣埋沒了，便想着把自己對朝廷和皇帝的忠愛之情，化為這一紙策書，獻給官府，這樣能對社會有所貢獻，也算不負到人世來了一趟吧。這就是他寫這個東西的動機。

朱椿把這個事的來龍去脈搞清楚了，就命人把老頭關進大牢，然後連夜給廣西巡撫寫了一個彙報。朱椿說，這是一起重大案件。為甚麼這麼說呢？第一，是一個普通秀才居然膽敢批評朝廷現行的政策，這是不允許的。第二，老頭行文中犯了聖諱。原來，這篇策書中有一段話，「聖上遵太后之遺命，命免各省稅糧，其德非不弘也，……聖上有萬斛之弘恩，貧民不能盡沾其升斗」（《清高宗實錄》）。這一段，兩次用了皇帝御名「弘曆」中的弘字，沒有避諱。所以這是一個大案，得從嚴查處。

第二天，這樁案子就轉到了廣西巡撫姚成烈的衙門了。巡撫會怎麼處理這個案子呢？是不是會怪這個布政使小題大做呢？不是。姚成烈一看見這個案子，馬上放下手中所有事情，全力處理此案。他派人趕赴吳英老家平南縣，抄家捕人，把老吳家搜了個底朝天，把吳英所有直系親屬二十多人都捆到省城，連夜進行審訊，對所有人都動了大刑，當場打殘廢了兩個人。審訊的重點是這份策書後面還有沒有其他同謀。

審了好幾天，所有人都交代，這份策書確實是吳英「實思獻策，冀得功名」，是自己一個人閉門所寫，與其他任何人沒有關係。

審問清楚了，姚成烈立刻寫了一份奏摺，向乾隆皇帝彙報了此案。

我們說，廣西的這些地方官，把一個給官府寫建議書的老人關進大獄，真是非常離奇。那麼，案子彙報到北京後，乾隆會如何處理呢？是不是會批評這些地方官員亂抓人呢？

不是。

乾隆皇帝接到奏摺後，十分重視，和大學士九卿等人，反覆多次認真研究了這樁案件。這一年九月，他做出了如下終審判決：

第一，「秀才吳英生逢聖世，……不知安分，妄遞策書……冒犯聖諱」，並且有批評指責朝政之處，因此「殊屬喪心病狂，案情重大，未便稍寬」，不能輕判。所以以「大逆」之罪，把他淩遲處死。

第二，吳英的兩個兒子吳簡才、吳經才，斬立決，立刻砍頭。吳英的弟弟吳超，還有侄子吳逢才、吳棟才，斬監候，等到秋後再處決。

第三，吳英的妻子全氏，妾蒙氏，兒媳婦彭氏、馬氏，以及他的九個孫子，都發配給功臣之家為奴，世世代代永遠做奴隸。(以上均見《清代文字獄檔》)

那麼大家會不會覺得乾隆的處理太殘酷了？太離譜了？在中國古代，布衣上書言事乃是常事。比如漢代的東方朔曾經上書漢武帝，寫了三千根竹簡的一篇長文，結果漢武帝很欣賞他，封他當了郎官。唐代的李白，給唐玄宗寫了幾首詩，成了翰林。另一個唐代大詩人杜甫也曾經向朝廷獻過《三大禮賦》，歌功頌德，也想換個官當，不過他沒成功。所以在傳統社會，一般讀書人上書，每個朝代都有。其目的無非兩種：一種是出於社會責任心，揭露疾苦，為民請命。另一種是賣弄文筆，逞露才華，希圖獲得些獎賞。應該説，吳英獻策，主要是前一種目的，想讓這個王朝發展得更好，沒想到卻落了個這樣一個慘烈的結果。

那麼，乾隆皇帝為甚麼要這麼處理吳英呢？難道他真的看不出吳英對大清是一片關愛之心嗎？

要回答這個問題，我們還要再看幾起類似的案子。

乾隆四十一年（1776 年），皇帝大駕出京，去拜謁清西陵。天氣晴和，一路風景優美，乾隆心情也十分舒暢。不料走着走着，出了點意外，御道邊上出現了一個長得很瘦削的年輕人，鬼頭鬼腦，遠遠地向着皇帝的大轎方向不停張望。負責巡查的護衛趕緊拿住此人，進行審問。

一審，這個人姓馮名起炎，是山西臨汾人，今年三十一歲，也是個秀才。他跑到御道邊上，原來是想面見皇帝，獻給皇帝一本自己所寫的書。書的內容是甚麼呢？以《易》解《詩》，就是用《易經》的原理來解釋《詩經》，一本學術著作，不過乾隆簡單翻了一下，發現這本書寫得牽強附會，水平很一般。然而這個馮起炎把這本書獻給皇帝的動機卻很特別，為甚麼呢？為了愛情。

原來這個馮起炎，家境比較貧寒，所以三十多了，還沒娶上老婆，這在古代呢，可是超級大齡青年了。不過，他有兩個暗戀的對象，哪兩個呢？他交代說「嘗到臣張三姨母家，見一女，名曰小女，……又到臣杜五姨母家，見一女，名曰小鳳，可娶，而恨力不足以辦此。」原來他相中了自己三姨家和五姨家的兩位表妹。這兩表妹長得都挺漂亮，他都相中了，日思夜想，想把她們倆都娶回家。不過自己一沒房子二沒地，顯然兩個姨家不能同意啊？怎麼辦呢？此人平日酷愛才子佳人之書，頭腦中充滿了羅曼蒂克的幻想。他想出了一個主意，給皇帝獻書。因為他覺得自己特別有才，說不定皇帝一看到他這本書，就會特別欣賞他，就會召見他，然後他趁機把心中夙願向皇帝傾訴，皇帝一高興，就會賜他銀冠玉帶，命他回家奉旨成婚，那麼自己豈不是既完成了愛情夢想，同時又功成名就了嗎？

所以在捱了許多板子，要被送進大牢之前，馮起炎還期待着皇帝會可憐他的一片癡情，嘗了他的夙願，所以苦苦哀求審案的官員轉告給皇帝一句話。甚麼話呢？「若以陛下之力，差幹員一人，選快馬一匹，克日長驅到臨邑」，「則此事諧矣。……二事諧，則臣之願畢矣」。就是說，皇帝您派一名幹員，騎一匹快馬，跑到我老家去，去給我說媒，您一說，那麼這個事肯定能成，這事成了，我一輩子心願也就了了。

想必乾隆皇帝登基四十一年來，還沒有遇到這麼好玩的事。他看着案卷，止不住地哈哈大笑，笑完了，還讓太監把這個案卷在後宮中讓妃子們傳閱，讓大伙一起歡樂一下。笑過之後，乾隆表現出了他在統治中期難得的仁慈。怎麼個仁慈法呢？真的派人去給馮秀才說媒嗎？當然不是，我們說乾隆仁慈，是他這次開恩，沒有按以前的案例，取了馮起炎的腦袋。文學青年馮起炎很幸運地保住了自己的性命，乾隆決定，以「癡心迷妄」「欲瀆聖聰」之罪，「刺字發遣」，把他發配到黑龍江的冰天雪地裡，「給披甲人為奴」，給士兵做奴隸，在北大荒裡，讓他終老了此身。

這是另一個案子，秀才上書，沒被砍頭，但是被發遣到黑龍江。如果說馮起炎這個案子，還有點喜劇的成分的話，那麼，另一個案子，可就是徹頭徹尾的悲劇了。

乾隆十八年（1753 年），一個面黃肌瘦、衣衫襤褸的年輕人來到山東孔府，懷裡揣着一本書，叩開孔府的大門。看門的問，你是幹甚麼的？他說我是浙江人，叫丁文彬，從浙江千里迢迢跑到孔府來認親。看門的問，認甚麼親？這個丁文彬說，前些天上帝臨凡，給他託夢，夢裡對他說，已經把孔府衍聖公的兩個女兒都許配給了他，所以他今天跑來做上門女婿。他說他學富五車，寫了許多文章，「皆天命之文，性命之學」，要請衍聖公過目。

孔府家人一看，來人神志恍惚、胡言亂語，顯然不是個正常人，就把他送到官府裡。山東官員升堂一審，原來這個丁文彬，從小父母雙亡，靠哥哥帶着長大，家裡特別窮，所以已經三十多了，還沒能娶上老婆，貧困潦倒，生計無着，因此精神就越來越不正常。他說他經常能聽到一個小人，自稱是上天神靈，在他耳邊說話，說已經命他當了天子，管理天下之人。丁文彬於是就開始琢磨着，怎麼開創新朝，怎麼當皇帝。他給自己起了幾個年號，叫甚麼「天元」，甚麼「昭武」，又為自己的新朝設計過一個制錢的圖式，叫「太公九府錢」。又寫了些甚麼星象、天命之類的文章，把這些，都收進一本書裡，把這本書給官員看，說這就是我寫的，你們看我是不是挺有才？我這個制錢的圖樣，畫得是不是挺好看？

山東巡撫楊應琚一看，有年號，有錢幣圖案，要建新朝，這是逆案啊，大案。不過，誰都能看得出這個丁文彬明顯是個瘋子，這怎麼處理呢？所以楊應琚寫了封奏摺，向皇帝彙報了這件事的來龍去脈，還對丁文彬的精神狀態進行了一番合情合理的分析：「臣考察其情形，丁文彬乃是一至貧極賤之人，一旦識得幾字，自認身懷奇才異能，無出其右。因而妄想富貴美色，結為幻影，牢不可破。」（《清高宗實錄》）就是說，丁文彬因為太窮了，生活太灰暗，太看不到希望了，就逃避到白日夢中去尋找心理滿足，就得了妄想症。楊應琚的分析應該說很有道理，很符合現代心理學的補償原理。楊應琚說，「聽其所言，不論何人俱知其妄」。這個人的表情、狀態，任何人一眼就能看出他是瘋子，不是正常人。而且這個人身體很差，老在監獄裡關着也不行，請皇帝指示怎麼辦。

這個案子彙報到乾隆那，乾隆皇帝一看，也認為此人是個瘋子。那麼，對這個瘋子怎麼處理呢？是放了，還是交由家屬關起來呢？都不是。乾隆先沒說怎麼處理，而是先關心起丁文彬的身體狀況，他特意發了一道諭旨，問山東巡撫楊應琚，說你說過這個丁文彬身體很差，那麼現在怎麼樣，差到甚麼程度？還能活多長時間？楊應琚回覆說，丁文彬本來就病病歪歪，被抓起來後，又多次經過嚴刑拷打，現在已經奄奄一息，可能活不了多久了。

乾隆為甚麼要關心丁文彬的身體情況呢？是不是大發慈悲，要給他治病呢，或者至少讓他提前出獄呢？不是。乾隆發了一道上諭，說我掐指一算，這個案子按正常程序，經三法司會審，再行判決，再傳達到山東，先後要一兩個月時間。很可能案子還沒審完，丁文彬就死在牢裡了。要是那樣，可絕對不行，那不就便宜了這個逆案的主犯了嗎？所以他命令楊應琚，不用審了，立刻將丁文彬當眾淩遲處死。為甚麼呢？因為只有當眾淩遲處死，才能發揮丁文彬這個反面典型的作用，讓老百姓都認識到想造反的下場。於是乾隆十八年（1753 年）六月十四日午時，丁文彬被駕上囚車，押赴法場，在萬頭攢動中被綁上木樁，接受千刀萬剮。在身上的肉一片片被割下來之時，丁文彬口中尚且喃喃有詞，希望上天來救他。那麼丁文彬被處死，還沒完，他的哥哥丁文耀，兩個年滿十六歲的侄子丁士麟、丁士賢雖然對他想開創新朝這件事完全不知情，也被處以斬監候，秋後處決。另外不滿十六歲的兩個侄子被發配給功臣家，世代為奴。

應該說，丁文彬這個案子更讓我們難以理解。閱讀這個案件的檔案，讓人不禁懷疑瘋了的到底是皇帝還是「案犯」。前文說過，乾隆皇帝性格很善良，小時候宮裡小貓小狗死了，乾隆都會落淚。當了皇帝之後，有時看到地方上彙報災情，說老百姓生活多麼悲慘，他也會落淚。但是對於統治中期的這些並不嚴重的案件，他卻表現得極其殘酷。丁文彬不是個例。據不完全統計，乾隆一朝，類似丁文彬這樣的瘋子被處死的案件多達二十一起。其中七起案件中，當事者是被凌遲處死的。另外十四起是被從輕處理，不過即使從輕，也基本都是「斬立決」或者「立斃杖下」，就是活活打死。

這三個案子，表面上看，太超出常情，不合情理，不好理解。但是我們仔細分析一下，這三個案子背後有一些共同的規律。它們有兩個共同點。一個當然是都與文字有關，所以被後人列為文字獄；第二個，和以前歷代文字獄主角都是上層社會的人不同，這三個案犯，身份都是不得志的民間底層文人，或者說布衣。吳英和馮起炎都是秀才，丁文彬不是秀才，不過也讀書識字，還寫了很多文章。他們三個，都是奮鬥多年，沒有在功名路上成功，所以想到了向官府送書獻策。所以這三起案子反映出，乾隆通過這些案子，要重點打擊的一類人，那就是社會底層失意的文人。

為甚麼要重點打擊這些人呢？這是因為乾隆對歷朝歷代滅亡的原因，深有研究。我們說乾隆沒事就喜歡讀歷史，通過總結歷史經驗，他得出一個結論，社會底層最危險的人物，最容易帶領普通老百姓起事的人物，就是「失意文人」。為甚麼呢？第一，中國傳統社會，讀書人讀書的目的就是為了功名。書中自有黃金屋，書中自有顏如玉。所以這些失意文人慾望特別強烈，一心想要功名富貴。一旦科舉不順，騰達無望，這些已經讀了半輩子書的人很難老老實實放下書本去做農民，而一定要想方設法，改變自己的命運，所以他們最容易起不軌之心。第二，這些人識文斷字，能説會道，很有能力，很容易成為民間起事的帶頭人。因為你要做成甚麼大事，一個字不識也困難。所以，中國歷史上那些大的農民起義，首領大多數是失意的底層文人。比如唐代的黃巢，幾次參加科舉考試，最後都沒考中，憤而起義。後來的太平天國領袖洪秀全也是四次考秀才都沒考中，才決定起義的。

那麼，乾隆身為大清皇帝要極力維護自己的統治，這個我們能理解，不過，打擊這些普通的文人，關進監獄也就算了，乾隆為甚麼要採取這樣激烈的手段，要殺要剮呢？這是因為，進入乾隆中期之後，雖然經濟發展，國力日盛，但是社會矛盾也更加突出，各地出現了好幾次造反事件。乾隆十七年（1752年），湖北大別山區就發生了一起聚眾謀反事件。有一個叫馬朝柱的人，在大別山中以燒炭為名，糾集眾人，製造軍械，準備起事。這個馬朝柱是湖北蘄（qí）春縣人，他雖然家境貧窮，但識文斷字，自幼胸懷大志，很小時候起，就做着皇帝夢，認為做皇帝，三宮六院，是最爽的事，人活一世，一定要當一回皇帝。怎麼當皇帝呢？這個人有點小聰明，他主要就靠裝神弄鬼，來騙取大家的信任。他對眾人宣稱自己十六歲時，曾夢到太白金星降臨，指點他到安徽霍山縣的護國寺裡，去找一個叫楊五和尚的人為師，他千里迢迢找到這個人，和這個絕世高人學得了一身神奇的法術，甚麼法術呢？可以撒豆成兵，剪紙為馬。他成天這麼吹，又會變點小魔術甚麼的，時間長了，還真有一些人崇拜他，拿他當神人。

馬朝柱這個人很富於民間智慧，為了進一步擴大信眾範圍，馬朝柱想出了許多計策。乾隆十四年（1749 年）十月，他偷偷從外地定做了一柄造型很奇特的銅劍，劍身很長，劍上還刻着字，説是天命真人馬朝柱，然後悄悄把它藏到一個山洞裡，第二天，他召集眾人，説我昨天晚上做了一個夢，夢到神仙賜了自己一把神劍，可以斬妖除魔。這個夢到底靈不靈呢？我們大家找找看！於是他帶着眾人跑到山裡，果然在山洞裡找到了這把劍。大家一看，這個人看來是有天命啊，從此更崇拜他了，願意跟着他做大事。乾隆十五年（1750 年），他又對大家宣稱，他從上天獲得了一把神奇的撐天扇，用這個扇，「能行雲霧中，三時可抵西洋。並稱西洋不日起事，興復明朝」（《清高宗實錄》）。就是説，他打着這把扇子，三個時辰就能飛到西洋，他要聯合西洋人，一起復興明朝。這些裝神弄鬼的把戲十分成功，眾人紛紛交給他銀錢，記名入伙，説將來成事了，大家都有官當。

當然，因為這些騙術太隨意太簡單，所以戲法也有玩露了的時候。為了獎勵一些手下，馬朝柱曾派人到外地製作了許多「蟒袍」和「冠帶」，分賜自己手下的「官員」，説是西洋之主從空中降下來的。這些「官員」興沖沖領了「蟒袍」回去仔細一看，這哪是甚麼上天降下來的，分明是戲班裡唱戲用的行頭，有的上面還夾着小布條，寫着裁縫和戲班的名字。這一失誤讓馬朝柱多年的努力幾乎破產。為了挽回影響，馬朝柱又宣稱西洋之主從雲霧中傳來詔書，下降到武漢黃鶴樓，給大家都封了官。他派人去武漢，果然從黃鶴樓裡取出了百餘道詔書，大講起事後的光輝前景，而且還給每個人都封了具體的官位，這才穩住了人心。

聽到這些情節，可能有的人會懷疑，乾隆時代的老百姓那麼好騙嗎？這些事千真萬確。一般來說，今天的大部分人當然不會相信這些說法，但是在當時，可不一樣。我們歷史讀多些，就會發現，中國古代社會底層一些百姓的知識素養和分辨能力，不能估計過高。學者程歗（xiào）曾說過這樣一句話：中國古代「農民屬於低度文化、淺層思維的社會群體」（《晚清鄉土意識》）。他們比較缺乏理性精神和分析能力，可以輕易相信他們的領袖具有神通，「刀槍不入」「撒豆成兵」，也很容易被一些所謂「心懷不軌」的人所利用，充當炮灰，成為起事的主力。

總之，經過這樣長時間的準備，馬朝柱已經在全國各地發展了大量信徒，並且已經約同湖北、安徽、河南、四川等地的信徒，設立了四將軍、八太宰之類的職位，準備共同起事。不巧消息泄露，地方官率兵入山搜捕，查抄出軍械三百餘件，製造火藥的原料硝磺好幾百斤，捕獲起義骨幹共二百餘人。乾隆一看這個彙報，如果不是地方官僥倖事先破獲此案，很可能一場規模巨大席捲數省的反清起義一兩年後就要掀起。因此不禁出了一身冷汗。這還不是孤案，就在馬朝柱案偵破後不久，乾隆十八年（1753 年），福建又破獲一起謀反案，福建漳州的秀才蔡榮祖與道士馮珩（héng）一起，也做皇帝夢，共謀起兵，要建立「大寧國」，同樣是因為事機不密而被提前破獲。

那麼為甚麼進入乾隆中期，出現了這麼多的謀反案呢？這些案件的發生，說明乾隆中期開始，在人口的壓力下，社會越來越動盪。

因此，到了乾隆中期以後，如何防止社會動盪，成了乾隆政治思維的新重心。從乾隆十三年（1748 年）到乾隆四十五年（1780 年），我們稱之為乾隆統治的中期。在這個時期，乾隆的政治思路，就是從各個方面，加強控制，把社會各階層的人都更加嚴厲地看管起來。他打擊朋黨，是從嚴控制官僚體系。與此同時，製造這些針對底層文人的大案，其實是他加強對底層社會控制的一個表現。

那麼有人要問了，乾隆殺一些底層文人，警告其他讀書人要安分守己，這多少還能看出一點邏輯關係。但是，他為甚麼要連瘋子都殺呢？一個瘋子，對他能有甚麼真正的威脅呢？

我們應該看到，乾隆這樣做，固然是表現出了一個統治者的過度防禦，但背後仍然可以看出乾隆的策略考慮。對乾隆來說，殺掉這個瘋子，是一種低成本的、省事而高效的處理方法，第一，這可以最大限度地防止個別心懷不軌者裝瘋賣傻，逃過法網。第二，還有一個好處，就是可以製造恐怖，恫嚇「愚民」，「務必重處，以儆其餘」，使那些正常人越發不敢犯法。因此他才會下令將丁文彬當眾凌遲。底層民眾的幾條性命，在他的「政治大局」中是不值甚麼錢的。

因為以上這些案子都與文字有關。所以一般歷史學家也把這些案子，統統都稱為文字獄。但是顯而易見，乾隆朝的文字獄與以前朝代有很大不同。

中國古代以前的文字獄，受處理的主要是士大夫階層。據郭成康、林鐵鈞之《清代文字獄》一書統計，康熙、雍正兩朝文字之獄大約三十起，其中涉及官紳、名士，也就是上層社會人物的至少二十起，佔全部案件的三分之二。而乾隆年間觸犯文網者，則多數是下層文人以及普通百姓。在大約一百三十起文字之獄中，下層文人，也就是童生、秀才這些低級功名的獲得者，佔近四十起，平民百姓佔五十多起，二者合計，佔乾隆朝文字之獄總數的百分之七十二。這些底層的職業五花八門，其中有甚麼裱糊店老闆、酒店老闆，有教書先生、算命先生、江湖郎中，有菜農、裁縫、轎夫，有無業遊民、和尚、瘋子，等等等等。這個現象，是乾隆以前，任何一個朝代的文字之獄所從未發生過的。這些離奇的案件，反映出乾隆中期之後，他把防範和打擊的重心從官僚體系內轉向了社會底層。

因此乾隆朝這些離奇案件，在血淋淋的案情背後，反映出的是乾隆皇帝對社會大動盪的恐懼心理。面對人口壓力導致的諸種社會問題，他偏執地選擇了高壓控制這一條對策。他認為，只要把這些犯上作亂的「苗頭」一一消滅於萌芽之中，大清王朝就會長治久安，太平萬年。而事實證明，乾隆的這一做法治標不治本，不但在他晚年就爆發了白蓮教大起義，而且在乾隆故去五十年後，正是四次科舉沒能考上秀才的「失意文人」洪秀全，利用「上帝教」起事，沉重打擊了大清王朝。

不過身處歷史當中的乾隆當然沒有意識到自己的這種做法其實很荒謬，他固執地認為，要想長治久安，就只能這麼做。我們說乾隆皇帝的性格中並不缺乏善良的一面。雍正帝在遺詔中就特別強調乾隆這個人「秉性仁慈，居心孝友」。雍正甚至一度懷疑乾隆太仁柔，可能缺乏一個傳統統治者必需的殺氣。

但事實證明雍正看錯了，乾隆不是一個普通人，他的本質是一個政治動物。他一生為人行事，一舉一動，都是圍繞着「建立大清王朝萬代永固之基」這個大局出發。為了這個大局，他可以柔如絲，也可以堅如鋼，可以最仁慈，也可以最殘忍。

那麼，採取了這些措施之後，乾隆仍然沒有放心。他仍然在日夜提心吊膽，尋找自己統治的漏洞。比如，前面提過的彭家屏私藏野史案就反映出，留在民間的那些野史、反清檄文等，還有很多。這些東西，顯然不利於大清的統治，那麼，怎麼辦呢？乾隆心中形成了一個可怕的解決方案。

第十四章 盛世文治

我們講述了乾隆統治成就的方方面面，政治、經濟、軍事、社會，但是還有一個比較重要的方面沒有講，那就是文化。

所謂「以武開基，用文致治」，文化繁榮，是一個盛世的必要條件。那麼，乾隆朝在文化方面做得怎麼樣呢？

應該說，成績也是空前絕後。根據相關資料統計，乾隆年間，官修大型圖書達到一百二十餘種。甚麼叫官修呢？就是由政府組織編寫，比如從唐代以後，歷朝國史都是官修的。官修之書，集全國之力，寫出來的往往是非常重要的大部頭的典籍。一般的皇帝，在位期間能修個三種五種，就已經很了不起了。雄才大略的康熙、雍正兩朝，修書的數量在中國歷史上都是名列前茅的，那麼這兩朝加在一起修了多少種呢，也才三十多種。而乾隆一朝就修了一百二十多種，而且其中有很多非常重要的書籍，你比如《清文鑒》《大清一統志》《續通典》《大清會典》《石渠寶笈》等，都是中國文化史上非常重要的書籍。

當然，在這一百二十種書當中，最重要的，最廣為人知的，是《四庫全書》。「四庫」，是指經、史、子、集這四類，「全書」，是指收入這部叢書中的書，都是全本抄錄的。因此所謂《四庫全書》，意思就是說，把中國歷史上所有的重要的文化典籍，都按經史子集這四類匯集整理到一部叢書之中。這部叢書，確實是一部空前絕後的大書。怎麼個空前絕後法呢？首先，它部頭最大。在中國歷史上，著名的大型綜合性叢書，宋代有《太平御覽》《冊府元龜》，部頭多大呢？各一千卷。明朝的《永樂大典》，非常厲害了，二萬二千卷。而《四庫全書》呢？七萬九千三百三十七卷，近八萬卷，字數是多少呢？八億字。那麼，這麼大的一部書，多長時間能讀完呢？今天一般人的閱讀速度，是一天十萬字，這是指讀淺顯的白話文。《四庫全書》中沒收白話文小說，它的內容都是嚴肅深奧的典籍，我們一天能讀三萬字就不錯了。按這個速度算一下，一個人要讀完它，需要七十三年的時間，也就是說，差不多整整一生，規模如此之大的書，歷史上從來沒有過。除了部頭大，更重要的是它完整地保存了中國歷史上主要的文化典籍。它保存了三千五百種重要的文化典籍，另外還有存目的六千七百種。

那麼，乾隆皇帝怎麼想起來要編這樣一部「曠世」叢書呢？有人說，是為了宣揚自己的文治成績唄！其實，事情並非這麼簡單。乾隆編這部書，動機是非常複雜的，既有光明正大的一面，又有非常隱秘的一面。非常隱秘的一面是甚麼呢？讓我們先從一個案件講起。

乾隆四十二年（1777 年）年初的一天，江西新昌縣衙的大門前，出現了一個滿臉橫肉的中年人，他腋下挾着一本厚厚的大書，前來告狀。

這個中年人叫王瀧（lóng）南，在當地很有名。他是新昌縣著名的「光棍」，就是地痞流氓。平日是橫行鄉里，做了不少壞事。他挾着的那本書呢，叫《字貫》，是當地鄉間的一位舉人，叫王錫侯，編的一本字典。

為甚麼拿着一本字典來告狀呢？王瀧南告訴縣令說，這本字典寫得十分「狂妄悖逆」。

新昌縣令和這個王瀧南沒少打交道，知道他是個光棍，也知道他和舉人王錫侯一直有矛盾，所以對他很警惕。縣令接過字典，粗粗翻了一遍，沒發現甚麼問題。縣令問：「這不過是一本普通的字典，有甚麼悖逆之處？」

王瀧南跪行幾步，上前指着這本書的序：「請看這幾句。」

縣令定睛一看，作者王錫侯在字典的《自序》中提到了他編這本字典的動機，甚麼動機呢，是因為《康熙字典》的檢索方式，不太方便，所以他編了一本新字典。他說：「《康熙字典》所收四萬六千字有奇，學者查此字遺彼字，每每苦於找遍全書，掩卷而仍茫然。」（《清代文字獄檔》）意思就是說，《康熙字典》排序，字與字之間沒有聯繫，查起來很不方便。他的這部《字貫》，最大的創新是把字按字的意思排序，把同義字或者近義字排在一起，這樣就方便查找了。

縣令聽了王瀧南的解釋，仍然沒明白：「這有何悖逆？」

王瀧南急赤白臉地說：「《康熙字典》乃是聖祖康熙皇帝御製，王錫侯竟然膽敢指斥聖祖皇帝所編字典不如他的好，這不是大逆是甚麼？」

縣令一聽，哭笑不得：「哦，原來如此！你這不是雞蛋裡挑骨頭嗎？」

不過這話一出口，縣令突然意識到這句話不妥。因為他知道，當今皇帝對任何有反清苗頭的文字都很重視。自己別因為這件事惹上甚麼麻煩。想到這，縣令眼睛一轉，對王瀧南說：「不過既然你這麼說，如此文字大案，我就給你報到巡撫大人處吧。」

過了幾天，案子的卷宗就報到了江西巡撫衙門。巡撫海成也覺得這算不上甚麼大案。王錫侯說的這幾句話，往輕說，甚麼事都不算，往重說，頂多算得上有點「狂妄」吧，怎麼能稱「悖逆」？不過事關文字，還是慎重點好，寧重勿輕。所以他寫了一份彙報，說這事雖然說不上「悖逆」，但王錫侯這句話畢竟語氣有點狂妄，建議將王錫侯的舉人頭銜革去，當否，請皇帝批示。

海成覺得自己這樣處理，夠小心謹慎的了。他哪裡想得到，這樣一道奏摺差一點要了他的命。

奏摺加上樣書以六百里加急的速度送到了乾隆皇帝那。乾隆拿起這本字典，讀了讀序文，感覺所謂「悖逆之處」確實也沒甚麼了不起。他漫不經心接着往下翻，一頁一頁往下看，讀到第十頁，乾隆突然發現了問題。甚麼問題呢？

原來在第十頁上，出現了康雍乾三代皇帝的名字。作者王錫侯為了讓讀者明白甚麼叫「避諱」，把康熙、雍正、乾隆三個人的名字也就是「玄燁」「胤禛」和「弘曆」這六個字寫了出來，提醒讀者，寫文章時遇到這六個字，一定不能寫全，或者少寫一個筆畫，或者改用其他字。比如「胤禛」二字，你就可以寫作「允正」。

王錫侯這本是一片好心，但是乾隆皇帝卻非常生氣。在傳統社會，尊長的名字是不許直接叫出來也不能直接寫出來的。所以《紅樓夢》中，林黛玉的母親叫賈敏，林黛玉讀書，遇到「敏」字的時候，一定要念成「密」字，寫這個「敏」字，也一定要少一筆，就是這個原因。美國人可以直接管他的老爹叫甚麼湯姆或者彼得，但是在過去的中國，兒子直呼老子的名字，那是大逆不道的行為。所以乾隆說，你王錫侯名義上是提醒別人，可是你自己把這六個字完完整整地寫在字典裡，這不是明知故犯嗎？乾隆大動肝火，提筆在巡撫海成的奏摺上批道：「此實大逆不法為從來未有之事，罪不容誅！」（《清代文字獄檔》）接着又在批覆中大罵海成，說《字貫》中的這個「大逆」開卷即見，海成竟然說「無悖逆之詞」，可見工作是多麼不認真，對皇帝是多麼不忠愛。皇帝傳諭給海成，罵他「雙眼無珠」，罵他「天良盡昧」，又命他將逆犯王錫侯迅速押解進京，交刑部嚴審。就這樣，王錫侯《字貫》案一下子升級為欽辦的特大逆案。

其實乾隆的反應實在是有點過度了。在傳統社會，犯「諱」其實是難免的事，因為生活中需要避諱的字太多了，爸爸的名字，爺爺的名字，大爺的名字，岳父的名字，太多了，誰都有可能不小心犯個一兩次。剛即位的時候，乾隆皇帝對這個事還曾經專門降旨聲明：「避名之說，乃文字末節，朕向來不以為然。」就是說，觸犯避諱，不是甚麼大事，我不在乎。表現得很開明。所以，地痞流氓王瀧南雖然千方百計要陷害王錫侯，卻沒有想到拿這個犯忌諱的事做文章。那麼，乾隆為甚麼偏偏要大動肝火，抓住這個小小的問題上綱上線呢？說來話長。乾隆這樣的政治家，心思是非常之深的，他的一舉一動，包括看起來非常偶然的一次發火，都不是一時衝動，背後都有他的政治考慮。他之所以要藉這個事朝海成發火，與官修《四庫全書》以及由此引發的獻書、查書運動有關。

我們說過，乾隆二十四年（1759 年），大清帝國登上了盛世的頂峰。朝野各屆都歡呼稱頌，讚揚乾隆皇帝的英明偉大。不過，難得的是在這樣的順境下，乾隆皇帝並沒有飄飄然。《易經》說「無平不陂（pō），無往不復」，就是說，凡事達到頂點，就必然向相反的方向轉換。

因此，乾隆二十四年（1759 年）之後，乾隆就一再提醒自己，絕不能出現任何鬆懈思想。越是順利的時候，越要振作精神。乾隆知道，保持盛世要難於創造盛世，你只有用「爭」的心態來「保」，才能真正「保」住勝果。因此，他毅然把所有已經取得的成績推在一邊，希望從頭開始，尋找自己統治中的漏洞，防止大清由盛轉衰。

那麼，大清天下還有甚麼漏洞呢？我們不是說過，乾隆幾乎把歷史上所有威脅皇權的傳統勢力都清除掉了嗎？但是通過乾隆二十二年（1757 年）的彭家屏私藏野史案，乾隆發現了一個重要問題，那就是，雖然到乾隆中期，大清王朝已經建立一百多年了，民間社會還有許多人家藏有明代的野史，甚至還有吳三桂的反清檄文。這說明，老百姓的反清復明意識並沒有徹底根除，這對清王朝是一個極大的隱患。怎麼辦呢？乾隆想到了修書。

因此，宣佈國家進入「極盛」以後，乾隆提出要大規模整理歷史文獻。乾隆三十八年（1773 年），皇帝下旨說，為了大興文治，他立意修撰一部史上最大的叢書——《四庫全書》，來囊括中國有史以來的所有文化成果。

修《四庫全書》，就要搜集天下所有古籍。因此乾隆先搞了一次大規模的徵集古籍活動。他專門派人到各省，懸賞重金，搜集民間藏書。為了防止人們怕「犯忌諱」而不敢獻書，乾隆特意在諭旨中說：「文人著書立說，原不妨兼收並蓄。即或字義觸礙，又何必過於畏首畏尾耶！」（《清高宗實錄》）意思是文人學士寫書，豈能每個字都正確，即使有點違礙之處，你們也不必害怕，大膽向我進獻吧，我不會怪罪你們！

聖旨一下，一年多時間，全國各地一共向皇帝獻了一萬三千五百部藏書。

乾隆一看各地獻書如此踴躍，自然十分興奮。他把這些書拿過來，一一翻閱。然而讀了幾天，乾隆卻發現了一個嚴重的問題。甚麼問題呢？這一萬多種書中，居然沒有一本稍稍有點反清傾向的。這顯然不正常啊。乾隆很生氣，下旨指責各地官員說：「各省進到遺書不下萬餘種，並不見奏及稍有忌諱之書。豈有裒（póu）集如許遺書，竟無一違礙字跡之理？」（《清高宗實錄》）就是說，你們弄到一萬多本書，竟然沒有一本有問題的。這種情況難道正常嗎？

進獻的書沒有問題，乾隆應該高興才對，為甚麼反而大動肝火呢？原來，乾隆編《四庫全書》，有兩個目的，一方面是想藉此大興文治；另一方面呢，還有一個隱秘的想法。那就是想藉這個機會，調查一下「違礙書籍」在民間到底有多少。可是這一萬多本書中，居然沒有一字違礙，很顯然，老百姓不敢把犯禁的那些書獻出來。

既然這個辦法沒有達到目的，乾隆也就不再隱瞞他的意圖了。在開始修《四庫全書》的第二年，也就是乾隆三十九年（1774 年），他直接命令各地大員，「再令誠妥之員前往藏書之家明白傳諭，如有不應存留之書，即速交出」（《清高宗實錄》）。就是說，要派可靠能幹的人，到那些藏書多的人家去查禁書，一定要讓他們把不法書籍交出來。

然而，查書工作進展得十分緩慢。對於這種容易給自己惹麻煩的事，各地官員是能拖就拖，能躲就躲，很不積極。因此乾隆皇帝非常鬱悶，所以他一直尋找機會，想製造一個響動，給全國官員敲個警鐘。王錫侯案，正好撞在了這個槍口上。

當然，說起來，這個案子完全是一起冤案。《字貫》的作者王錫侯是個老實巴交的讀書人，並沒有任何惡意。王錫侯這個人窮苦出身，三十八歲考中舉人後，連續九次會試都落第了。到這一年已經是六十五歲的老頭了。奮鬥一生，騰達無望，又不會做其他生計，沒有生活來源。當時據抄家的地方官彙報，王錫侯家十多口人，而全部家產，把鍋碗瓢盆、小豬母雞統統計算在內，不過六十幾兩銀子，是個非常貧寒的人家。（《清代文字獄檔》）於是他費了好幾年的時間，殫精竭慮，嘔心瀝血，寫了這本《字貫》，打算出版賣錢。沒想到沒賺到錢，卻惹來殺身大禍。乾隆四十二年（1777 年）十一月，王錫侯被押解到北京，刑部比照「大逆」律判決王錫侯淩遲處死。淩遲當然很慘了，乾隆當然心知王錫侯冤枉，自己只是要拿他祭旗，所以大開宏恩，從寬改為斬立決。他的幾個兒子和加上年滿十六歲的孫子一共七個人，斬監候，秋後處決。妻子兒媳及年齡未滿十六歲之孫子，都賞給功臣之家為奴。

王錫侯夠冤枉的了，比王錫侯更冤枉的其實是江西巡撫海成。海成是個旗人，雖然文化水平不高，但對「文字之案」向來十分積極。乾隆禁書令一下，他就查到了好幾十本禁書，本來在全國算是查書成績比較突出的。但是因為這個《字貫》案，乾隆對他窮究不捨，命刑部嚴判，最後給他判了個斬監候，就是死緩。乾隆下旨，坦率地說，他拿海成開刀，給他判得這麼重，就是為了給大家一個教訓，「使封疆大臣喪良負恩者戒」。乾隆在上諭中說：「各省地方務須時刻留心省查，倘所屬內或有不法書籍刊佈流傳，即行稟報督撫，嚴拿重治。」（《清高宗實錄》）就是說，各地官員你們一定要留心查訪，如果遇到有不法書籍，一定立刻上報，從嚴處理。

乾隆的這個恐怖手段果然達到了目的。「《字貫》案」有力地推動了全國各地的禁書運動。各地官員放下手頭其他工作，把禁書當作當前最重要的核心工作來抓。浙江巡撫三寶，就把全省的教職人員都分派回各自老家，讓他們深入各自的親戚家裡，「因親及友，細加訪詢檢查」，到親戚家藉串門的名義，一家家暗訪，進一家，就說，我呢愛看書，看看你們家有甚麼藏書。這樣，親戚們自然就沒有防備心理了。而且三寶還說，誰查到的禁書多，就升誰的官：「將來即以繳書之多寡為補用名次先後。」（《軍機處奏摺》）在三寶的啟發下，各省官員也都命令下屬深入老百姓家裡，甚至跑到窮鄉僻壤的農民家中，逐戶搜查。整個大清王朝幾乎被掀了個底朝天。

每天都有大量的書籍被送到北京。送到北京怎麼辦呢？燒毀。乾隆三十九年（1774 年）開始，紫禁城武英殿前就樹起了一個巨大的字紙爐，不分晝夜地焚燒禁書。

那麼，乾隆燒了多少書呢？史載乾隆銷毀的書籍「將近三千餘種，六七萬卷以上，種數幾與四庫現收書相埒（liè）」（章太炎《哀焚書》）。就是說，他修了一部《四庫全書》，又燒了一部《四庫全書》。歷史學家吳晗因此說「清人纂修《四庫全書》而古書亡矣！」除了焚毀書籍，乾隆還系統地對明代檔案進行了銷毀，因為明代檔案記載了很多不利於他們滿族形象的事情。現在估計有一千萬份明代檔案，被銷毀了。

燒了這麼多書，乾隆還不放心。乾隆認為，不論官員工作多麼過細，也不可能把所有有反清傾向的書都查出來。最好是讓老百姓自己主動悄悄地銷毀家中的藏書，並且以後再也不敢傳播這樣的書。

為了達到這個目的，乾隆皇帝蓄意製造了好幾起冤案。

乾隆四十二年（1777 年），一個叫蔡嘉樹的江蘇揚州人，跑到官府，指控他同鄉的一位已經去世的詩人徐述夔所著的一部詩集《一柱樓詩》「大逆」。

蔡嘉樹與王瀧南一樣，也是一個鄉間無賴，徐述夔已經死了，蔡嘉樹想要霸佔徐述夔家的十幾畝田地，與徐述夔的孫子徐食田打了多年的官司。一看皇帝在查禁書，而且處理得這樣重，他就腦筋一轉，舉報徐述夔詩集中有「忌諱之詞」。

蔡嘉樹為甚麼說這本詩集有「忌諱之詞」呢，因為其中有這樣一句詩，叫做「明朝期振翮，一舉去清都」（《清代文字獄檔》）。翮就是翅膀，意思是說，明天早上我要振起翅膀，展翅高飛，離開這個城市。這句詩，其實並沒有任何不妥之處。然而，案件上報到乾隆那，乾隆卻說，這句詩很反動。乾隆說：「此句乃藉『朝』夕之『朝』作『朝』代之『朝』，且不用『上』、『到』等字而用『去』清都，顯寓欲復興明朝之意，大逆不道至此已極。」（《清代文字獄檔》）就是說，不應該讀明朝（zhāo），應該讀明朝（cháo）。徐述夔想要復興明朝，要幹掉清朝的首都，所以叫一舉去清都。所以，這是非常之大逆不道。因此此案的處理結果也是十分嚴酷的：徐述夔和他的兒子都已經死去多年了，開棺戮屍，梟首示眾。他的孫子徐食田等五人被判斬監候，家產則全部沒收入官。

這樣的案子使全國的人都陷入了恐慌之中，因為家裡只要有書，書上只要有字，就有可能犯了大罪。而且誰都能看出來，乾隆有時是故意不講理。比如湖北黃梅有一個人，叫石卓槐，寫了幾首詩，有一句叫「大道日已沒，誰與相維持」（《清代文字獄檔》），就是說，天下正道不顯，他很憂慮。另一句是「斯養功名何足異，衣冠都作金銀氣」（《清代文字獄檔》），就是說，現在的讀書人啊都太拜金了。這幾句詩，在政治上沒有任何毛病，只不過是一個讀書人發了幾句常見的牢騷，乾隆把他抓起來，凌遲處死，親屬緣坐。還有一個康熙年間的詩人卓長齡，死了好多年了，生前寫了一本詩集，詩集本身沒有任何問題，但是詩集的名字起得不好。甚麼名字呢？叫《億鳴集》。有人說，這沒甚麼問題啊？乾隆說，問題很嚴重，「億鳴」二字，讀起來像是憶明，就是「追憶明朝」。結果卓長齡雖然已經死了，他的孫子卓天柱卻被判了個斬監候，秋後處決。

這樣的文化恐怖政策，收效是非常明顯的。老百姓一看這個形勢，誰家裡還敢藏書？幾乎把家裡的書都燒光了，文人學士也不敢再吟風弄月了，甚至連日記都不敢寫了。朝廷的大臣們甚至相互都不敢通信了。乾隆朝大學士梁詩正六十多歲退休之後，和朋友大談自己做官的秘訣，就是不留任何文字。他說，「一切字跡最關緊要，我在內廷時從不以字跡與人交往，即偶有無用稿紙亦必焚毀。」（《富勒渾奏梁詩正謹慎畏懼摺．繳回朱批檔》）就是說，文字這東西是最容易惹麻煩的，所以我在朝中的時候，不和別人通信。平時寫完奏摺，沒用的稿紙，也一定要燒掉，不留後患。梁詩正的這句話典型地反映了乾隆高壓政策下，臣民們被嚇破了膽的那種心態。

在乾隆朝文化恐怖持續的同時，《四庫全書》也在緊鑼密鼓地進行着編訂。乾隆朝的文化毀滅很慘烈，乾隆朝的文化建設，卻也成就非常斐然。因為禁書畢竟只是乾隆修《四庫全書》的動機之一。與此同時，乾隆想修一部空前絕後的大型類書，想把這部書修得精美絕倫，作為自己在文化上的一座雄偉的紀念碑，這種想法也是千真萬確的。乾隆三十八年（1773 年），四庫全書館正式成立，為了保證書的質量，乾隆任命了一個空前強大的領導班子，總裁副總裁，一共達二十六人，都由皇子、郡王、大學士、軍機大臣、六部尚書等擔任。這就保證了修這部書所需要的任何資源，從財力到物力到人力，都能充分供應。然後，乾隆把當時全天下所有最有名的學者，都請來編這個書，比如大學者紀曉嵐、戴震等，都參與了這本書的編纂。

說起紀曉嵐，大家可能想起的都是他和和珅智鬥的故事。其實紀曉嵐不但是乾隆朝著名的文臣，而且是《四庫全書》的總纂官，在《四庫全書》的編纂過程中，功勞最大的，就是他。稍微誇張地說，沒有紀曉嵐也許就沒有《四庫全書》。

乾隆朝不乏學富五車的文臣，為甚麼乾隆偏偏任命紀曉嵐為《四庫全書》的總纂官呢？

紀曉嵐是河北獻縣人，比乾隆小十三歲，乾隆十九年（1754 年）中進士。他一生都在做皇帝的文學侍從之臣，開始是翰林，後來是內閣學士，從來沒有做過地方官。這一方面因為乾隆皇帝認為，他才能在文學方面，做地方官可惜了；另一方面也可以看出乾隆和他對脾氣，所以一直留在自己身邊。紀曉嵐才思特別敏捷，《清稗類鈔》記載着這樣一個傳說：

《四庫全書》

紀文達體肥而畏暑，入直南書房，即脫衣納涼。高宗欲有以戲之。會紀與同僚數人赤身談笑，忽高宗自內出，已不及着衣，亟伏御座下，喘息不敢動。……

甚麼意思呢，就是說，紀曉嵐這個人很胖，怕熱。夏天在南書房值班的時候，趁皇帝不在啊，經常光膀子待着。乾隆皇帝就想和他開個玩笑。有一天，紀曉嵐正光着膀子和幾個同僚在南書房聊天呢，乾隆突然駕到。紀曉嵐來不及穿衣服，也不能光着見皇上啊，就鑽到皇帝寶座底下去了，想等皇帝走了再出來。乾隆進屋來，大搖大擺，一屁股坐在御座之上，故意坐在那不走，也不說話。紀曉嵐聽外面老半天沒動靜，就伸出腦袋說，老頭子走了嗎？管皇帝叫老頭子。乾隆一聽，說，你為甚麼管我叫老頭子？今天說出道理來還行，說不出道理來，你是掉腦袋的罪過。紀曉嵐急中生智，說，我這是對您的尊稱。為甚麼是尊稱呢，您看哪，您是萬壽無疆，天底下最長壽，那當然是老了。您頂天立地，天下第一人，當然是頭了。你是天子啊，父天母地，所以是子。連起來，可不就是老頭子嘛。乾隆一聽，高興了，不得不佩服他的機智。

紀昀像

當然，關於紀曉嵐的這些傳說，大部分都是人們慕他的文名，後來附會出來的。不過，紀曉嵐博聞廣識，過目不忘，下筆千言，這確實是真的，人們稱他「於書無所不通」（《國朝漢學師承記》），所以乾隆才命他做了《四庫全書》的總纂官，全面具體負責《四庫全書》的編訂工作。《四庫全書》這經史子集的分類法，就是他一手裁定的。在《四庫全書》的修纂過程中，他確實是貢獻最大的一個人。所以《四庫全書》修成之後，乾隆提拔他做了禮部尚書，後來他一直做到協辦大學士，壽高八十二歲而死，在乾隆的眾多文臣中，是下場很好的一位。

當然，在編寫《四庫全書》的過程中，乾隆皇帝本人也投入了巨大精力。紀曉嵐曾經寫過這樣一句話：「巨目鴻綱，皆由欽定，每乙夜親觀，釐訂魯魚，典學之勤，實為自古帝王所未有。」（《四庫全書總目提要》）就是說，《四庫全書》修定的基本原則，是乾隆皇帝親自制訂的。修書的時候，乾隆皇帝經常親自做校對，查錯別字。這樣勤奮的熱愛學術的皇帝，古所未有。應該説，紀曉嵐這段話不完全是吹捧。《四庫全書》修訂過程中，乾隆皇帝親自在裡面挑出許多錯誤之處來，讓這些學者一一修改。

乾隆朝的財力在中國歷史上是最盛的，這些學者的平均能力也是中國歷史上最強的，所以他們修的這個《四庫全書》，在中國文化史上有着特別重要的意義。它對清代乾隆以前的所有文化典籍，做了一次全面的清理和總結。因為這些學者們的挖掘，使好幾百種非常珍貴的已經失傳的古書，又重見天日。很多古書，在流傳的過程中，出現了大量的錯誤，以訛傳訛，這次整理，也基本上都恢復了原貌。

與《四庫全書》這種資料整理工作相適應，乾隆朝開始，清代學術進入鼎盛時期，出現了著名的乾嘉學派。所謂乾嘉，是指乾隆嘉慶這兩個朝代。所以這個學派主要指生活在這兩個朝代的學者的學術風格。乾嘉學派的特點是重考據，在廣泛收集資料基礎上，歸納研究，實事求是地得出結論，出現了很多著名的學者，比如戴震、錢大昕（xīn）、阮元等。這是乾隆朝文化方面的重要成果。

除了這些，乾隆朝的文化成就還有很多。比如文學方面，中國歷史上最偉大的小説《紅樓夢》出現在乾隆朝。戲曲方面，京劇也是在乾隆年間形成的，乾隆五十四年（1789 年），徽班進京，成為京劇形成的起點。從書畫方面來看，著名的揚州八怪，大部分都生活在乾隆年間。除此之外，中國歷史上很多重要的園林，以及重要的城市建設，都是在乾隆年間完成的。比如圓明園在乾隆年間徹底建成，三海在乾隆年間進行了大規模的改建。

那麼，為甚麼乾隆朝的文化取得了這麼大的成就呢？僅僅是乾隆皇帝在文化方面領導有方嗎？不是。文化是上層建築，它需要經濟基礎。乾隆朝的經濟基礎，決定了文化的繁榮。比如，為甚麼歷史上出現了揚州八怪，而沒出現其他甚麼州的八怪呢？這是因為揚州的經濟力量要遠強於其他城市。乾隆年間，揚州鹽商雲集，是全國最富的城市之一。鹽商富豪，都附庸風雅，喜歡搜集字畫。當時有一句諺語，叫「堂前無字畫，不是舊人家」。鹽商特別怕人瞧不起他們，説他們是暴發戶，沒文化，捨得花大錢買字畫，所以揚州八怪就產生了。其實揚州八怪，除了高翔之外，其他七個人比如鄭板橋、金農等人，都不是揚州人。是因為揚州字畫價格高，畫家生存條件好，把他們吸引到揚州了。

所以乾隆朝的經濟發展，是文化繁榮的基礎。比如修《四庫全書》吧，修《四庫全書》，請多少學者，給這些學者多少工資，我們就不說了，我們單算一下，抄寫《四庫全書》需要花多少錢，就知道為甚麼其他朝代修不起這個《四庫全書》了。修《四庫全書》的時候，因為這部書字數太多，你沒法印刷，當時都是雕版印刷，刻不起那麼多木板，怎麼辦，抄。抄的話不能隨便從街上找一個識字的就抄。我們看《四庫全書》的書影，字跡非常之漂亮，所以抄寫的人，小楷功底都是非常深厚的。乾隆要求，抄書人員要由鄉試落第士子當中選擇，就是說，起碼要是秀才，要從中挑書法最好的人。要求他們每人每天最多只能寫一千字。有人說，這寫得太慢了，我一天能寫一萬字。那不行，寫小楷要靜心，焚香沐浴，帶有敬畏之心，才能寫好，寫多了質量就不能保證了。一天只能寫一千字，部頭又這麼大，所以乾隆皇帝一共找了兩千四百八十一人來抄寫。當時工錢，每抄一千字，二點五錢銀子。那麼就可以算一下《四庫全書》八億字，抄了一共七部，一共五十六億個字，用計算器算一下，抄寫費一共是一百四十萬兩白銀，換成今天人民幣幣值，二點八個億。沒有錢的朝代，能抄得起嗎？所以我們說，乾隆朝的文化繁榮，基礎就是它的經濟繁榮。

綜上所述，乾隆朝的文化方面存在着嚴重的兩面性：一方面，確實取得了很多成就；另一方面，也確實毀掉了很多珍貴的古書。乾隆修書和毀書，目的都是一個，穩定清朝的統治。

那麼，大清的江山，真的如同乾隆想像的那樣安定了嗎？

第十五章

乾隆皇帝老了

乾隆皇帝的統治風格，可以明顯地分為三個階段。第一階段，青年時期，乾隆是以寬仁為本。第二個階段，中年時期，乾隆一變而為嚴厲，高壓統治。這一時期，他製造了大量處理結果非常慘烈的案子。那麼，第三個階段，就是老年階段。到了老年階段，乾隆的統治風格又一次發生了劇烈的、一百八十度的大轉彎。那麼，乾隆晚年到底發生了甚麼樣的轉變，這次轉變又是怎麼發生的呢？讓我們從一副對聯講起。

乾隆四十七年（1782 年）初，河南官員彙報，說有一個叫祝萬青的老百姓，在給他家祠堂寫對聯的時候，「詞句悖逆」。他是怎麼寫的呢？對聯內容是「吾祖吾宗，貽厥孫謀；若裔若子，增其式廓」（《清代文字獄檔》），就是說，我們的祖先奠定了非常好的基業，我們這些後代，要不斷地擴大家業。這副對聯寫得很古雅，很對仗，應該說寫得不錯，本來沒甚麼毛病，但是這家人的仇人說，這兩句話，模仿《尚書》中周文王的語氣，口氣

老年乾隆

太大，這樣的對聯，只有皇帝才能用，你普通老百姓怎麼能用呢？所以跑到官府把他給告了，地方官趕緊就彙報給了乾隆。因為乾隆以前一直鼓勵地方官員抓不法文字，誰發現得多，給誰獎賞，所以報上去之後，地方官就在那等着乾隆皇帝的誇獎。沒想到，等來的卻是一頓臭罵。乾隆說，閉着眼睛都能看出這是一起誣告案件：「此等字句，謂之文理不通則可，指為語句違礙則不可。若如此吹求字句，天下何人得自解免？斷不可因此拖累無辜，致長刁風！」（《清代文字獄檔》）

就是說，這樣的字句，你要說寫得文理不通還勉強說得過去，你要說文字有違礙之處，那完全是胡說八道！你要是這樣吹毛求疵，那天底下，所有的人都可能被抓起來，這還了得？以後絕不能這樣隨便抓無辜的老百姓，導致各地誣告的風氣大長！

地方官被乾隆罵得暈頭轉向：他們當然知道這是誣告。可問題是，以前所有的誣告，你皇帝都全力支持，不分青紅皂白嚴懲不貸。哦，今天你突然變啦，變得這麼通情達理，你看你這幾句說得，多麼理智和平！不過你老人家變得太快了，從魔鬼一下子變成天使，我們這些人跟不上啊。

不管地方官們如何偷偷抱怨，反正從乾隆四十七年（1782年）起，所謂不法文字的案件就基本絕跡了，再也沒出現了。腥風血雨終於停息。可以說，這個轉折是非常突然的。

那麼為甚麼乾隆突然變了一個人呢？第一個當然是乾隆感覺他抓不法文字已經達到目的了。乾隆在整個大清王朝厲行禁書，為的是清除民間的反清文字，鏟除老百姓反清復明的思想。那麼從乾隆三十八年（1773 年），到乾隆四十七年（1782年），經過將近十年的徹查，他認為目的已經達到了，老百姓都被嚇破膽了，可以鬆口氣了。

第二個原因，也是更重要的原因，則與乾隆的年齡和心態有關。乾隆四十七年（1782 年），他多大年齡啊？他二十五歲登基，到乾隆四十七年，已經七十二歲，已經是一位不折不扣的老人了。

公道世上惟白髮，貴人頭上不曾饒。雖然貴為天子，乾隆卻一分鐘也不能推遲老年的來臨，不能逃過生老病死這個永恆的規律。

應該説，在中國歷代帝王當中，乾隆本來是身體很好的一個。但是，身體再好，也總要老的，乾隆和我們普通人一樣，中年之後，身體就開始走下坡路。八十五歲那年，乾隆在一首御製詩的注解中曾經説過這樣一句話，「左耳重聽者四十年，左目欠明者亦二十年。」（《清高宗御製詩全集》）一推算，他從四十五歲以後，他的左耳聽力就有所下降。六十五歲以後，左眼視力也明顯下降。

更主要的是精力的變化。乾隆六十多歲的時候，精力還很旺盛，跟年輕人一樣。但是年過七十之後，就明顯出現了衰老跡象。首先是乾隆四十多年起，開始失眠。「寅初已懶睡，寅正無不醒。」（《清高宗御製詩全集》）就是説，半夜三點多就醒了，到四點就再也睡不着了。此外，記憶力也大不如前。清代的規矩，皇帝和官員的帽子分為涼帽和暖帽兩種，夏天戴涼帽，冬天戴暖帽，過去禮法很嚴，到了季節，要挑個日子更換一次。那麼甚麼時候換呢？看皇上的。皇帝戴涼帽，大臣們也馬上換上涼帽。皇帝戴暖帽，大臣們也得趕緊換上暖帽，有一年初秋乾隆從熱河回到北京，天氣變冷了，他就換上了暖帽，大臣也紛紛效仿。過了幾天，天氣突然又回暖了，乾隆又戴上涼帽，大臣們也只好忙着換帽子。禮法規定一季之內只能換一次。乾隆很奇怪，說你們為甚麼這樣換來換去，豈不是壞了規矩嗎？還沒等大臣回答，乾隆自己想了起來，苦笑着說，「不怨大臣，是朕年老所致也」。哎，我年老糊塗了。這是《清高宗實錄》記載的一件小事。

其實這還算是好的，到了八十歲之後，乾隆的記性就更差了。「昨日之事，今日輒忘；早間所行，晚或不省。」（《清高宗實錄》）就是說，昨天做過的事，今天就忘了。早上批准的事，晚上就忘了。還經常出現這樣的情況：「皇帝早膳已供，而不過霎時，又索早膳。宦侍不敢言已進，而皇帝亦不覺悟。」（《朝鮮李朝實錄》）就是說，有的時候，吃完早飯不過十五分鐘，乾隆又說，怎麼還不給我上早飯啊？快開飯啊，我餓了。太監們也不敢說您老人家剛剛吃過啊，只能馬上再上一桌子，乾隆再坐在那，再吃一頓。到了晚年，乾隆的記性已經差到這樣了。

以上我們講的是乾隆生理的變化。隨着生理的老化，乾隆心理和性格也發生了明顯變化。

心理學家說，人到老年，由於身體機能的退化，性格也會由外傾轉為內向，由主動轉為被動。一般來說，我們年輕的時候，精力充沛，喜歡積極進取。老了之後，力不從心，往往就求穩怕亂，變得越來越被動、越來越隨和。

所以到了晚年，乾隆皇帝的性格和作風，就發生了明顯變化。

第一個變化，是由繁到簡。

七十多歲以前，乾隆從來不怕政務繁重，總感覺工作太少，不夠自己幹的。到了晚年，可不一樣了。面對每天堆的小山一樣的奏摺，乾隆越來越感覺力不從心。所以七十歲以後，乾隆不停地要求地方官員彙報情況時，要簡明扼要，奏摺是越短越好。他經常訓斥地方官總拿小事來麻煩他，説這是「奏事瑣細，徒滋煩擾」。這種情況在以前，是從來沒有出現過的。

第二個變化，是由嚴厲到仁慈。

我們在生活中，經常會遇到這樣的情況。一個人年輕的時候，脾氣很暴，大伙都怕他。但是等他上了歲數了，就隨和了。乾隆也是這樣。越到晚年，乾隆的脾氣就越好。我們可以打個比方，剛即位的乾隆，如同早上初生的朝陽，很明亮，又很溫和，不太熱，大家都感覺很舒服。但是到了中年之後，他就變成了一輪正午的烈日，赤日炎炎，對社會每個階層都很嚴厲，所以大清王朝的臣民，都感覺有點受不了，像樹葉，都被他曬蔫了。不過進入晚年之後，又變成了一輪快要落山的夕陽，又一次變得溫暖和煦。這種變化，從他對死刑犯的態度上體現得最為明顯。乾隆剛即位的時候，對死刑非常慎重，全國各地報上來的死刑犯需要他批准之後才能執行，他大部分都批成了死緩。但是從乾隆十三年（1748 年）起，他對老百姓突然變得特別殘酷，凡是報上來的死刑犯，他全都核准，立刻執行。然而從乾隆四十八年（1783 年）起，乾隆又恢復了早年的仁慈作風，多次將全國幾千名死刑犯全部批成死緩。

在這種情況下，乾隆皇帝對那副對聯高抬貴手，從此停止製造文字冤案，也就可以理解了。已經殺了那麼多人，燒了那麼多書，他覺得可以罷手了。

第三個變化，是從積極進取、謙虛謹慎，變成了驕傲自滿、自鳴得意。

乾隆四十五年（1780年），他正好七十虛歲。中國有句古話，人生七十古來稀。所以七十歲是一個標誌性的年紀，標誌着一個人徹底步入老年，這一生也基本可以蓋棺論定了。所以以前不怎麼過生日的乾隆，對自己七十歲的生日非常重視。他在生日的時候，不但給自己鐫刻了一方「古稀天子之寶」的玉璽，還寫了一篇叫做《古稀說》的文章。對自己的一生，做了一個總結。

這篇總結是怎麼說的呢？乾隆對自己的功業，是怎麼判斷的呢？乾隆說：

> 三代以下，為天子而壽登古稀者，才得六人。至乎得國之正，擴土之廣，臣服之普，民庶之安，雖非大當，可謂小康……

意思是說，中國自秦始皇以來，兩千年間，活到了七十歲的皇帝不過才六個人。這六個人中呢，漢武帝晚年犯了很大錯誤，梁武帝不得善終活活餓死，唐明皇李隆基時爆發了安史之亂，宋高宗則偏安一方，無力收復故土，因此都算不上甚麼偉大的皇帝。只有元世祖和明太祖算得上是真正的成功人物。不過他們武功有餘，文治不足，統治上還是有缺陷。只有乾隆一朝，從方方面面看，都超越了前古，領土最廣，向大清表示臣服的國家最多，老百姓的生活最安定。雖然稱不上大同，但已經可以稱得上小康。

而且歷代傳統政治中的那些重大弊端，都不存在了：曰強藩、曰外患、曰權臣、曰外戚、曰女謁、曰宦寺、曰奸臣、曰佞幸，今皆無一彷彿者。就是說，強大的地方分裂勢力、敵國外患、權臣、外戚、後宮、太監、奸臣、小人，在我乾隆一朝都已經消滅。

「夫值此古稀者，非上天所賜乎。」所以我乾隆，不光活到了古稀之年，而且我的統治成績，確實也是「古來稀有」，這是上天保佑的結果。

這篇文章，充分反映了乾隆的志得意滿。如果說，乾隆二十四年（1759 年）登上盛世頂峰後，乾隆並沒有懈怠，而是再接再厲完善自己統治的話，那麼到了乾隆四十五年（1780 年）寫這篇文章的時候，乾隆終於認為，自己的統治已經盡善盡美，可以大大地鬆一口氣了。所以我們分析乾隆的行事作風，乾隆四十五年（1780 年）前後，是一個關鍵的變化點。乾隆四十五年以前，他總是不停地尋找自己統治的漏洞，打個比方，就好比在體育比賽中，他是用爭冠軍的心態來保冠軍。但是到了乾隆四十五年，乾隆的心態發生了明顯變化，他認為自己的歷史地位已經徹底奠定，自己的統治已經找不到甚麼缺點了。所以心態就變成保了。

第四點變化，與我們剛剛說的心理變化有關。就是生活上從節制，到過度。有一句話說，氣可鼓而不可泄。進取之心一旦衰退，享樂的慾望就會湧上心頭。

在乾隆四十年（1775 年）以前，乾隆皇帝雖然也很講究生活品位，喜歡收藏，但是他的生活享受，基本上沒有超過康熙和雍正立下的規矩。他的主要精力，還是放在國務上的。但是從乾隆四十多年開始，乾隆越來越沉溺於享受生活，越來越癡迷收集奢侈品。身體的種種變化，提醒乾隆，人生已經接近尾聲。夕陽無限好，只是近黃昏。再不抓緊時間享受一下，就來不及了。

所以我們說，在乾隆四十五年（1780年）前後，乾隆的統治方針發生了一次的重大轉變。總體上來說，政治上從嚴轉寬，生活上由儉入奢。

那麼乾隆個人心態和性格的變化，僅僅影響了他自己嗎？當然不是。乾隆個人心態的變化，不可避免地，對清朝的政治、對全國的局勢，甚至對整個中國歷史的走向，都產生了重大影響。

德國哲學家黑格爾在分析中國傳統政體時説過這樣一句話，他説，在中國，因為皇帝控制着一切，所以皇帝就是整個國家的靈魂。只有皇帝這個「不斷行動、永遠警醒的『靈魂』」存在，國家才能向上，進取。假如皇帝懈怠了，精力不再集中了，那麼這個國家，就如同一個人沒了靈魂了。「假如皇帝的個性竟不是上述的那一流，那麼，一切都將廢弛，政府全部解體，變成麻木不仁的狀態。」（黑格爾《歷史研究》）

黑格爾的這段話，幾乎是對乾隆晚年政局一字不差的描述。確實，在傳統集權政治中，皇帝就是整個國家的神經中樞，所以官僚體系的精神狀態，就是皇帝一個人精神狀態的延伸。皇帝如果十二分勤奮，官僚體系也許會達到八分的勤奮。但是，如果皇帝有三分懈怠，到官僚體系那兒，就會擴大到九分。所以中國古代傳統政治的一個規律就是，一個統治者的心境變化，可以使整個國家面貌發生根本性的改變。

那麼乾隆心態的變化，對大清官僚體系，就產生了如下的影響。

第一是懶。乾隆晚年，懶惰之風在乾隆朝官場上迅速蔓延。乾隆希望地方官在地方上不要主動挑起矛盾。不擾民，不生事，不要你們再有甚麼大的成績，保持現在這個樣子就很好了。既然皇帝喜歡清靜，那麼地方大員們當然更樂於高枕無憂，多一事不如少一事。所以乾隆四十五年之後，興起了一股懶政風。官員們遇到公事，層層推諉，一層一層向下轉批。總督和巡撫轉批給司員和道員，司員和道員轉批給知州知縣，層層拖延，誰都不着急。

比如乾隆四十三年（1778 年），湖北江陵縣發生了一件搶劫案。一群地痞流氓搶劫了附近一個富有的寡婦家，寡婦認出了搶劫者是誰，當即報官。此案證據確鑿，情節清楚，很容易處理。可是當時的縣令卻懶得審理，將嫌犯取保了事。後面相繼接任的四任縣令在十年內「均不嚴究」，這樣一個小小案件，換了五任地方官，還沒有結案。乾隆聽說後，也不禁大為惱火，說：「足見湖北吏治廢弛已極。」（《清高宗實錄》）

第二是軟。除了懶，乾隆朝後期政風懈怠的另一個表現是軟。乾隆晚年，心態越來越仁慈，對官員越來越寬容，對於那些貪污的官員，也經常拖着不處理。有的大臣被革職十多次，卻還仍然上班領工資。皇帝既然崇尚寬仁，不願殺人，官員中老好人自然越來越多。他們在處理案件時，「於一切審擬案件，有意寬減」（《乾隆聖訓》）。就是不管甚麼性質的案件，都從寬處理。更有甚者，連搶劫這樣的重案也「多所遷就，致兇頑不知懲創」（《乾隆上諭檔》），讓兇手得不到處理。

這樣一來，政府對社會底層的控制力就大大減弱了，社會治安越來越差，社會動盪不可避免再度抬頭。這是後來白蓮教起義爆發的一個重要原因。

第三是官場上送禮之風的興起。

我們說，送禮，是中國古代官場上痼疾之一。乾隆剛即位，就明確規定，官場之上，不得以送「土特產」的名義給上級送禮。由於乾隆一直抓得很緊，所以在他統治中前期，送禮風基本剎住了。

然而，到了晚年，乾隆朝請客送禮之風迅速升溫。乾隆六十年（1795 年）的時候，發生了一起大案，福建巡撫浦霖貪污案，在這個案子當中，抄浦霖家的時候，查出了很多如意，其中僅「三鑲玉如意」大小就一共一百五十七柄。我們知道，玉如意，是非常珍貴的物品，價錢很貴。一下子查到了這麼多如意，讓乾隆皇帝驚訝不已，下旨問浦霖，你家裡弄這麼多如意幹甚麼？其實答案很簡單，有的是別人送他的，有的是他準備送別人的。可見那時送禮風已經多麼嚴重。

送禮之風也就帶動了奢靡之風。乾隆晚年，官場風氣越來越奢侈，官員們生活是越來越講究。最典型的就是大貪官王亶望。王亶望是山西臨汾人，早年是個舉人，後來通過捐官走上仕途。因為會鑽營，官運亨通，十幾年後就做到了浙江巡撫。在浙江巡撫任上，他在吃上是非常講究。其實他的食材倒是非常普通，不過是吃點驢肉、鴨肉甚麼的，不過他的吃法很特別。他講究一個「鮮」字，所以「廚中有專飼驢者，蓄數驢，肥而健。中丞（即『巡撫』）食時，若傳言炒驢肉絲，則視驢之腴處，取一臠烹以獻……」（《清代述異》）

就是說，他喜歡吃驢肉絲。所以家裡專門給他養了好多驢，用最好的飼料，養得肥肥的。等他想吃的時候，就專挑肥的地方，割下一塊來。就是活着把肉割下來。割下來驢很疼，血流了一地，怎麼辦？用烙鐵燒紅了，燙那個傷口，血就止住了。為甚麼要這麼吃呢？因為王亶望只吃活驢肉，不吃死驢肉，要求從驢肉割下來到炒成絲，不得超過一刻鐘，所以廚師發明了這個辦法。

他吃鴨子呢，只吃填鴨。這些鴨子要他的廚師專門飼養。怎麼飼養呢？把鴨子放到大的黃酒罈子裡，讓鴨子只有露在外面的腦袋能動，其他地方都不能動。這樣養上一段，據說鴨肉嫩得如同豆腐一樣。

這樣講究的不止王亶望一個人，在乾隆晚年，很多大臣都像王亶望一樣，在生活上是窮奢極慾，比王更奢侈的人是比比皆是。

那麼，早年本來很好的官場風氣，為甚麼到了乾隆晚年突然變壞了呢？

其實風氣變壞，是乾隆皇帝自己直接帶動起來的。

首先乾隆大肆收受貢品，帶動了乾隆朝官場的送禮風。

甚麼叫貢品呢，就是各地臣子把當地土特產貢獻給天子，讓天子享受。《尚書・禹貢》說：「任土作貢。」所以這是一項很古老的制度。

乾隆皇帝剛即位的時候，大樹勤儉之風，以拒絕進貢而聞名。乾隆說自己身處父喪之中，無心享樂，所以不必進貢。這道詔書說明乾隆打算從嚴要求自己，過艱苦樸素的生活。

但是到了中期，乾隆開始收受貢品了。乾隆十六年（1751

年），進貢的大門被第一次打開。因為乾隆十六年，他舉行了首次南巡，同時當年又值太后六十大壽，乾隆下旨說，因兩逢盛典，許多大臣一再要求進獻貢物，以表微忱。如果他一概拒絕，似乎不近人情。因此對進貢物品「不得不量存一二」（《清高宗實錄》）。挑幾樣收了下來。

乾隆對待貢品的態度為甚麼發生這麼大的變化呢？真的是因為兩逢盛典，不得不收嗎？其實不然。開始收貢品，標誌着乾隆認為自己的統治很有成績，可以一定程度上享受一下生活，可以工作生活兩不誤了。

所以從乾隆十六年（1751 年）到乾隆四十五年（1780 年）左右，他一直收受貢品。不過這個時期，他收受貢品是在歷代慣例之內，他的主要精力還是主要放在治國上，對物慾還是比較有節制的。

然而乾隆四十五年（1780 年），皇帝七十大壽，情況可完全不同了。我們說過，到了七十歲，乾隆皇帝才突然發現，自己已經沒多少時間來享受生活了。所以從這次辦壽，乾隆開始大肆收受貢品。朝鮮使臣曾經記載，乾隆四十五年（1780 年）七十大壽時，他在大清國一路所見的進貢景象把他和他的小伙伴們驚呆了。他說，北京附近，各地進貢的大車據不完全統計多達三萬輛。「每車引馬騾六七頭，上插小黃旗，皆書進貢字。」每輛車用六七頭騾子拉着，上面都插着小黃旗，上面寫着大大的貢字。因為車太多了，所以交通堵塞，到了晚上，只能在路上就地休息。「篝火相望，鈴鐸動地，鞭聲震野。」（朴趾源《萬國進貢記》）好幾十里路上，都是進貢大車點起的篝火，一眼望不到邊，好不氣派。所以乾隆四十五年，七十大壽，進貢浪潮席捲了整個大清王朝。這次生日，僅金佛，乾隆就收了一千多尊。

在這次生日之後，乾隆收受貢品就更過分了，他對貢品的癡迷幾乎已經達到一種病態。歷代進貢在資格和時間上都有嚴格的規定。清代本來只有總督和巡撫才有進貢的資格，進貢的時間也只限於三節。哪三節呢？冬至、元旦，還有皇帝生日。冬至在中國古代是非常重要的節日。然而到了乾隆晚年，這些規矩都被打破了。為了多要些貢品，乾隆宣佈，我加恩給普通官員，只要是三品以上，都可以進貢。一年三節的限制也被打破了。除了三大節，端午節、上元節、重陽節，大臣們也都可以進貢。除了這些之外，大臣們還琢磨着皇帝的心思，開動腦筋，集中智慧，創造出了無數進貢的理由：皇帝出巡，經過的地方，大臣迎駕進貢，稱「迎鑾貢」。皇帝每年去熱河避暑，所謂木蘭秋獮，大臣們進貢，稱「木蘭貢」。大臣們進京覲見皇帝，所獻貢品稱「陛見貢」。皇帝提拔了他，所獻貢品，稱「謝恩貢」。……有時，皇帝想要某種東西，又實在沒有藉口，就乾脆稱「傳辦貢」，我傳旨下去，你們給我辦就是了。

隨着老皇帝越來越迷戀收貢品，越來越多的封疆大吏把正事推到一邊，集中精力為乾隆皇帝購買製造奢侈品。越到後期，官員們進貢的次數就越多，所獻貢品就越昂貴。那麼這股進貢之風的興起，是打開乾隆朝腐敗大門的鑰匙。

送給乾隆的這些貢品，每一件都是價值連城。比如，乾隆喜歡那種鑲了珍珠的玉如意，大臣們每到節慶都給他進獻。那麼一柄這樣的玉如意多少錢呢？檔案記載，當時一柄不嵌珍珠的玉如意，值銀子是四千兩。而當時廣東珍珠價格，重四分的珍珠，一顆值銀子五千兩，重五分的則需七千兩，如果大到像龍眼果那樣的重三錢的大珠，值兩萬兩白銀。那麼，一柄玉如意，少則一萬兩，多則三萬兩。而乾隆朝普通官員俸祿，一年不過三五百兩。給皇帝的進貢的錢哪來呢？羊毛出在羊身上，當然是老百姓出。

因為進貢之風的盛行，乾隆年間的官場上出現了「幫貢」一詞，即有權進貢之大臣叫下屬幫助其「購買物件」，以「孝敬皇上」。這一新詞彙光明正大，而且十分光榮，頗有凝聚全體官員對乾隆皇帝的無比熱愛之義。實際上卻成了乾隆朝貪污腐敗的新方式。因為送給皇帝的禮物，從採購置辦到送進大內，往往過程不公開，賬目不清楚，雲霧重重，機關多多。事實上，送到皇帝手裡的一萬兩，可能意味着督撫們從州縣官員那裡剝削了十萬兩，而州縣們則完全有可能從老百姓那剝削了百萬兩。一張巨大的非法汲取之網就這樣以「進貢」為由頭編織而成。

所以乾隆晚年貪圖享受，帶動了乾隆朝整個官場的迅速腐敗。那麼有的人可能會問，乾隆要是享受的話，為甚麼非要收貢品呢，這副作用多大啊？想要甚麼，他自己花錢買還不行嗎？自己買還真不行，因為乾隆沒有錢。清朝的財政體制對他有嚴格的限制。

第十六章

和珅的崛起

講乾隆朝的歷史，我們就不能不提到一個人物，和珅。這個人的出現，和乾隆一朝由盛轉衰，關係非常緊密。換句話說，他是乾隆王朝從極盛到衰落的最直接的推手。

我們前面講過，乾隆皇帝大肆收受各地官員送給他的貢品，甚至到了失態的地步。有人說，皇帝想要享受，自己買還不行嗎？為甚麼非要大臣給自己送呢？

自己買啊，還真不行。為甚麼呢？因為乾隆沒錢。

有人說，皇帝怎麼還可能沒錢？皇帝富有四海，整個天下都是他的，整個國庫都是他的啊！

以前朝代也許可以這樣，清代不是如此。清代在整個中國古代史上，是比較特殊的一代。清代是整個中國古代史上，治理水平最高，皇帝整體上自我約束能力最強，也比較節儉的朝代。比如許多人都到明十三陵和清東陵、清西陵去玩過，一對比就看出來了。清代的皇陵，整體上都比明代的規模要小，沒有明代的氣派。再比如，明代太監的數量，一度達到十萬人之多，而清代呢，多的時候也不過三千人。

和珅像

因此清代，國家的收入，和皇帝個人的收入，從順治初年開始，就是嚴格分開的。順治初年，清王朝設立了一個機構，叫內務府。這個機構，是服務於皇帝個人生活的，相當於皇室的大管家。國家的收入入國庫，由戶部，也就是財政部來管。而皇帝個人的收入，歸內務府來管。也就是說，從那時開始，皇帝就有了自己的固定工資，收入來源固定化了。

那麼清代皇帝的個人收入，都從哪來呢？主要來源於三個部分：第一，皇帝在各地有皇莊，這些皇家莊園每年出產的東西，是皇帝的主要收入。清代的皇莊主要設在北京附近，和東北地區，相當於清代皇家的「特供農場」，生產優質無公害的豬羊雞鴨、瓜果梨桃和大量蔬菜，供皇家日常基本消費。第二，皇莊的收入要是不夠花，就要讓內務府通過經商、放貸等方式，給皇帝創一點收來補貼生活。因此清代皇帝允許內務府對商人發放高利貸，出售部分特許商品的經營權來賺錢。比如清代人參和貂皮的貿易權，是由皇室壟斷的。這是內務府收入的一個主要來源。

有時候，為了增加點收入，皇帝個人還親自派內務府的人去做買賣，想多賺點錢。比如乾隆皇帝在創收上就曾經動過很多腦筋。檔案記載，乾隆為了賺點錢自己花，曾經派內務府的大臣，先後十一次，到外蒙恰克圖地區去採購大批俄羅斯皮貨，買了大量的貂皮、海龍皮、灰鼠皮等等名貴品種的皮貨。買來之後，乾隆派人到南方去賣這些皮貨，還命令內務府在北京開設了幾家皮貨店，來賣這些皮貨，想大賺一筆。但是內務府的大臣們無能，他們一是不太了解市場行情，買來的東西不太符合中國內地消費者的胃口。二是一下子買太多了，供大於求，搞得當時北京城皮貨價格迅速下跌，結果賠了一大筆錢，這是《清代內務府檔案》明確記載的一件事。

因此，在這樣的背景下，各地大臣給皇帝進的貢品，就非常重要，就成了清代皇帝個人收入的第三個部分。以前朝代，各地進貢多少，對皇帝生活影響不大。但是清代皇帝的生活質量，卻與貢品多少直接相關。所以我們就能理解為甚麼乾隆皇帝後來會那麼拚命地收貢品。

雖然大量收受貢品，但是乾隆皇帝還是感覺錢不夠花。因為越到晚年，乾隆越大手大腳。他是中國古代歷史上最大的收藏家，喜歡字畫、古玩、古玉甚麼的，這些東西，不能光靠進貢，因為許多好的古玩，都藏在老百姓家裡。所以有時候，得皇帝自己派人到民間去買，每年需要大量的錢。可是內務府能提供的錢很有限。所以越到晚年，乾隆越感覺手頭緊，錢不夠花，需要一個理財專家。

就在這個時候，和珅出現了。

乾隆四十年（1775 年）秋天，乾隆出巡山東。在傳統時代，交通不便，皇帝出巡其實也是挺沒意思的，沒有今天國家元首的專車專機之類，在御轎裡沒法看書看報看電視，一坐就是一整天。所以乾隆一邊走着，一邊就把大轎的側簾拉開。往外一看，在旁邊騎着馬隨行的侍衛裡，有一張新面孔。二十多歲，白皙清秀，長得挺漂亮，騎在馬上，風度翩翩。乾隆就跟他聊起天來了。問他，你多大了，姓甚麼叫甚麼，甚麼時候進的宮，在哪當過差？這位侍衛回答他，我二十六歲了，姓鈕祜祿氏，名字叫和珅，進宮當差已經三年了，今年剛剛被選為乾清門侍衛，頭一次陪您出差。

這個年輕人回答完，乾隆對他感興趣了。不是他回答的內容有甚麼特別，而是這個年輕人的神情態度讓乾隆很注意。一般來説，普通人，第一次跟皇帝説話，肯定都會緊張得要命，有的人還乾脆説不出一個完整的句子來。可是這個鈕祜祿氏和珅，回答皇帝，語言流利而得體，態度恭敬又從容，一點也不緊張，不慌亂。乾隆開始對他感興趣了，又問他，讀過書嗎？和珅説，自己十八歲那年曾參加過一回鄉試，沒能中舉。

乾隆問道：「能背汝文乎？」就是「當年的卷子，還能記得幾句嗎？」

和珅説能啊，於是「隨行隨背，矯捷異常」(《歸雲室見聞雜記》)，邊走邊背，一會兒工夫，居然把八年前的卷子從頭到尾全背了下來。

乾隆皇帝大為驚異，那心情，就像是《紅樓夢》中王熙鳳之初見丫環小紅的場景一樣。乾隆於是就讓人查一下，這個和珅是甚麼出身和背景。一查，這個和珅，是滿洲正紅旗人，也算世家出身，他父親常保，做過福建都統，也就是相當於今天的省軍區司令。所以從小，他在一個貴族學校，當時叫咸安宮學，就是皇帝專門給八旗官員後代辦的學校裡讀書。不過常保去世比較早，所以家道中落，家裡一度很窮。乾隆三十七年(1772 年)和珅通過自己親戚的關係，託人進宮當了侍衛，今年已經是第三年了。

乾隆一看，和珅家世清白，背景良好，很滿意，就試着派他給自己辦了幾件事。比如，這次出巡山東，與地方官員接洽、安排食宿、採買物品，都由和珅負責。結果幾件事辦下來，乾隆發現，這個和珅不一般，善解人意，周到細緻。乾隆是大喜過望。

到這一年年底，也就是乾隆與和珅第一次見面後三個月，乾隆任命和珅為御前侍衛，兼副都統。這可不簡單。和珅原來是三等侍衛，從五品，僅僅三個月，就變成了御前一等侍衛，而且還兼副都統。這是一個很大的官。我們說過和珅的父親常保，做過福建都統，也就是相當於今天的省軍區司令。那麼，副都統，就相當於今天的省級軍區副司令，是正三品的官員。從從五品到正三品，和珅一下子就連升六級。

這還沒算完。第二年，乾隆四十一年（1776年）正月，二十七歲的和珅被任命為戶部右侍郎，就是相當於今天的財政部副部長，成為二品大員。三月，又成為軍機大臣，相當於今天的政府副總理。四月，兼內務府總理大臣，就是內務府的最高長官，成了皇帝的大管家。

所以和珅的升遷，已經不能說是坐直升機上來的，只能說是坐火箭上來的。在中國古代史上，升遷如此之快的，實在是絕無僅有。

那麼，和珅為甚麼能夠如此受乾隆的賞識，一年之內，連升十級呢？

這個，在野史上有許多說法。有的說，是因為和珅跟乾隆的一個已經死去的妃子長得特別像，乾隆非常寵愛那個妃子，妃子死後念念不忘，結果遇到和珅，就把他當成了那個妃子轉世，寵愛不已。言外之意，就是和珅成了乾隆的好基友。

還有的說，是因為和珅投乾隆所好，上學的時候就苦練書法，專門效仿乾隆的筆體，字寫得跟乾隆一模一樣，所以得到乾隆的歡心。

以上這些野史傳說，應該說，都是胡編亂造出來的，不着邊際。

如果我們從政治心理學分析，乾隆喜歡和珅，其實很簡單，那就是乾隆晚年的獨特心態，和珅現象不過是乾隆晚年特殊心理需要的產物。

乾隆晚年有甚麼特殊心態呢？晚年的乾隆被兩個矛盾的問題所困擾：一個是大權獨攬的政治信條和每況愈下的健康狀況，一個是不斷氾濫的物慾和「不增加百姓負擔」的承諾。

我們先來看第一個矛盾。我們說過，乾隆政治的第一信條是大權獨攬，這個權絕不能給別人奪去。儘管乾隆晚年，健康狀況已經越來越難以支撐日常政務，但乾隆從來沒想過把大權分擔給朝中的這些大學士、軍機大臣之類的重臣。因為他深知這些人在朝中經營多年，根深葉茂，社會關係太廣。一旦你把大權交給某個人，很容易引來大批依附者，形成朋黨，導致混亂。所以為了保證在年老體衰的情況下還能做到大權獨攬，乾隆迫切需要一根得心應手的拐杖，或者說，一個有能力的貼身秘書，幫他處理日常政務，執行具體決策。這個人應該具備這些條件，第一應該在朝中沒根沒底，沒幫沒派，沒有甚麼資歷。這樣，才會俯首帖耳，絕對忠於皇帝。第二，更重要的是，他必須才華出眾、辦事利落，能夠實際代替皇帝處理一些複雜事務。

而和珅，正好符合這些條件。

我們知道，和珅在乾隆死後，被嘉慶皇帝抓起來，賜了自盡。就在死前頭三天，和珅在監獄裡回顧自己的平生，寫下了這樣一首詩：

星辰環冷月，縲紲（léi xiè）泣孤臣。

對景傷前世，懷才誤此身。（馮佐哲《和珅評傳》）

甚麼意思呢？就是說，天上的寒星伴着冷月，地下，我孤零零地關在監獄裡。看着這樣淒涼的景象，回憶自己的一生，我得出一個結論：我的才華，害了我。

應該說啊，「懷才誤此身」這五個字，並非完全是和珅對自己的開脫。和珅這個人，確實當得起「才華橫溢」四個字。他有三點讓乾隆不得不用他。首先他知識素養很好。我們說過，和珅年輕時代曾就讀於咸安宮學。這個學校是當時最好的一座貴族學校，以招生條件嚴格和教育質量出眾而聞名。清《文獻通考》說：「雍正七年，設立咸安宮學，俊秀學童可以學習者選九十名，令其讀書。其教習着翰林院於翰林內選九人。」就是說，這是雍正皇帝親自下令設立的學校，規模非常小，學生只有九十人。老師呢，非常厲害，都是翰林，九個人。一個翰林帶十個學生，你說這質量能差嗎？所以能考進這個學校，從某個側面證明和珅的天姿是非常出眾的。咸安宮學的目的是給朝廷培養高級政治人才，所以課程設置很合理，課程包括經史、少數民族語言、書畫、武功騎射和火器。在這個學校裡，和珅是一個品學兼優的學生，學習比別人都刻苦。為甚麼呢？我們說過，和珅的父親雖然做過都統，但是在他很小的時候，父親就去世了，所以家道中落，一度很貧寒。所以他知道，只有把書讀好，他才可能出人頭地。因此他是學生中最努力的。

因此畢業的時候，他精通了滿、漢、蒙古、藏四種語言，於經史典籍無不涉獵，不但文字功夫出眾，並且武功騎射基礎也相當不錯。

所以這些，完全符合乾隆的需要。這樣，他就可以給乾隆做一個出色的貼身秘書，替他處理各種文案事物。後來，乾隆五十三年（1788 年），清朝派兵鎮壓了台灣的林爽文起義，在這個過程中，和珅作為機要秘書，給乾隆提供了很有價值的政策建議。起義平定後，乾隆皇帝特意賜詩和珅：

大學士三等忠襄伯和珅：承訓書諭，兼通清漢。旁午軍書，惟明且斷。（《清高宗實錄》）

就是說，和珅作為我的秘書，處理文件，出了大力。特別是他精通滿語，所以處理軍事文件，十分迅速。

所以「兼通清漢」是和珅的一項重要政治資本。乾隆朝最重要的政治文書，都是用滿文寫成的，特別是涉及軍事機密的。這實際上就把許多漢大臣排斥在了最高決策圈之外。乾隆朝唯一參與最高機要的漢大臣張廷玉，也精通滿文，因為他中進士後曾經專門學習滿語。及至乾隆晚年，大臣中兼通滿漢，而且對事情又有眼光有見解的，只有和珅一人了。

所以乾隆五十六年（1791 年），在另一場戰爭，平定廓爾喀戰爭後，乾隆又下旨獎勵和珅說：「去歲用兵之際，所有指示機宜，每兼用清、漢文。此分頒給達賴喇嘛及傳諭廓爾喀敕書，並兼用蒙古、西番字者，殊難其人，惟和珅承旨書諭，俱能辦理秩如。」（《清高宗實錄》）就是說，去年用兵的時候，我下的指示，有的是漢文，有的是滿文。而頒給達賴喇嘛等地方首領的詔書，用的是藏文和蒙古文。漢滿藏蒙這四種文字都精通的人，實在太難找了。只有和珅一個人，四種兼通，所以幫我把這些事辦得都很好。

所以説，和珅是有真才實學的，不是光靠鑽營功夫上去的。

以上，我們説的是和珅的智商，符合乾隆的需要。這是第一點。那麼除了智商外，和珅的情商還特別突出。和珅這個人，性格很活泛，全面發展，業餘興趣也十分廣泛，所以他琴棋書畫無所不通，特別是詩寫得特別好。

當時的大詩人袁枚曾經這樣誇和珅：「少小聞詩禮，通侯即冠軍；彎弓朱雁落，健筆李摩雲。」（馮佐哲《和珅評傳》）就是説他文武雙全，特別是詩歌寫得好，這樣和乾隆能夠唱和。

更讓乾隆感覺舒服的，是和珅特別善於與人相處，總能使對方感覺愉快。史書記載，和珅「行止輕儇（xuān），不矜咸儀，言語便給，喜歡詼諧，然性機敏，過目輒能記誦」（《秦鬟樓談錄》）。就是説，他身上沒有知識分子那種書呆子氣，性格外向活潑，還特別愛開玩笑。

第三呢，和珅辦事幹練，善解人意，凡事從不用皇帝廢話。比如乾隆四十五年（1780 年），他充任欽差大臣赴雲南查辦雲貴總督李侍堯貪污案，他辦得非常好，分寸拿捏得恰到好處，既迅速地查出李侍堯的罪證，把他定了罪，又沒有涉及其他任何人，保持了當地穩定。所以這種處理方法非常符合乾隆的心意。

所以和珅這個人很不簡單。我們現在一提到他，就只説他是大貪官。事實上，和珅也做過很多正面的事，比如在乾隆後期，他參與主編了《四庫全書》《大清一統志》《三通》等大型叢書。因為精通多種語言，所以和珅實際上也充任了當時的外交部部長。英國使臣馬戛爾尼後來在回憶錄中評論和珅說，和珅在談判中「保持了他尊嚴的身份」，說和珅「態度和藹可親，對問題的認識尖銳深刻，不愧是一位成熟的政治家」。（斯當東《英使謁見乾隆紀實》）

所以歷史上一些野史把和珅描述成一個小丑式的人物，應該說是不合情理。和珅這個人，應該說還是有點深度的。和珅後來被賜死那天是嘉慶四年（1799 年）正月十八日，和珅見到皇帝賜的白練之後，一點也沒緊張，索要一支毛筆，在上面題詩一首：

五十年來夢幻真，今朝撒手謝紅塵。
他時水泛含龍日，認取香煙是後身。（馮佐哲《和珅評傳》）

就是說，五十年的生命，如一場夢幻，如今，我就要告別這萬丈紅塵了。以後當太陽照在河水上的時候，那河上升起的霧靄，就是我的化身。

你看，一個在臨死前能寫出這樣充滿禪意詩句的人，應該是個有一點深度，有一點悟性，有一點定力的人。

以上我們介紹的，是和珅經國理政的才能。僅只有這些才能，已經足以使老皇帝乾隆離不開他了。更何況除此之外，和珅還有另一項天賦，那就是理財。

我們說過，乾隆晚年面臨的兩個矛盾之一，就是不斷氾濫的物慾和「不增加百姓負擔」的承諾。他既要享受生活，又不想破壞既定的財政制度，給老百姓留下甚麼話把兒。

而和珅恰恰就是一個理財的天才。

可以毫不誇張地説，和珅是中國古代歷史上少有的大理財家。

一般來説，中國傳統的士大夫往往拙於理財，甚至恥於談錢，但和珅卻有着天生的商業頭腦。

傳統社會中的財富觀念是靜態的，人們有了錢，第一選擇永遠是買地，把流動資產化為固定資產，「入土為安」。而和珅卻不這樣，他知道要讓現金流動起來，現金流動起來能產生巨大的威力。因此在不動產與現金面前，他對現金更感興趣。

乾隆五十七年（1792 年），莊頭許五德與他人發生矛盾，託和珅幫助打官司，並答應「事後或送地六十頃，或銀一萬兩」。和珅聽後明確表示，「不要地畝，要銀一萬兩」。（馮佐哲《和珅評傳》）他的貪污受賄所得，一小部分用於擴大不動產，更多的部分，則用於各種工商業投資，其範圍涵蓋了金融、地產、礦山、物流、醫藥、商業等許多行業。（馮佐哲《和珅評傳》）根據相關資料統計，他在當時的北京城內擁有當舖十二座，其中永慶當、慶餘當、恆興當、恆聚當等，都是典當業巨頭。此外他還經營印舖、賬局、瓷器舖、藥舖、古玩舖、弓箭舖、櫃箱舖、鞍氈舖、糧食店、酒店、槓房、石灰窯等。此外，他家還專門栓了八十輛大馬車，從事運輸業。這些行業的收益率，當然遠遠高於地租。可以説在當時，只要是賺錢效益快的行業，就有和珅的身影。值得一提的是，當時採礦業由於風險巨大，管理複雜，投資多，見效慢，一般人不敢經營，和珅卻敢於嘗試。他看中了煤礦業是朝陽產業，曾投巨資在北京的門頭溝和香山兩地開了煤礦。和珅巨大家業的積累，貪腐所得當然是大頭，但是他自己的投資收益也並非無足輕重。

傳統士人往往恥於談錢，和珅卻有着強烈的契約意識，在金錢面前親兄弟明算賬，雖然至親好友也毫不含糊。他的外祖父伍彌泰官至大學士，向他借過兩千兩銀子，他擔心外祖父不能及時還賬，逼着老頭拿自家地契抵押，「取田契價值相當者署券歸償」（《郎潛紀聞》）。中國歷史第一檔案館檔案《內務府來文》中記載，他岳祖父英廉的孫子向他借錢，也是拿地契為抵押品才借出去的。

成為乾隆皇帝的私人助理後，他的這種經營天才迅速得到了體現。乾隆四十一年（1776 年），他出任內務府大臣。在此之前，內務府經常是入不敷出。而他就任之後不久，就面貌一新，不但彌補了以前的赤字，還出現了盈餘。乾隆四十三年（1778 年），皇帝加派他充任崇文門稅務監督，在他的經營下，這個稅關收入一下子躍居全國三十多個稅關的前幾位。這兩炮打響，乾隆對和珅的理財本領愈加刮目相看，在乾隆眼裡，和珅簡直就像一個魔術師，總是能出人意料地製造出財富。所以乾隆把所有與財政有關的部門漸漸都劃歸和珅一人把持，他先後任戶部侍郎、戶部尚書、管理戶部三庫、內務府大臣。

以上我們說的，都是和珅的正面品質。如此正面，為甚麼他最後還一敗塗地呢？這是因為和珅身上有一個致命的地方，就是他是一個沒有操守、沒有原則的人。如果說他的一生有甚麼原則的話，那就是現世的享受，要做最大的官，要享受最好的生活。這是他的追求。他身上沒有傳統士大夫那種為國家為民族獻身請命的精神，沒有那種「致君堯舜上，再使風俗淳」的理想主義追求。

為甚麼呢？第一個原因，和珅這個人自幼對錢比較看重。我們說過，和珅早年喪父，十歲的時候，父親常保就在福建都統的任上去世了。父親一去世，家裡的主要收入來源就斷了，所以《清史稿》說和珅「少貧」，就是小時候家裡比較貧窮。這樣，和珅小小年紀，就充分認識到了錢的重要性，所以走上仕途之後，對錢看得也比一般人要重。

除了和珅自身的人性弱點之外，他做官不講操守，這還與乾隆皇帝本身的統治政策有關。我們說過，乾隆中期，為了保持社會穩定，乾隆刻意製造了許多冤案，限制當時人們的思想，防止人們亂說亂動。結果造成了甚麼呢？雖然一時收到徹底穩定之效，卻造成了一個更為嚴重的後果，那就是清代後期士大夫道德與精神的迅速墮落。

可以說，乾隆打斷了當時官員和士人的脊骨。他告訴大臣們，你們不要追求甚麼人格獨立，甚麼個人尊嚴，你們只需要給我做好奴才，對我百依百順就行了。所以從乾隆中期起，乾隆朝的大臣就越來越平庸，越來越沒有操守，越來越沒有骨氣。和珅就是其中的典型代表。因此，和珅的所作所為，就不考慮大清王朝的長遠發展，只顧滿足皇帝的眼前需要，有很多措施，就造成了嚴重的後果。比如「議罪銀」的制度化，這是和珅製造財富的一個出奇手段，是他的一個天才發明，但卻也是加快清王朝毀滅的一個加速器。

那麼究竟甚麼是「議罪銀」呢？

議罪銀是由「罰俸」演化而來。罰俸古已有之，扣除官員幾個月至幾年的「基本工資」，是懲罰輕微過錯的常用手段。但是到了乾隆中期，乾隆覺得只罰這麼點工資，意義不大，起不到懲罰作用。所以又法外加罰，動輒上萬，改稱「議罪銀」。應該說，乾隆皇帝的初衷，不過是想讓大臣們「肉痛」一下，並沒有想把它制度化為一項財源。

可是和珅當政後，馬上發現了「議罪銀」的妙處。罰俸的決定權在吏部，款項由戶部承追，銀兩也交給國庫，過程公開透明。而議罪銀並非國家舊制，可以不納入國家財政，而是歸入皇帝的小金庫，並且過程及數額都可以不公開。因此，在和珅的力薦下，乾隆皇帝批准將議罪銀制度化，並且將罰銀的範圍大大擴展，從財政虧空之類的重大錯誤到在奏摺中寫錯幾個字，都可以一罰了之。

此舉一出，那些「聰明」的大臣們馬上就發現了妙處。他們知道，交議罪銀可以討得皇帝的歡心。以小過而甘重罰，既說明大臣們對自己要求的嚴格，又為乾隆皇帝小金庫的充實不聲不響地立了功，可謂一舉兩得。所以不少大臣主動要求交納議罪銀。比如河南巡撫畢沅以「未能迅速搜獲要犯」，自請罰銀二萬兩；陝甘總督勒爾謹以失察客商走私玉石自行議罪繳銀四萬兩。河南巡撫何裕城有一次不小心，把香灰弄到了朱批奏摺上，因此「惶惶不可終日」，積極要求自請罰銀三萬兩。手筆之大連乾隆皇帝都覺得有點不好意思，遂降旨說：沒有那麼嚴重，加恩寬免銀二萬兩，交一萬兩上來就可以了。

在和珅的操作下，議罪銀制度為晚年乾隆皇帝的錢包裡注入了大量現金。僅從現存的《密記檔》統計，在短短十三年中，重大的議罪銀案件即有六十八件，平均每年五件。罰議罪銀少則萬兩，通常三萬兩上下，見於記載的最多一次高達三十八萬四千兩。

這是一項後果極為嚴重的惡政。

貪腐政治一個不變的規律是，個人從貪腐中所得的，與給國家造成的損失相比，往往微不足道。應該說，乾隆晚年雖然從議罪銀制度中得到的幾百萬兩零花錢，但是卻給大清王朝造成的損失要以億萬計。所謂吃人的嘴短，用人的手短。在享受花錢的快樂的同時，老皇帝對於那些踴躍交納議罪銀的官員不可能不高抬一點貴手。因此議罪銀實際上起不到任何懲戒作用，反而變相為犯罪提供了保護傘，「免死牌」，為貪官們壯了膽，讓他們貪污腐敗、為非作歹起來心裡有了底。就像對於非法經營的商戶一罰了之，只能促使他們擴大非法經營業務，來彌補被罰的損失一樣，這一制度讓乾隆朝的大臣們貪腐起來更有動力。正是和珅力薦的「議罪銀」，最終催生出乾隆朝一樁又一樁驚天大案。

第十七章

驚天大案

乾隆皇帝晚年，官場風氣也發生了很大變化。一樁自大清王朝建立以來從未有過的貪污大案在這個背景下發生了。

乾隆三十九年（1774 年），地處西北腹地的甘肅省向乾隆皇帝請示，甘肅這些年連年大旱，百姓衣食無着，因此請示朝廷，在當地開展捐款賑災運動，準備給那些捐得多的富戶，每人獎勵一個「監生」的資格。

甚麼叫「監生」呢？原來清代國家的最高學府，叫國子監。它相當於當時全國唯一一所國立大學，因此能取得它的畢業證是很光榮的事情。有的時候，朝廷缺錢，為了鼓勵老百姓捐款，往往就獎勵給捐款者一個監生，也就是國子監畢業生的資格。

我們說過，乾隆對救災歷來很重視，於是就批覆說，這是件好事，你們去辦吧！

乾隆沒想到，就是這個批覆，後來竟然成了一起史上最大貪污案的通行證。

當時甘肅省主管財政的布政使，叫王亶望。就是前文說到的那個愛吃驢肉絲、愛吃活驢肉的那個人。這個人是通過捐納——也就是買官——當上的官，所以特別會鑽營，也特別會想歪點子。通過捐「監生」來救災這個事就是他來主辦。他辦這個事，可不是真的為了災民考慮，而是要收回買官的成本，而且還要獲取暴利。

所以乾隆皇帝一批覆，王亶望就熱火朝天幹了起來。他規定，五十兩銀子一個監生文憑。因為價格不高，手續簡便，所以很快籌集到了一大批銀子。不過銀子到了手，他可沒有拿來買糧食賑災。幹甚麼了呢？他跟其他地方官員一起，瓜分了。

不到三年時間，甘肅省一共收到捐監銀兩六百多萬兩。王亶望自己留了一半，三百萬。剩下的三百萬，參與這個事的其他官員們分了。

當然，王亶望他們不是直接把銀子拿回家了事。清代財政制度，對於捐款的收支，是有嚴格的要求的。所以王亶望要求當時的甘肅全省各府各縣，每年都要上報災情。甘肅地處西部，王亶望就讓各縣都報旱災，還專門給各縣列了個表，你這個縣，説今年報大旱，要花二十萬賑災。他那個縣，今年報中度旱情，要花十萬兩。就這樣，通過全省知府知縣各級官員的配合，編造了連續幾年的災情，編造了一個非常細緻的賬本，細到了我這個縣十萬兩銀子，都花到哪些人身上，這些人的名字，每家幾兩，都記載得清清楚楚，後面還有這些人的簽名畫押，所以上報到戶部，大家包括乾隆皇帝都沒起疑心。

這個包裝得如此嚴密的事情後來是怎麼敗露的呢？是王亶望這個人自己折騰出來的。

怎麼回事呢？王亶望這個人非常精明，他是一雞二吃，假賑災這個事，不光成了他撈錢的手段，還成了他升官的階梯。為甚麼呢？他把這個事包裝成了他的一大政績。在貪污大量銀兩的同時，王亶望不斷上奏朝廷，説他辦理捐糧事宜，救了多少多少災民，災民如何如何流着淚感謝皇帝、感謝朝廷。這樣的奏摺哄得乾隆是心花怒放。乾隆四十二年（1777 年）五月，因王亶望辦理捐監救災「有功」，乾隆一道諭旨把他從甘肅調到了浙江，升任巡撫。從荒涼的西北邊陲調到東部最繁華的省份做一把手，王亶望心花怒放，也躊躇滿志。他覺得自己真聰明，太有辦法了，太是個當官的材料了，按我這個勢頭、這個打法，幾年後進京，當大學士、做軍機大臣，那都指日可待。

所以他馬不停蹄開始琢磨下一步的事。為了快些升官，他拚命花錢鋪路。乾隆四十五年（1780 年），皇帝第五次南巡中發佈指示，要進一步把浙江海塘修好修結實，防止海水倒灌。原來浙江沿海，很多地方地勢低窪，經常引起海水倒灌。所以朝廷在海邊興修石塘，造福百姓。為了在乾隆面前表現自己，快點把海塘修起來，王亶望一次性捐款五十萬兩用做工程費用。

結果，這一次捐款，引起了號稱「精明天子」的乾隆的注意。要知道，雖然此時乾隆皇帝已經稱不上勵精圖治，但也不是說他就像歷史上其他的昏君一樣萬事不管了。所以王亶望的這個舉動讓乾隆起了疑心。

乾隆想，一個巡撫，一年的工資，加上養廉銀，不過兩萬多兩白銀。你到浙江才三年，怎麼就一下子能拿出五十萬兩？這裡頭可能有問題。於是派大臣阿桂調查。

一調查，事情很快水落石出。阿桂彙報說，不光是王亶望貪污，關鍵是甘肅省全省，上到總督巡撫下到知府知縣與這個事都有牽連。比如陝甘總督勒爾謹，是王亶望的直接上司，王亶望辦的這些事，他都一清二楚，而且也收了王亶望的錢。至於甘肅各府各縣，更是積極配合王亶望做了假賬，一個縣也沒落下。所以這是團伙作案。

調查結果彙報上來，乾隆皇帝是大吃一驚。他說：「甘肅此案，上下勾通，侵帑剝民，盈千累萬，為從來未有之奇貪異事。」（《清高宗實錄》）就是說，全省官員上下勾結，團伙貪污，總數六百萬兩，這樣的大案，大清王朝建立一百多年來，還從來沒有出現過。

乾隆皇帝下令，將王亶望立即正法。除了王亶望，相關人員都處理。陝甘總督勒爾謹，賜令自盡。參與這個事的縣級以上官員，一共一百零二人。這些人的罪名，要按大清律，都應該殺掉。但很現實的一個問題是，如果真的那樣辦，那麼一下子就把甘肅全省官員基本全殺光了。這震動也太大了。所以乾隆皇帝最後長歎一聲，殺了一半，把五十六名貪得相對更多的知府知縣砍了頭。

這個案子後來被稱為「甘肅捐監冒賑案」，它因貪污數量之大、延續時間之長、牽涉官員之多、懲處罪犯之眾，被後人稱為「清朝第一大貪污案」。

我為甚麼花這麼多篇幅，來詳細地說這一個具體的案子呢？這是因為，在乾隆朝晚年，這個案子非常有代表性。它的發生，與乾隆本人作風變化直接相關。

本來，在中國傳統社會，想要杜絕貪污現象，可以說，就如同想讓大海停止漲潮落潮一樣，根本不可能。為甚麼呢？因為傳統財政制度，有兩個特點：一個是沒有嚴格的審計監督機制，可以鑽的空子到處都是，貪污對任何一個智商正常的人來說，都不是一件難事。第二是大部分朝代，特別是明清兩朝，官員的薪水都非常低，有的時候低到無法維持基本生活的程度。比如明代著名的清官海瑞，嚴守朝廷的規定，工資之外的錢，一分也不拿。結果怎麼樣呢？結果他必須在官衙中，自己開了一塊菜地，才能不至於被餓死。在這種情況下，官員只能或多或少貪污一點，所以明清兩朝的貪污現象是非常普遍的。

不過這種貪污，也是會受到一些力量的制約，所以通常不會發展到太嚴重的程度。哪些力量呢？第一是儒學的價值觀。傳統時代的官員從小讀「四書五經」長大的，小時候受到的教育對一個人的一生是有着很大影響的，對官員們的人格操守形成了一個基本的約束。第二個力量，就是皇帝的警惕性，讓官員們不敢太明目張膽地貪污犯罪。

我們說，乾隆中前期，貪污腐敗並不嚴重，正是因為這兩條在發揮作用。然而，到了乾隆晚年，這兩條基本上都失效了。第一，乾隆這個人，不斷壓制臣權，致力於把大臣變成只會辦事的奴才，於是乾隆朝的官員們漸漸放棄了對人格理想的追求。第二，乾隆晚年，凡事務從寬厚，對官員的管理越來越寬。這樣，貪腐就失去了約束。

乾隆朝晚年的貪腐創了歷史紀錄，還有一個重要的原因，那就是乾隆盛世的經濟發展，為腐敗提供了巨大空間。乾隆中前期，清朝經濟一直高速成長，人口從一億增長到近三億，GDP 總量也佔到了世界第一位。蛋糕做大了，那麼可以搜刮的基數也比以前擴大了好幾倍。地方官員手裡的錢多了，貪污起來，手筆也就大了。

所以，在這些因素的共同作用下，腐敗就如同細菌遇到了適合的溫濕度和酸鹼度，以驚人的速度，發展起來了。僅僅十多年的時間，也就是從乾隆三十多年，到乾隆四十多年，乾隆王朝就完成了從前期紀律嚴明到後期貪腐遍地的轉變。「甘肅捐監冒賑案」就是這種轉變的典型代表。

「甘肅捐監冒賑案」反映出乾隆中後期，腐敗形勢出現了幾個新特點。

一是腐敗的全面化。以前乾隆朝處理的貪污官員，大部分都是中低層官員。但是到了乾隆朝晚年，腐敗官員由低層向高層發展。在乾隆前期，因為腐敗而被處理的三品以上大員，不過三五個人。而乾隆中後期二十多年間，三品以上地方高官被處理的，達到二十多人。乾隆皇帝在退位的前一年自己也說過這樣一句氣話，他說，「各省督撫中廉潔自愛者，不過十之二三」（《乾隆起居注》六十年八月）。也就是說，各省的總督和巡撫，能真正保持廉潔的，十個裡不過兩三個。高級官員隊伍中居然出現王亶望這樣毫無底線的人物，就說明當時乾隆朝的腐敗已經蔓延到了最高層。這是第一個新特點。

第二個新特點，是窩案迅速增多，腐敗呈集團化公開化的趨勢。

乾隆早期，官員們貪一點錢，也是藏着掖着，生怕別人知道。到了乾隆晚年，大家對腐敗已經不以為恥，習以為常了。辦一件事，升一次官，枉一回法，需要多少錢，大家都有心照不宣的價碼。

而且為了自保，這些貪官結成了利益同盟，出現了很多「窩案」「串案」。乾隆四十六年（1781 年）到乾隆四十九年（1784 年），除了這個案子，朝廷還一連查出了五起貪污大案，比如山東巡撫國泰虧空案、閩浙總督富勒渾勒索錢財案等，和甘肅冒賑案一起，在歷史上統稱為乾隆後期六大案。這幾起案子，都和「甘肅冒賑案」一樣，「辦一案，牽一串；查一個，帶一窩」。一個人犯事，會挖出幾十名上百名同犯。

所以「甘肅捐監冒賑案」是一個很好的標本，從它身上，我們可以看到乾隆朝政治體制的許多致命問題。

首先是監察機制形同虛設。

本來，有清一代，放賑的過程有着嚴格而細緻的規定。為了防止有人冒領賑災款項，朝廷規定，在給災民們發放糧米的時候，主管官員必須親自到場，每日發放完畢後，要親自在賑單上簽字畫押。同時，整個賑災完事後，要把發放了多少錢多少米，具體多少人領取，這些人都叫甚麼名字，寫到一張大榜上公佈，讓老百姓來一起監督。然而在「甘肅冒賑案」當中，朝廷所有的這些規定都如同一紙虛文，起不到任何約束作用。

更為重要的是，王亶望這個貪官的大名，早已經是盡人皆知，卻從來沒有人敢於向上反映。當時甘肅省民間有一句順口溜，叫做「一千見面，二千便飯，三千射箭」。意思是說，你要是送一千兩銀子給王亶望，不過能見上他一面；要是送兩千兩銀子，王大人賞臉的話，可能會留你吃一頓便飯；送三千兩銀子，王大人高興，就會和送禮的人一起拉拉弓，射射箭，健健身，以表示關係更近了一層。

所以你看，王亶望貪污已經把自己貪成了民謠順口溜的主角，就是說，王亶望是個大貪官，這不光官場中人知道，連老百姓也是盡人皆知，但是多年以來，卻從來沒有人向乾隆舉報揭發過。其實原因也很簡單。一個是當時，地方上的主要官員在各地確實能一手遮天；再一個，乾隆從嚴管束老百姓，讓他們不敢隨便舉報自己的地方官。所以如果不是王亶望利令智昏、自我暴露，說不定以後會一直平步青雲，真實面目永不暴露。

在所謂盛世之中，發生了這樣的案子，可以說已經丟盡了乾隆的臉，可事情並沒有到此為止。由這個案子，又引發了另一場更讓乾隆丟臉的笑話。

處理完王亶望案，按說乾隆皇帝應該非常氣憤，全面反思自己。然而，晚年的乾隆已經無心全面振作。他自欺欺人，認為這個案子只是甘肅一省的現象，並不意味着全國各省都如此。

因此處理完這個案子，乾隆不但沒有整頓官場紀律，反而關心起了另一件事情。甚麼事呢？原來，這個王亶望，也是以精於辦貢聞名，每年都會給乾隆送很多好東西。在王亶望案被處理的前一年，正是乾隆皇帝七十大壽，王亶望曾經向皇帝進獻了一份厚禮，禮物幾乎件件精美絕倫，其中有一對玉瓶和一座玉山子，是純正的羊脂白玉，玉料極佳，而且造型別緻，雕工一流，乾隆是非常喜歡。只不過，皇帝收受禮品，有退貢的成例，進九回三，不能全收，所以反覆掂量來掂量去，乾隆最後忍痛割愛，又把這兩樣東西退給了王亶望。退了之後，乾隆心裡卻有點後悔，經常想着這兩樣玉器。

這回，王亶望案一爆發，乾隆皇帝想到的第一件事，就是通過抄王亶望的家，這兩樣東西又可以回到他的手裡了。

所以乾隆趕緊命地方官到王亶望家裡去抄家，一抄，果然是收穫不少，珠寶玉器不計其數，一共裝了五百六十五箱，然後按乾隆要求火速送到了北京。

乾隆皇帝按捺不住心中的喜悅，趕緊讓人把東西抬到自己面前，打開箱子，一一驗看。然而，看來看去，卻始終沒有找到那對玉瓶和那座玉山子。而且乾隆還發現了一個奇怪的現象，就是抄來的這些珠寶，大多數是設計老套、做工一般的大路貨，「大率不堪入目」，令乾隆是大失所望。

這是怎麼回事呢？乾隆百思不得其解，於是命人把浙江省抄家官員記錄的第一手檔案，也就是抄家底冊呈上來，一樣一樣細細查對。不對不要緊，一對之下，乾隆是大吃一驚。原來，抄家冊上寫着的一百多件最好的珍寶，根本沒有運到北京來。而抄家冊上面沒有的東西，送到皇帝面前，卻多出了八十九樣。

很顯然，是有人把老王家的財寶調了包了！

這簡直是有史以來從沒聽説過的奇聞！誰這麼膽大，敢當着皇帝的面偷皇家的寶物？

氣急敗壞的乾隆命令自己信任的大臣阿桂星夜趕往浙江，會同當地最高官員，閩浙總督陳輝祖一起，查辦此事，一定要查個水落石出。乾隆認為，這樣荒唐的事情，很有可能是經手的小官，甚至可能是衙役，沒知識沒文化，不知道官場上規矩的森嚴，一時利慾熏心，無知者無畏，做了如此愚蠢的事情。要是一般的官員，都會知道這是掉腦袋的大事，誰敢這樣膽大妄為？

然而，阿桂查出來的結果，又一次讓乾隆皇帝大跌眼鏡：見財起意調皇帝的包的，不是別人，竟然是當地最高官員，堂堂閩浙總督陳輝祖！原來從王亶望家裡搜出的這些寶物實在太精美絕倫了，陳輝祖一見之下，垂涎三尺，利令智昏。這個人，想來也是平日裡做各種壞事做多了做習慣了，膽子比誰都大，居然敢打起皇帝的主意來。他弄一些破東西送到京城糊弄皇上，自己把這些好東西都留下來了。不過他調包時候呢，大大咧咧，粗心大意，竟然忘了修改抄家底冊，以致露了馬腳。

這個陳輝祖，本來是世家出身，他的父親做過兩廣總督，乾隆對他是非常信任，很早就把他提拔起來了。沒想到，這個所謂「世受國恩」的地方大員，竟然做出這樣的事。乾隆在上諭中說：「是王亶望所為，係明火執仗，而陳輝祖竟同穿窬（yú）行徑矣。朕於此事不勝慚懣。」（《清高宗實錄》）就是說，王亶望的所作所為，是明火執仗，從我愛新覺羅家明搶。而你陳輝祖呢，是偷偷摸摸，從我愛新覺羅家暗偷。我怎麼挑來挑去，挑了你們這兩個活寶呢，真是氣死我了！

乾隆四十八年（1783 年），陳輝祖被賜令自盡。

正如這個案子所反映出來的，乾隆晚年，朝中是大案迭出，怪象不窮。對於這些案件，乾隆皇帝當然痛心疾首。每出一個大案，他也都全力以赴進行處理，處理起來，手段往往還很重，一殺就是幾十人。但與此同時，他並沒有上升到制度層面來考慮問題，他堅持認為，這些案件，都是個案，處理完了，大清王朝就又回復清靜了。乾隆為甚麼會這樣想呢？很簡單，當一個人進取心減弱，陷於享樂之中不能自拔時，他總是會產生一種自欺欺人的心理，偏執地相信那些讓自己能更放心地去繼續享受的理由，而不願意清醒過來面對現實。

所以就在乾隆認為他已經把貪官一個又一個挖乾淨了的同時，一個清代歷史上最大的貪官，卻在他身邊迅速地成長起來。這個貪官，貪到了前無古人後無來者的程度。甚麼王亶望之流，和他一比，完全是小巫見大巫。

這個人就是和珅。

應該說，和珅的大肆貪污，乾隆是毫無察覺的。這是為甚麼呢？這一方面，是因為和珅貪污手法十分隱蔽，欺騙乾隆皇帝的本領非常高強；另一方面也反映出乾隆皇帝確實是過於自信，認為憑藉自己的英明，一定能把和珅這樣一個沒根沒派的人牢牢控制在自己的掌心。他哪裡想到，事實上，是和珅把他乾隆皇帝控制在了掌心，一方面利用乾隆的信任大肆以權謀私；另一方面，又把乾隆哄得團團轉，對他所有建議，幾乎無不言聽計從。

那麼和珅是怎麼一步一步成為乾隆朝最大的貪官的？有記載説和珅家產有八九億兩，究竟是不是真的呢？

我們講了，乾隆四十一年（1776 年），和珅被任命為戶部右侍郎，軍機大臣，兼內務府總理大臣。

接下來，他仍然在繼續躥升。乾隆四十五年（1780 年），他升任戶部尚書，兼議政大臣，充《四庫全書》正總裁。更為重要的是，這一年，他和皇帝成了親家，乾隆皇帝把自己最喜歡的小女兒固倫和孝公主許配給和珅的兒子豐紳殷德。乾隆四十九年（1784 年），和珅當上了協辦大學士。五十一年（1786 年），晉文華殿大學士。這樣，就達到了一個文臣的最高品級。後來，因為幾次鎮壓起義有功，他還被授為公爵。我們知道，中國傳統貴族品級，公侯伯子男，公是最高的。親王和郡王，那必須是皇族才能當。所以公是一個非皇族的人能封的最高爵位了。後來晚清的曾國藩，替清王朝立下了鎮壓太平天國的大功，相當於再造清室，也才封了個侯爵。可見乾隆對和珅是多麼夠意思。

隨着官位的不斷升遷，和珅家也從清朝一個普通人家，迅速躥升為全國首富。歷史記載，乾隆五十年（1785 年）之後，和珅的家裡就變成了一個市場。甚麼市場呢，權錢交易的黑市。史書記載：「和相當國，一時朝士若鶩，和每日入署，士大夫之善奔走者皆立伺道左，唯恐後期，時稱為『補子胡同』。」（徐珂《清稗類鈔》）補子是官服，就是說，和珅每天上朝的時候，從他家到皇宮，道路兩邊，站滿了全國各地的官員，都是來找他辦事的。所以買官賣官，成了和珅發財的主要途徑之一。檔案中記載的兩淮鹽政徵瑞行賄案可以說明當時買官的價碼。兩淮鹽政是一個肥缺，為了保住這個肥缺，徵瑞在嘉慶元年（1796 年）和珅的妻子去世的時候，給和珅送了二十萬兩白銀，作為弔禮，檔案記載：「彼時和珅意存見少，欲伊增至四十萬，是以未收。而從前曾送過和珅二十萬，當經收受。」（《耆獻類徵》卷九十六）就是說，和珅認為你才隨二十萬兩的份子，太少，你這樣的情況，至少應該隨我四十萬兩，所以沒收他的。你看，為了保官，而不是升官，就需要四十萬兩。

在這種情況下，和珅就成了名符其實的二皇帝，也成了清代歷史上第一大貪官。

關於和珅家產，到底有多少，流傳最廣的說法是和珅貪污了八九億兩。比如徐珂在《清稗類鈔》中說，和珅「籍沒家產，至八百兆有奇」。就是說，八個多億。當然還有更離奇的說法。比如晚清學者丁國均在《荷香館瑣言》說，「有數可稽者」，就達到一百個億。

按常理推斷，這是不可能的。據著名經濟學家彭信威所著的《中國貨幣史》，清代乾隆年間白銀的總流通量是多少？是三億六千萬兩。就是說，那個時候，整個中國，用來當貨幣的白銀，才三億六千萬兩。和珅一家的錢，怎麼可能比全國的貨幣總流通量還多出三倍甚至是三十倍呢？和珅確實是清史上第一大貪官，不過貪污的數量沒有這麼多。嚴肅的歷史學家研究的結果，認為數量應該是一二千萬兩，而不是八九個億那麼多。

幾個億離譜的說法是從哪來的呢？主要是源自一份流傳甚廣的野史，叫《和珅犯罪全案檔》，許多非專業的清史愛好者認為，這個《全案檔》是研究和珅家庭財富的正史依據，也是第一手材料。為甚麼呢，因為這個《全案檔》來頭很大，它藏於中國第一歷史檔案館。我們知道，中國第一歷史檔案館是專門保管明清兩朝中央政府和皇室檔案的中央級國家檔案館，其資料基本上都來自清宮舊藏。所以從這個存放地看，似乎是一個很權威的資料。

但實際上，這份檔案，任何有一定歷史知識的人，只稍微一細看，就會發現，它絕不可能是官方正式檔案。為甚麼呢？因為它破綻百出，內容非常雜亂，既包括嘉慶皇帝的上諭，也包括和珅小妾的詩文，可謂是一個名符其實的大雜燴。這份檔案，字體粗陋、許多用詞和稱謂非常不專業，比如其中管抄家的官員叫甚麼八王爺、十一王爺等，在清代政府的公文中，稱呼親王郡王，要叫封爵的全稱，是絕不可能出現這些民間稱呼的。而且這個檔案當中，凡是遇「寧」字，都缺了一筆，就是沒有下面的勾。這說明甚麼呢？說明它根本不是嘉慶朝查辦和珅時所寫原始檔案，而是到了道光年間才出現的一份野史資料。為甚麼這麼說呢，因為道光皇帝名字叫旻寧，遇寧字少寫一筆，說明是在避道光皇帝的諱，所以說它是直至道光年間才出現的野史。

因為是野史，所以這份資料裡，有很多常識性錯誤。比如說和珅家裡，有多少黃金呢，按今天的單位，二百多噸。要知道，乾隆年間全國的黃金年產量，也不超過十噸。一個人家裡，藏了全國二十年的黃金總產量，這可能嗎？再比如，這份資料說，抄和珅家的時候，抄出大東珠六十餘顆，每顆重是二兩。二兩重的珍珠，得有雞蛋那麼大吧？你問任何一個從事珠寶行業的人，都會告訴你，珍珠長這樣大，是不可能的。所謂「七分為珠，八分為寶」，一般直徑十一毫米的珍珠已經難得了，根本不可能長到二兩重。

所以從這些特徵看，這份《和珅犯罪全案檔》只是一份民間傳抄的野史大雜燴。那有人問了，它怎麼會進中國第一歷史檔案館這樣重要的地方呢？很有可能，是道光年間，某個好事的太監，從外面民間抄來這本野史，大家傳看，就留在了宮中，所以後來被中國第一歷史檔案館所收藏。

所以，專門研究和珅問題的清史專家馮佐哲先生，經過多年研究，綜合《清實錄》《清史稿》，以及其他正史、檔案的資料記載，結論是，和珅家的現金、土地、房產，總價值當在一二千萬兩之間。當然所藏古玩、字畫沒包括在內，因為這些無法準確估價。

因此我們介紹乾隆一朝所創的諸多歷史紀錄裡，到現在又出現了一個：乾隆朝的大貪官數量，以及這些官員所貪污的錢財數量，也創了清代的歷史之最。

面對一樁樁、一件件出乎意料的貪污大案，乾隆皇帝仍然不願意清醒過來，終於，在乾隆朝的大臣之中，有一個人看不下去了，他挺身而出，大聲疾呼，由此引發了乾隆晚年一樁朝野矚目的離奇的「君臣賭局」。

第十八章

君臣賭局

乾隆皇帝晚年，官場紀律敗壞，大案層出不窮。但是乾隆皇帝本人卻沒有認識到問題的嚴重性，沉迷於一件很好玩的事。甚麼事呢？搞皇帝吉尼斯排行榜。甚麼叫皇帝吉尼斯排行榜？就是乾隆把中國歷史上的所有皇帝的各項指標進行比較，來證明自己的英明偉大。

比如以前我們講過，乾隆四十五年（1780 年），他寫了一篇文章，叫《古稀說》。在這篇文章中，乾隆說，他是大清開國以來所有君主中第一個活到了七十歲的人。努爾哈赤活了六十八歲，皇太極呢，五十一歲，順治二十四歲，康熙六十九歲，雍正五十八歲。現在，清代皇帝的壽命，他是第一。

那麼放眼整個中國歷史，他也名列前茅。在他之前，活到七十歲的皇帝，一共才六個人：漢武帝、梁武帝、唐玄宗、宋高宗、元世祖、明成祖。而跟他相比，這六個人統治上都有缺陷，都不完美，你比如宋高宗是偏安之帝，唐玄宗晚年鬧了安史之亂，是吧？所以只有他乾隆的統治，完美無缺。因此在中國皇帝排行榜中，他的綜合排名，可以穩居第一。

到了乾隆四十九年（1784 年），乾隆皇帝又宣佈，他創造了一個新的歷史紀錄。甚麼紀錄呢？這一年他得了第一個玄孫，這說明乾隆已經五代同堂。成了古往今來第一個五代同堂的皇帝。乾隆皇帝立刻寫了一首詩：

飛章報喜達行軒，歡動中朝及外藩。曾以古稀數六帝，何期今復抱元孫。（《御製詩全集》）

就是說，一封喜報送到了我的行宮，一個激動人心的消息傳遍中原和外藩。我以五世同堂的成績，把中國歷史上的所有皇帝都甩在了身後，成了古往今來最有福氣的皇帝。

到了乾隆五十年（1785 年），乾隆又宣佈，他創造了另一個歷史第一：在活過七十歲的七位皇帝當中，他的在位時間最長，達到五十年。所以他又寫了一首詩：

七旬登壽凡六帝，五十紀年惟一人。（《御製詩全集》）

乾隆五十五年（1790 年），他八十大壽，更是來了個年齡、兒孫和在位年代綜合比較，結果更是證明自己的歷史第一地位不可動搖。

他說：

八旬開袠春秋永，五代同堂今古稀。
古稀六帝三登八，所鄙宋梁所慕元。
惟至元稱一代傑，遜乾隆看五世孫。（《御製詩全集》）

就是說，中國歷史上年過古稀的皇帝有六個，其中只有三個活到八十歲，這三個裡，宋高宗和梁武帝是廢物，不值得一提，只有元世祖忽必烈武功赫赫，挺了不起。不過這元世祖仍然不如我，因為我乾隆五世同堂，他沒做到。

所以乾隆四十五年（1780 年）到乾隆五十五年（1790 年）的十年間，大清王朝所發生的最重要的事只有三件，那就是乾隆的七十大壽、七十五大壽和八十大壽。這三次整生日辦得一次比一次隆重，一次比一次熱鬧。乾隆皇帝的志得意滿，驕傲自大，是一天比一天嚴重。

乾隆五十五年（1790 年）八月二十二日，剛剛過完八十大壽不久，乾隆皇帝在圓明園一間大殿裡正批閱奏摺。生日過完半個月了，賀壽的摺子仍然源源不斷而來，內容呢，無非是祝賀皇帝生日，頌揚皇帝恩澤普照，老百姓感恩戴德，等等等等。雖然千篇一律，乾隆卻看得津津有味，對這類文章，他總是百看不厭。

不過，翻到其中一篇奏摺的時候，乾隆的表情突然嚴肅起來。他身子突然坐直了，眼睛緊盯着奏摺，眉頭是越皺越緊。

是甚麼樣的奏摺，讓皇帝突然不高興了呢？

原來是內閣學士尹壯圖上的一道摺子。這個尹壯圖是雲南蒙自人，乾隆三十一年（1766 年）中的進士，乾隆三十九年（1774 年）升為內閣學士，一直在北京當着京官。

那麼這道摺子是甚麼內容呢？尹壯圖說，目前實行的「議罪銀制度」弊端甚大，應該廢止。

我們在以前講過，和珅創造性地建立了一個「議罪銀制度」。所謂議罪銀，就是有些大臣犯了錯，皇帝想繼續用他，不願把他拿下，就罰一筆銀子了事。尹壯圖說，這個制度問題極大。因為它實際上助長了大臣們的違法亂紀。目前很多地方政府都出現了巨額的財政虧空，就與議罪銀制度有關。很多地方官膽大妄為，隨意花用公款，造成巨額財政赤字，卻並不當回事，反正日後查出來，罰點銀子賠上就完了。所以現在地方財政上，虧空越來越多，大清的國庫差不多已經被掏空了。因此尹壯圖請求皇帝，「永停此例」。

大臣向皇帝反映負面情況，這在乾隆前期經常出現。不過，在乾隆中期之後，隨着大清進入極盛，這種刺耳之言已經多年沒有出現了。所以尹壯圖這段話在乾隆看來非常意外，也讓他感覺很不舒服。

但是乾隆畢竟自認為是一個聖明的皇帝，所以他的第一反應是提醒自己，不要生氣，不要存拒諫之成見，不要像那些庸主一樣，見了批評就暴跳如雷。為了表明這個姿態，在看了尹壯圖摺子的第一段後，乾隆提筆批道：「不為無見」，也就是說，還算有點見地。

其實乾隆皇帝很清楚議罪銀制度確實容易產生弊端。凡事都罰款了事，這其中難保沒有一個兩個原本應該重處的漏網之魚。那麼乾隆為甚麼還要堅持這種制度呢？

這是因為乾隆皇帝自有其苦衷。他的零花錢，大部分都是從這些議罪銀中來的。他南巡路上花用，日常生活中的賞賜，等等等等，花的都是這些議罪銀。沒有這筆銀子，他的手頭馬上就會緊起來。更何況，一項制度的好壞，關鍵是看執行。乾隆皇帝認為憑自己的英明，能夠把這個制度的弊端降到最低程度。

所以乾隆筆鋒一轉，下一句又批道：「朕以督撫一時不能得人，棄瑕錄用，酌示薄懲。」（《清高宗實錄》）人才難得，所以採取了這個辦法，也是不得已而為之。

在自我辯解完之後，乾隆又提出一個問題。乾隆說，大臣上書言事，一定要有理有據。你尹壯圖在奏摺中說的各地普遍出現財政虧空，這是你尹壯圖的主觀臆測呢，還是有甚麼實在的證據？現在大清正當全盛之世，怎麼可能出現普遍虧空呢？這不是開玩笑嗎？

所以乾隆接下來在奏摺上又批道：「壯圖即為此奏，有無確聞，令指實復奏。」（《清高宗實錄》）也就是說，你尹壯圖說的這些，到底是道聽途說，還是有甚麼真憑實據？你一定要給我說清楚！

乾隆的這道諭旨，引出了一場朝野矚目的君臣賭局，這場賭局，不光在當時牽動了政壇所有人的關注，而且一定程度上決定了大清的政治走向。

這道諭旨當天就用快馬發給了尹壯圖。第二天，乾隆就收到了尹壯圖的回覆。這尹壯圖不回覆還好，這一回覆，讓乾隆更生氣了。乾隆拿着這第二道奏摺，一邊讀，一邊氣得手都發抖。

尹壯圖在奏摺裡究竟都寫了些甚麼，把乾隆氣成這樣呢？

應該說，一般人看到乾隆皇帝在奏摺上那些批覆，就會知道皇帝已經不高興了。所以最聰明的辦法應該是及時轉舵，回覆說自己並無證據，建議也確實荒唐，經過聖主教育已經恍然大悟，等等。這樣一說，雖然丟了面子，卻可以保住官位。

但是這個尹壯圖卻與眾不同。他在覆奏當中說，自己之所以提出這個建議，事出有因。前一段時間，他回了一趟雲南老家。一往一返幾千里，穿越了大半個中國。這次回老家，他發現了一個嚴重的問題：經他一路了解，現在全國各省幾乎都有財政虧空。

每個省的國庫和糧倉，賬面上的數字和實際的數字都對不上。一旦發生災荒或者戰爭，國家拿不出銀子和糧食，後果不堪設想。

而且更重要的是，這次旅行，使他發現，如今的大清官場，從上到下，已經腐爛透了：

「臣經過直隸、山東、河南、湖廣、江浙、廣西、貴州、雲南等省，但見商民半皆蹙額興歎，而各省風氣大抵皆然。」（《清高宗實錄》）也就是說，我這一路上接觸到的人，幾乎沒有一個，不在跟我訴說當地官員如何貪污腐敗。每個省都這樣。如今咱們的大清天下啊，已經非常危險。不過，作為一個京官，他沒有時間，也沒有權力，在地方上一一調查取證。

「若問勒派逢迎之人，上司屬員昏夜授受，外人豈能得見？臣自難於一一指實。」（《清高宗實錄》）就是說，人家行賄受賄，我也不在現場，那些具體賬目，我也不是當地管事的官員，沒法一一指出實據。

不過尹壯圖說，如果皇上您不相信我的話，那麼您可以派一個信得過的滿洲大臣，和我一起去各地密查一番，馬上水落石出。

看到這裡，乾隆氣得渾身發抖。他提着顫抖的筆，在一旁批了一句話：「竟似居今之世，民不堪命矣」！（《清高宗實錄》）也就是說，竟然好像在我堂堂大清盛世之中，老百姓都活不下去了！這不是胡說八道嗎？

說起來也難怪乾隆如此怒火中燒，他即位五十五年來，天天勤奮工作，沒有一天不堅持批閱奏摺，為了大清王朝的發展可以說是殫精竭慮，所以大清才進入極盛之世。他認為，如果說當今天下一兩個省有虧空，一兩名官員存在腐敗行為，這本在意料之中。因為天下事不可能十全十美。不過這是一個指頭和九個指頭的關係，是局部與全局的關係。但尹壯圖居然在奏摺中將大清各省一網打盡，說所有地方都「吏治廢弛」。這豈不是用一個指頭取代了九個指頭，將大清政局描繪得一團漆黑，完全否定我五十五年的統治成績嗎？

情緒激動的乾隆當天就下達了長篇諭旨，說他絕不相信尹壯圖的話，因為自己統治五十五年來，「自謂勤政愛民，可告無愧於天下，而天下萬民亦斷無泯良怨朕者」。（《清高宗實錄》）就是說，我五十五年來勤政愛民，盡心竭力，老百姓都特別擁護我，不可能有人昧着天良埋怨我。

對於這個尹壯圖，乾隆的印象原本是不錯的。他原本覺得尹壯圖是個老實人，雖然才幹不算特別突出，但勤勤懇懇、認真負責。因為有點書呆子氣，不太會來事兒，所以中了進士後，始終在禮部主事、郎中這些閒職上晃來晃去。還是乾隆皇帝開恩，幾年前特意把他提拔為內閣學士兼禮部侍郎銜，讓他享受侍郎級待遇。按理說，這個人對皇帝應該是感激涕零，何以在皇帝八十大壽這樣喜慶的時候跳出來，對大清政權進行這麼荒唐透頂的攻擊呢？乾隆真是百思不得其解。

在上諭中，乾隆對尹壯圖的動機進行了公開的分析。他說尹壯圖之所以做出這樣荒唐的舉動，應該是自揣學問平庸，官升不上去了，所以想藉這道奏摺，出出名，獲得一個為民請命的名聲，又可藉盤查倉庫的機會，沿途進行勒索，名利雙收。

乾隆皇帝於是決定，就按着你尹壯圖所說的那樣，我派人去查倉庫。他命令戶部侍郎，也就是戶部主管各地倉儲事宜的大臣慶成，帶着尹壯圖前往直隸、山西等省，盤查倉庫。乾隆要公開和尹壯圖打一個賭，要看看大清天下的倉庫到底是滿的，還是空的。如果果然像尹壯圖所説，都是空的，那麼我就承認我這五十五年都白幹了，承認我是個傻瓜，所有的大臣都是在欺騙我。但是，如果是滿的，你尹壯圖所説不實，那麼也要「自蹈欺罔之罪」，就是説，你也逃不了欺君大罪！

這道諭旨一下，整個大清官場都立馬精神了起來，所有人都睜大眼睛，看着乾隆和尹壯圖的這個賭，到底會有甚麼結果。

乾隆皇帝自降身份，和尹壯圖公開設這個擂台，打這個賭，並不是人老糊塗，而實在是因為尹壯圖的奏摺，關係到如何判斷大清帝國的政治形勢，如何評價乾隆五十五年（1790年）的統治成績這樣一個根本性的問題。乾隆與尹壯圖生活在同一個時代，對形勢卻做出了截然相反的判斷。那麼，乾隆五十五年（1790年）的政治局面究竟是甚麼樣的呢？

其實尹壯圖並沒有説謊。

在乾隆四十五年（1780年）之前，大清王朝確實基本上像乾隆説的那樣，處於極盛之世：國勢穩定，政治清明，經濟發展，人民安居樂業。人口從一億多，翻了一番，形勢一片大好。

不過到了乾隆五十五年（1790年），情況已經大不一樣了。

讓我們先看一下外國人是怎麼看當時的形勢的。乾隆五十五年（1790年），朝鮮國有一隊使臣訪問了中國。回國之後，這些使臣這樣向朝鮮國王描繪大清朝的情景：「（清國）大抵為官長者，廉恥都喪，貨利是趨，知縣厚饋知府，知府善事權要，上下相蒙，曲加庇護。」「貨賂公行，庶官皆有定價」。（《李朝實錄》）就是説，大清王朝此時已經腐敗透頂，官員們廉恥喪盡，只知道買官賣官。每個官職，都有公開標價。

這是外國人的說法。乾隆本朝人的說法更具體。

學者洪亮吉描述乾隆晚年腐敗的普遍程度說，當時大臣中潔身自愛者與貪污的人之比，是一比九或者二比八。「即有稍知自愛者，十不能一二也，此一二人者又常被七八人者笑以為迂、以為拙，而大吏之視一二人者亦覺其不合時宜，是一二人之勢不至歸於七八人之所為不止。」（《洪亮吉集》）也就是說，這一兩個潔身自好的人，會被別人笑話，說他太迂腐、太笨，覺得他太不合時宜，因此這一兩個人最後搞得也不得不同流合污。

事實上，尹壯圖之所以上疏，完全是出自一片拳拳忠君愛國之心。在京城當官的二十年間，他一直聽信朝廷的宣傳，認為大清王朝蒸蒸日上，正處於歷史最好的時期。雖然也經常聽到和珅招權納賄的傳聞，他也認為這不過是局部現象。但是這次回老家所見所聞卻粉碎了他頭腦中的思維定式。一路上不論是與鄉紳故舊在酒桌上閒聊，還是與販夫走卒們在路上交談，幾乎所有的人都在咒罵朝廷、咒罵官員。所以他一回到京城，就馬上上了這道摺子。那意思是和皇上說，皇上啊，不得了了，你必須得管一管了。

如前所述，乾隆晚年，腐敗已經發展到了極為觸目驚心的程度。乾隆卻一直沒有一個清醒的認識。這是為甚麼呢？

這是因為，越到老年，乾隆越形成一個心理定式：在他的統治下，大清形勢總是大好的，成績總是主要的，問題總是局部的。他多年經營的大清江山，是鐵打不破的。雖然乾隆晚年連續爆發多起貪污大案，但這些不過是一個指頭的問題，不影響大局。

按理說，乾隆皇帝一直是很英明，智商很高，為甚麼別人都看得清清楚楚的問題，他卻視而不見呢？一個重要的原因，是晚年的乾隆成了徹頭徹尾的「洞穴人」。

甚麼叫「洞穴人」呢？有一位學者説過，「長期執政的人容易形成一種『權力幻覺』，……權力成為一個洞穴，而這個權勢人物就成為穴居人。他是自己權力的俘虜。他看到的、聽到的，都是支撐權力的正面信息，負面的信息都作為錯誤的信息被清洗掉了。在他的周圍形成了一個機制，它自動地過濾掉錯誤的信息，輸入正確的信息。在此情況下，這個領袖往往無法正確地看待自己和世界，他甚至都無法對自己的力量形成恰當的符合實際的判斷。」(《「倒薩戰爭」與薩達姆的結局》)

中國古代的皇帝特別容易變成「洞穴人」。因為他周圍聚集着大量專門窺測他的心思的人。乾隆早年非常精明，因此大臣們一般也不敢在他面前説假話。然而到了晚年，他卻越來越喜歡聽好話，聽奉承，大臣們自然也就窺測風向，越來越報喜不報憂。在大量的「正面報道」的包圍下，所以他對尹壯圖這個「負面報道」，才如此意外，如此憤怒。所以他才要與尹壯圖打一個擂台。他要證明，目前大清的形勢是史上最好，不是小好而是大好，而且還會越來越好，好得不能再好。

擂台已經擺下了，整個大清王朝都拭目以待。但是，這個擂台有一個嚴重的問題：乾隆所制定的遊戲規則，卻是不公平的。

如果要戳穿「極盛之世」的紙糊外衣，辦法很簡單。那就是暗訪一下，那些倉庫裡到底有沒有存銀存糧，一下子就查出來了。尹壯圖也是這樣想的。

然而乾隆卻不給他這個機會。乾隆皇帝明確拒絕了尹壯圖

「密查」的要求，理由是甚麼呢？是「無此政體」，也就是說，沒有這個先例。不但不允許密查，乾隆還規定尹壯圖每到一處，朝廷先派快馬提前五百里通知地方官。

乾隆為甚麼這麼幹呢？因為他雖然不願意聽到批評，但是他心裡也很清楚，當今天下難保有一兩個省真的存在倉庫虧空。如果真的派尹壯圖進行暗訪，查出虧空，他的面子往哪裡放！乾隆皇帝和尹壯圖的分歧點並不在於虧空的有無，而在於，乾隆皇帝認為，這些現象是局部的、可控的，尹壯圖卻認為這是普遍現象。因此，乾隆才拒絕尹壯圖「密往查訪」。

在如此明查之下，結果可想而知。

所以，尹壯圖還沒有出發，這個賭局事實上勝負已定。但是，擂台已經擺上了，皇帝命令已經下了，形式還不得不走。於是第二天，戶部侍郎慶成就帶着尹壯圖上路了。

因為怒火中燒，乾隆皇帝就變得特別刻薄。他在諭旨中還特別加了一條，說慶成是因公出差，一切費用國家報銷。尹壯圖你是自願前去盤查，自找多事，所以不能給他提供差旅路費，一路花銷銀子，由他自己負責，皇帝說，這樣是「以示國家大公」。

於是，慶成坐着八抬官轎，在前邊走；尹壯圖騎着匹騾子，孤零零跟在後面。第一站來到了山西大同。

山西官員好幾天前就接到了通知，做了充分的準備，「檢查」的結果當然毫無懸念。地方官員領着兩位檢查官，一個個打開糧倉銀庫，一本本核對賬目，果然倉庫銀兩「絲毫並不短少」，所儲糧食「石數亦皆相符」。

再不知趣的人到這個時候也知道應該怎麼辦了。老實的尹壯圖終於學會說謊了。他用極為認真的語氣，詳細彙報了檢查過程以及檢查結果。然後，他無比沉痛地總結說，自己以道聽途說的材料來「冒瀆聖聽」，實在是喪心病狂，「戇愚」之至。經過皇帝的聖旨和事實的雙重教育，他深刻認識到自己對大清天下的判斷是徹底錯誤的。當今天下府庫充實，政治清明，形勢大好。他「懇請立即回京治罪」，讓皇帝早些把自己投入大牢，好省下心思來辦別的大事。

尹壯圖的彙報終於滿足了乾隆的期望。乾隆五十六年（1791 年）正月初十，皇帝發表長篇上諭，說，查訪的結果已經出來了，事實證明他的判斷是正確的，尹壯圖在事實面前，不得不認罪了。

> 慶成帶同赴山西、直隸等省，盤查倉庫，俱無虧短，尹壯圖其罪已無可逭（huàn）……（《清高宗實錄》）

乾隆皇帝還說，事實證明，尹壯圖這麼做，只是為了自己出名，不擇手段往上爬，「其希榮卑鄙之念，朕早已灼見其肺肝」（《清高宗實錄》）。對他肚子裡的那點小算盤早已經洞若觀火。尹壯圖污衊國家，證據昭然，其罪甚大。

不過不知為甚麼，乾隆皇帝總覺得尹壯圖這樁罪過雖然「甚大」，卻還是不足以服眾，不足以讓天下百姓認為尹壯圖是個壞人。他還要繼續尋找尹壯圖的過錯。

經過嚴密調查，乾隆終於發現尹壯圖的另一個錯誤。原來尹壯圖的老母已經七十多歲，仍在故鄉雲南生活。尹壯圖沒把她接到京城來養老。乾隆皇帝說，孝道乃人倫之首。既然你不能將老母接來北京，就應辭職回鄉供養。你尹壯圖二者都不選擇，一個人在京做官，把老母親扔在雲南，「戀職忘親，棄之不顧，尚得謂之人類乎？尹壯圖不但無君，而且無親，立交刑部治罪」（《清高宗實錄》）。無君無親，你還算是個人嗎？罪過還有比這更大的嗎？

這麼大的罪，應該如何處理呢？大臣們開了好幾次會，最後決定按照「挾詐欺公，妄生異議律」（《清高宗實錄》），提出應該將尹壯圖判處死刑，立即執行。

乾隆五十六年（1791 年）二月，也就是尹壯圖上了奏摺半年之後，乾隆皇帝對此案做了終審判決。出人意料，乾隆說，雖然大家對尹壯圖的量刑是十分正確的。尹壯圖所犯大罪，即便不殺頭，也應該充軍。但是皇帝特別仁慈。他尹壯圖雖然卑鄙無恥，但皇帝我肚量如海，風格很高，對批評，一直是有則改之，無則加勉。

因此「着加恩免治其罪，以內閣侍讀用，仍帶革職留任」（《清高宗實錄》）。乾隆皇帝處理尹壯圖，為的是證明自己的一貫正確，為自己爭取人心。所以他要擺出高姿態。定性從重，處理從輕。讓尹壯圖當內閣侍讀。

不過千密必有一疏，乾隆忘了一件事。說來有趣，乾隆定尹壯圖罪的時候，一個重要理由是尹壯圖不回家供養老母。但是處理結果，卻是讓他繼續在京任職。乾隆的這種做法，當然是非常自相矛盾。

倒是尹壯圖十分知趣，一通感激涕零之後，他以侍奉老母為由，申請辭職回家。辭呈一上，乾隆發現這個理由無法反駁，只好放他走人。乾隆五十七年（1792 年）八月，尹壯圖領了聖恩，捲了鋪蓋，回老家養母去了。

一場史無前例的君臣賭局，就這樣落幕了。乾隆晚年一次正視現實，解決問題的機會，也這樣失去了。本來，如果乾隆能夠虛心一點，那麼尹壯圖的奏摺就可以替他揭開大清盛世的漂亮外衣，讓他看到敗絮其中的實質。不幸的是，晚年的乾隆，已經自大到失去了最基本的反思能力的程度。

回顧乾隆的一生，從早年的明智到晚年的顢頇（mān hān），從早年的勤政到晚年的懈怠，從早年的謙虛到晚年的自大，這種劇烈的變化，確實令人驚訝。不過回過頭來想，乾隆這個人，從乾隆元年（1736 年）到乾隆四十五年（1780 年），他基本上保持了勤政不懈。而乾隆四十五年之後，也仍然能每天按部就班地工作，批閱大量奏摺，應該説，這差不多已經達到了人類意志力的一個極限。歷史上其他皇帝是很難做到的。乾隆在登上皇位後四十五年才出現懈怠，被大臣們捧了四五十年才開始得意忘形，到了老年，才開始走向自己的反面，其實已經很不容易了。乾隆的變化，只能説明，沒有制度的保證，只靠個人的自覺，任何一個人都會走向自己的反面。

到了乾隆晚年，所謂的康乾盛世，實際上已經只剩下一層華麗的外衣，裡面已經是千瘡百孔。那麼，在乾隆晚年，老百姓的生活水平又是甚麼樣呢？説來也巧，就在尹壯圖回雲南老家那個月，也就是乾隆五十七年（1792 年）八月，有一艘英國戰艦從英國樸次茅斯港出發，駛往中國。這些英國人，將在中國看到甚麼，又對乾隆盛世留下甚麼評價呢？

第十九章

來叩門的英國人

截止到上一章，我們大致講述了乾隆一朝由極盛轉為衰落的過程。那麼以前我們所講的這些，都是內政。內政和外交，是國家治理的兩個方面，不可偏廢。因此，不講外交，我們對乾隆一朝的了解就不夠完整。那麼，乾隆一朝的外交有甚麼成功和失敗之處呢？從這一章開始，讓我們以英國馬戛爾尼使團訪華事件為切入點，來看一下乾隆朝的國際形勢。

乾隆五十七年，也就是公元 1792 年的秋天，乾隆皇帝接到了兩廣總督郭世勳送來的一封緊急奏摺，說是有一個名叫「英吉利」的國家，想派人前來進貢。

郭世勳說，這個消息是英吉利國在廣州的「商業總管」，名叫「百靈」的那麼一個人，告訴他的。奏摺後面還附上了翻譯成中文的百靈的一封「稟文」。

這封稟文甚麼內容呢？

它的中文譯本是這樣說的：

英吉利國總頭目官管理貿易事百靈，謹呈天朝大人，恭請鈞安。我國王聞得天朝大皇帝八旬大萬壽，本國未曾着人進京叩祝萬壽，我國王心中十分不安。……

馬戛爾尼

今本國王命本國官員，公、輔國大臣嗎嘎爾呢，差往天津。倘邀天朝大皇帝賞見此人，我國王即十分歡喜，包管英吉利國人與天朝國人永遠相好。(《掌故叢編》)

注意，這裡的輔國大臣嗎嘎（gǎ）爾呢，就是後來我們常說的馬戛（jiā）爾尼。這兩個字的區別就是一個帶口字，一個不帶口字。在外國人名或者國名邊上盡可能加上一個口字旁，這是清代翻譯的慣例，意思是說，這些蠻夷都是些只重視口腹之慾的「獸類」，這種做法當然反映了當時清代人天朝上國的傲慢文化心態。

我們再接着說這封稟文。乾隆讀了這封稟文，非常高興。因為你看，這英吉利國的語氣是多麼「恭順」。意思是說，前年乾隆皇帝八十大壽，他們知道信兒晚了，沒趕上，沒進貢，他們國王居然就「心中十分不安」。因此今年就巴巴地趕來給乾隆皇帝慶生日，如果皇帝肯賞臉見他，那麼他們國王就會「十分歡喜」，看來這個英吉利國還真是懂得禮數。

另外，「英吉利國」這個名字，乾隆以前還沒聽說過。現在這樣一個陌生的國家要來進貢，說明大清國的屬國名單上，又將添上一個新的名字，乾隆想到這就更高興了。

那時候英國國王叫喬治三世，雖然他在歷史上不太有名，沒有甚麼維多利亞女王那樣有名，不過其實也挺了不起，他在七年戰爭中帶領英國戰勝了法國。七年戰爭是歐洲歷史上一場非常重要的戰爭，是英國帶領普魯士等國家，和法國帶領的奧地利等國展開的一場大戰，時間上從 1756 年打到 1763 年，也就是乾隆二十一年到乾隆二十八年。戰爭的目的，就是奪取殖民地和爭奪世界霸權，所以戰場不光有歐洲大陸，還打到了北美、中南美、印度和菲律賓這些地方，打得是非常慘烈，所以後來的英國首相丘吉爾認為，這才是真正的第一次世界大戰。

戰爭的結果，是英國勝利了。英國從法國人手裡奪取了加拿大、佛羅里達，以及印度的大部分地區。從此英國成了海上殖民霸主，被稱為日不落帝國。換句話說，這場戰爭標誌着，英國成了世界第一軍事強家。

那麼世界上新興的第一強國派人來祝賀乾隆八十大壽，為甚麼會被乾隆皇帝理解為是要歸順大清，做大清的屬國呢？

這就要說到，在過去，中國傳統王朝和周邊國家的關係，基本上是一種「朝貢體系」。在這個體系中，中國自認為是位居天下中央，是文明之邦，所謂「天朝上國」。四周國家都是蠻夷之國。蠻夷之國，還分為兩類：一類是明白事的，「傾心向化」，願意派人進貢，表示臣服，學習先進文化，這類國家就叫屬國，或者叫藩屬國、進貢國。另一類呢，是沒開化，不懂得向「天朝上國」學習的重要性，因此不進貢的，這些叫「化外之國」，所以打個比方，在傳統時代，古人心目中存在三個世界。中國是唯一的第一世界，屬國是第二世界。那些不進貢的國家，則是第三世界。在今天看來，這種世界觀當然是主觀的、錯誤的，但當時卻是天經地義的。

所以，包括大清王朝在內的中國傳統王朝，並沒有甚麼平等外交的觀念。歷代王朝都沒今天「外交部」這樣的機構，在古人看來，中國與屬國的關係是君臣關係，是禮法關係，所以大部分朝代，外交事務主要是由禮部來管。只要你到中國來，我們就認為你是來向我們進貢的，把你一廂情願地稱為屬國。因此在清代屬國名單中，有一個很有意思的現象，不但有朝鮮、琉球這樣的真正的屬國，還有一些向中國派過使臣的歐洲國家，比如從康熙朝就把和清政府打過交道的俄羅斯歸為西北陸地屬國。由海路而來與中國發生過外交往來的荷蘭、葡萄牙、西班牙、羅馬教皇廳也就是今天的意大利，都被清朝劃為海上屬國。當然實際上這些國家也許並不知道自己已經上了大清王朝的屬國名單了。

歷代中國王朝都特別重視屬國的數量。因為「萬國來朝」「四夷賓服」向來是中央帝國統治成功的重要標誌。乾隆皇帝引以為自豪的一個重要成績，就是在他的治下，清朝的屬國數量創了歷史紀錄，達到二十多個。現在，又有一個叫英吉利的國家主動前來納貢。這難道不是一件大喜事嗎？所以乾隆大喜過望。

乾隆時代的西洋鐘錶

不過，高興過後，乾隆也有一點疑惑：這個英吉利國從來都沒有聽說過，究竟在哪呢？它離中國多遠？是個甚麼樣的國家？

乾隆皇帝命人搬

來一本世界地圖，找了半天，雖然找到了傳教士們常說的甚麼法蘭西、羅馬教皇廳甚麼的，卻沒找到「英吉利」三個字的影兒。於是乾隆命人把宮中的西洋傳教士叫過來，問問英吉利國是怎麼回事。傳教士們果然知道，告訴他，「該國在西洋之北，在天朝之西北」。與法蘭西國大致同一個方向，是個特別善於製造器械的國家，以前皇帝玩的自鳴鐘甚麼的，很多就是那兒生產的。一聽這個，乾隆皇帝更高興了，因為一向喜愛收藏的他最喜歡的就是西洋鐘錶。

有人可能奇怪：乾隆皇帝不知道有「英吉利」這個國家，難道英國在乾隆朝以前就沒和中國打過交道嗎？

當然不是。事實上，在乾隆朝以前，英國已經和中國做了將近二百年的生意。而到了乾隆朝，英國更是中國第一大貿易伙伴國了。

「18 世紀末，英國對中國的貿易輸入值已佔西方國家總值的 90% 左右，輸出值則佔 70% 以上。英國早已經是中國第一大外貿出口國，也是第一大外貿進口國。」(《閉關與開放，中國封建晚期對外關係研究》)

就是說，中國出口到歐洲的東西，百分之七十都出口到英國了。而從歐洲進口的產品，更是百分之九十都來自英國。那麼，為甚麼乾隆居然不知道英國的存在呢？這是因為，英國和中國貿易開始於明朝晚期，那時明朝官員對世界不了解，以為歐洲只有一個叫荷蘭的國家。因為荷蘭和中國做生意歷史最悠久，所以明朝官員知道「荷蘭」這個國名，當時人管荷蘭人叫「紅毛番」。所以他們一看英國人，紅頭髮藍眼睛，就以為他們也是荷蘭人，也管他們叫「紅毛番」。到了清朝，這個叫法延續下來了。所以乾隆以前沒有聽說過「英吉利」這麼個國家。

為甚麼和中國做了將近二百年生意，英國沒想到與中國建立外交關係，惟獨到了乾隆晚年，突然要派人來呢？

這是因為，此時的英國早已經不是二百年前的那個名不見經傳的躲在荷蘭身後的小國了。現在的英國，早已經戰勝荷蘭、西班牙、法國等昔日海上強國，成了新一代海上霸主。他們認為自己已經是「世上最強大的國家」，有底氣來和大清王朝這個東方巨人握握手了。

事實上，在這次出使之前，有一位英國將軍，就是在七年戰爭中帶領英軍打敗了法國，征服了全印度的克萊夫勳爵，曾經提出一個重要建議，建議英國趁着征服北美和印度的餘威，乾脆把中國也滅了算了。不過，當時的首相是老皮特，他比較謹慎現實，認為中國遠比印度強大，是亞洲第一強國，還是握手交談再說。所以英國人派出了使團。

那麼，派出使團和中國人談甚麼呢？談怎麼擴大外貿關係。英國人迫切需要和中國增加貿易量。因為過去的一百年，是英國經濟發展特別迅速的一百年。從 1698 年至 1775 年，英國的進口商品增長了百分之五百，出口商品增長了百分之六百。特別是從 1733 年，也就是乾隆即位的前兩年（雍正十一年）開始，英國開始了工業革命，英國的紡織品、鋼鐵產品及其他工業製成品質量迅速提高，行銷全世界。但是，這些東西到中國，卻賣不動了。英國從中國進口增長是很快的，短短五十年間，英國從中國進口的茶葉增長了三倍。但是出口卻沒甚麼變化，除了賣給清朝皇室幾座自鳴鐘之類外，英國本土出產的東西，卻很少能在中國打開銷路。

因此，當時來到廣東的英國商船，船上只有百分之十是貨物，另外百分之九十以上都是銀子。英國人只能用現金來買中國的茶葉。中英貿易發展非常不平衡。那麼，在全世界都受歡迎的英國工業品，為甚麼在中國打不開銷路呢？英國人認為，是清朝的貿易體制，給了英國商人太多的束縛。

那麼，清朝英國商人要受到哪些束縛呢？

清代對外商的束縛主要有三個方面。

第一方面，生活上非常不方便。

清代實行一口通商，全國只有廣州一個城市可以接待外商。外商每年，只有在貿易季節，就是每年的五月到十月，才可以待在廣州。另外半年，他們或者回國，或者待在澳門，不許停留在廣州。而且待在廣州期間，不能攜帶家屬。

在廣州，他們也不能住到廣州城內，只准住在城外一條叫「十三行街」的街裡頭。這條「十三行街」兩頭都派人把守，禁止外國人隨意出入。外國人只能在每月初八、十八、二十八三次，由清方組織，外出到指定地方參觀學習一次。平時就得在街裡老老實實乾熬着。

而且外商出門，只能步行，不許坐轎，以示他們社會地位低人一等。特別是清政府嚴禁他們同普通中國人交往，特別是不許外國人學漢語。中國人要是敢於教外國人讀書，那是死罪。比如乾隆二十二年（1757 年），兩廣總督李侍堯發現一個叫洪任輝的英國商人，不聽清政府的命令，擅自到寧波去做買賣，抓起來一查，這個英國人不光會説漢語而且還會讀漢字。

李侍堯大吃一驚，當成一個大案要案來查，最後發現是一個叫劉亞匾的中國人教他漢語。於是李侍堯最後，以「教授夷人讀書」罪，把劉亞匾砍了頭，把洪任輝關了三年，期滿驅逐出境。所以後來直到嘉慶年間，英國傳教士馬禮遜來到廣州，想找個中國人學習漢語，還要把棉被蒙在窗子上，擋住燈光，來保護他的中文教師。這是生活方面的諸多限制。

除了生活方面，更大的不方便是外貿體制方面。

清朝政府不但沒有外交部，也沒有專門管理外貿事務的政府機關，大清王朝的所有外貿事務，都委託由「十三行」這個民間機構進行管理。

甚麼是「十三行」呢？所謂「十三行」，是清朝政府指定的十三家中國商人，專門負責與外國人做生意。外國商人到了中國後，所有的貨物都只能先賣給十三行，由十三行再去轉賣。不管這十三行給的價格多低，你都得賣他們。採購所有東西，都必須經過十三行，不管他們給的價格多高。如果他們在中國遇到甚麼困難，也不得直接找清朝政府反映，只能通過「十三行」提出請求。外商居住廣州，一舉一動都要接受十三行的管理。嘉慶二十一年（1816年），有一個英國商人感覺在廣州生活太受氣了，自己偷偷跑進廣州城，想直接找地方官員反映情況，結果地方官不由分說，把他捆起來，送回來，交給十三行處理。所以十三行就成了一個半官半商的不倫不類的機構，經常欺負外商。

與此同時，廣州海關還經常對外國商人敲詐勒索。

我們剛剛説過，清朝政府不屑於與外商發生關係。不過，清朝官員對外商帶來的銀子卻非常感興趣。清代的廣州海關是眾所周知的肥缺，為甚麼呢？因為他們的貪污腐敗，非常厲害。外國商船到了廣州後，要想靠岸，每條船就要交給各級官員以下禮金：

官禮銀六百兩；

通事禮銀一百兩；

管事家人丈量開艙禮銀四十八兩，小包四兩；

庫房規禮銀一百二十兩，貼寫十兩，小包四兩；

稿房規禮銀一百一十二兩，掌按貼寫四兩，小包二兩八錢；

單房規禮銀二十四兩，貼寫二兩，小包一兩；

船房丈量規禮銀二十四兩，小包一兩。

總巡館丈量樓梯銀六錢，又規銀一兩；

……

（海關監督尤拔世所訂《粵海關改正歸公規例冊》）

這些錢，加一起，總計一千九百五十兩白銀。

清朝的廣州海關為甚麼敢這麼明目張膽地勒索外商呢？原因很簡單，就是我們剛説過的，外商不得直接與清朝政府發生聯繫，必須通過十三行，這實際上就取消了外商反映問題的權利。所以外商在清朝海關官員眼中就成了一個個待宰的肥羊，無論他們怎麼樣痛宰，都無法發出聲音。

説到這，可能有人奇怪：清政府為甚麼把外商管成這樣呢？

這裡面有兩方面的原因。一個是自古以來的輕商觀念所致。古人認為商人是四民之末，外夷又是人類之末，官員直接出面與外商打交道，就失了天朝上國的體面。

另一個更根本的原因是清代的外貿體制，不是為了發展經濟，而是為了政治目的。所以清政府一方面與外國開展貿易，另一方面，很重視「華夷之防」，要把外貿規模控制在最少限度之內，以免給自己的鐵打江山添任何麻煩。

清政府的這種對外防範心態在當年的「紅溪事件」中表現得很明顯。乾隆五年（1740 年），在印尼發生了荷蘭殖民者屠殺巴達維亞，也就是今天的雅加達中國華僑的「紅溪事件」。那一年九月，荷蘭士兵瘋狂屠殺巴達維亞華僑，縱火焚毀華僑住宅，搶劫華僑財物，大屠殺持續了半個多月，殺死了一萬多名無辜華僑。鮮血把巴達維亞城的所有溪流都染得通紅，所以人們把這次慘絕人寰的屠殺事件稱為「紅溪之役」。

第二年，福建巡撫把這個事報告給了朝廷，請示朝廷怎麼處理。乾隆皇帝是甚麼態度呢？

乾隆下了一道聖旨，說：「內地違旨不聽召回，甘心久住之輩，在天朝本應正法之人，其在外洋生事被害，孽由自取。」（《清高宗實錄》）就是說，這些華僑本來都是在國內不安分的人，他們違法私自出洋，本來就是應該被處分的，所以在國外被屠殺是自找倒霉，我不管。

所以，清政府對外一貫是這種態度，因此才從嚴控制商業，以免影響國內穩定。然而，這種想法，與英國的國力崛起形成極大反差。

在這個背景下，英國政府決定向中國派出使團。英國人認為，乾隆皇帝是一位偉大的東方君主，因此應該是一個通情達理的人，也許這麼多年來他一直被廣州海關所欺騙。一旦了解了真相，英明的乾隆皇帝應該會下令改革外貿體制。

所以英國此次遣使的第一個目的，是請求清政府改革外貿體制。

第二個目的，英國期望能勸説乾隆皇帝開闢更多新的更方便的港口來進行貿易，比如開放珠山、寧波和天津。

第三個目的，如果前兩項要求都能順利達到的話，他們還打算蹬鼻子上臉，再提出一個更過分的要求：請清政府像當初明朝把澳門給了葡萄牙一樣，也給英國人一個小島，讓英國商人堆放貨物，並長年居住。

此外，還有一個秘而不宣的任務：「在不引起中國人懷疑的條件下，使團應該甚麼都看看，並對中國的實力做出準確的估計。」（阿蘭・佩雷菲特《兩個世界的撞擊》）也就是偵察一下中國的國力。

那麼，英國使團這次訪華進展得順利與否呢？英國人能否實現這些目的呢？英國人認識到，要完成上述目標，他們就要充分進行準備。多年來跟中國人打交道，英國人非常了解清朝政府的驕傲自大。他們知道，如果以外交談判的架勢前往中國，很可能被拒之門外。所以他們找了一個非常好聽的藉口——向乾隆皇帝祝壽。萬里迢迢來給皇帝祝壽，肯定能受到乾隆皇帝親自接見。

要祝壽，當然就要準備壽禮。為了出使順利，在準備禮品過程中，英國人確實動足了腦筋，費盡了心思。他們通過大量的調查研究，發現乾隆皇帝從小就特別喜歡自鳴鐘之類的西洋機械製造品。

我們通常有一個誤解，説清代閉關鎖國，因此清代的統治者與外界毫無接觸。事實上，雖然在體制上清代與外國沒有太多的接觸，但是在奢侈品享受上，清朝皇室卻一點也不落後。在清代中期，巴黎或者倫敦流行的甚麼玩意兒，往往不久後就會隨着商船或者傳教士傳入北京。所以清代皇帝都很喜歡西洋玩意兒。

你比如雍正皇帝，大家都認為他是一個工作狂，成天沒日沒夜地工作，其實業餘時間，他也是一個相當摩登的玩家。現在故宮博物院裡還保留着他好幾張穿西裝、戴假髮的畫像。

乾隆皇帝受他的影響，從小就特別喜歡裡面有很多機關銷銷的西洋玩具。他登基之後，西洋傳教士西澄元專門為他研製了一頭「自行獅子」。這頭機器獅子體量大小與真獅子差不多，肚子裡藏着發條，上足了發條，這頭獅子能走上一百步。乾隆皇帝非常喜歡，沒事就把這隻獅子拉出來遛遛。(《乾隆皇帝大傳》)

英國人從這些信息判斷，乾隆皇帝應該是一個對科學技術和工業產品很感興趣的人，而這些正好是英國的強項啊。英國人知道，其他國家的教士們已經向中國傳播了一些歐洲科技。不過那都是一百年前的技術了。

所以英國人要選擇那些最新的技術和產品，準備讓乾隆皇帝大吃一驚。英國人在他們準備的禮品單的開頭，寫了這樣一段：「如果贈送一些只能滿足一時好奇心的時髦小玩意兒，那是有失禮貌的。因此，英王陛下決定挑選一些能顯示歐洲先進的科

學技術，並能給皇帝陛下的崇高思想以新啟迪的物品。」（阿蘭·佩雷菲特《兩個世界的撞擊》）

英國人到底準備了些甚麼好東西給乾隆皇帝呢？

第一件，是一個太陽系的模型，叫天體運行儀。從這個儀器上可以看到太陽運行的軌道，可以看到帶着四顆衛星繞着太陽轉的木星，以及帶光圈及衛星運轉的土星等等。這個儀器能非常準確地模仿地球的各種運動，模仿月球繞地球的運行；所以這架天體運行儀還能推算出一千年內的所有日食。可以説，這是代表了當時歐洲天文學和機械製造學最高水平的一件產品。英國人對這個東西是非常自豪，認為一定可以引起乾隆皇帝的注意。

另一件禮物是「赫斯色爾」（F.W. Herschel）望遠鏡。1668年，也就是清朝康熙七年，二十六歲的牛頓製成人類歷史上第一架反射望遠鏡。到了 18 世紀後期，另一位英國科學家赫斯色爾又對反射望遠鏡加以改進，並用它在人類歷史上第一次發現了一顆新行星——天王星。他還用大型反射望遠鏡證實了銀河系的存在。所以，他的發現在整個歐洲都引起了轟動，歐洲各國國王都跑到英國來參觀赫斯色爾望遠鏡。所以，英國人也給乾隆皇帝準備了兩個望遠鏡。

英國人送給乾隆這些東西，顯然是要展示他們在基礎科學方面的世界領先地位。

英國人帶的另一個大件是為乾隆皇帝特製的一個巨大的地球儀。它上面不但標出地球各大洲各個國家，更重要的是，英國人在上面標出了英國的海外殖民地，英國遠征地球的航海路線。很顯然，英國人是想以這件東西，向乾隆顯示英國的軍事實力。

與這個地球儀相配合，英國人還送給乾隆一個戰艦的模型。英國人在説明中說：「歐洲其他國家都承認英國是世界上最強大的海洋國家，因此英王陛下想在給皇帝陛下派遣使團的同時派遣幾艘最大的船隻，以示敬意。但鑒於黃海裡有暗礁，而歐洲的航海家又根本不熟悉這段航路，英王陛下不得已派遣一些較小的船隻。另外，英王陛下贈送給皇帝陛下英國最大的、裝備有最大口徑的火炮一百一十門的『君主號』戰艦的模型。」(阿蘭 · 佩雷菲特《兩個世界的撞擊》)

這件禮物當然是想向乾隆暗示英國海軍的實力。

除了這些大件之外，英國人帶的另一類禮品是武器，其中有榴彈炮、有迫擊炮，還有卡賓槍、步槍、連發手槍。送乾隆這些，為的是表現英國在武器製造業上的絕對優勢。

英國人相信，這些全人類文明的最新成果一定讓乾隆皇帝大開眼界，目瞪口呆，充分認識到大英帝國的實力。

為了達到這個目的，英國人組織的這個使團規模也非常龐大。

使團團長，是英國國王的親戚，著名外交家馬戛爾尼勳爵。他是英國一個資深外交家，擔任過英國駐俄公使、加勒比總督和印度馬德拉斯總督，走遍了全世界。副使叫喬治 · 斯當東，也是一位外交老手，一直在做馬戛爾尼的副官。使團人員加上水手，一共七百人，這是英國歷史上規模最大的外交使團，在此之前從來沒有過。除了外交官，使團中還有英國的學者、醫生、畫家、音樂家，以及大量工程技術人員。英國人甚至還帶去了一個熱氣球駕駛員，如果乾隆皇帝感興趣，就可以坐着英國的熱氣球到天上轉一圈。那樣的話，他就會成為東半球第一個飛上天空的人。

1792 年 9 月，帶着這些禮品，馬戛爾尼使團分乘戰艦獅子號、印度斯坦號和護衛艦豺狼號，從英國南部的樸次茅斯港出發了。

在出發之前，英國人先通過十三行，給兩廣總督發了封公文。這就是開頭我們看到的所謂百靈的「稟文」。「稟文」除了我們開頭所引的內容，最後還有這樣一句，説是：馬戛爾尼即日揚帆前往天津，帶有進貢貴重物件，內有大件品物，冀早日到京。（《清高宗實錄》）就是説，英國人知道，依清朝政府規定，海上到達的外國使臣一律要由廣州上岸。但這次英吉利人請求要破例由天津登陸，因為他們帶着這麼多貴重的禮品，其中有許多體積龐大，如果由廣州登陸，陸路行走過遠，很容易把這些貢品給磕了碰了。

晚年的乾隆，沉溺於亨受生活，物質慾望越來越強烈，對奢侈品，對各種精巧新奇之物他是越來越感興趣。所以乾隆皇帝看到這句話，更高興了。英國人成功地吊起了乾隆的胃口，他回覆兩廣總督郭世勳，破例批准英國人的請求。

乾隆説：「閱其情詞極為恭順懇摯，自應准其所請，以遂其航海向化之誠。」（《清高宗實錄》）就是説，英國人既然這麼恭順懇切，就不妨破個例，滿足他們傾心向化的一片熱誠之心。

那麼，馬戛爾尼使團一行三艘大船、七百多人，經過在海上九個月的漫長的行駛，終於抵達了中國。1793 年 7 月底，他們到了天津。

那麼，英國人這次出使，是否達到了他們預定的目標？他們帶來的這麼多禮物，又是否讓乾隆皇帝大吃一驚，認識到世界科技發展的潮流呢？

第二十章

英國人的禮物

公元 1793 年，即乾隆五十八年，英國使臣來到大清王朝，帶來了大量的禮品。

英國人的這種做法，確實吊起了乾隆的胃口。所以馬戛爾尼等一行人一到天津，發現乾隆早已經派人等候在那了。清朝官員一上英國大船，開口就問你們到底帶了些甚麼好東西。所以馬戛爾尼趕緊把事先準備好的禮品名單，以及詳細的說明書交給了這兩名官員，讓他們轉交給乾隆皇帝。

乾隆皇帝這時候在哪呢？在承德。七月份嘛，他在承德避暑山莊避暑，他的生日慶典下個月也將在這裡舉行。天津官員趕緊以最快的速度把禮品單送到承德，當然，中國翻譯把它翻成了「貢單」。乾隆皇帝一看「貢單」，雖然看不太懂，但是能看出這都是非常新奇的東西，所以很高興，他指示，既然貢品有大有小，有的便於運輸有的不便運輸，那麼把其中體積比較龐大的八件，就留在北京安裝，等他回到北京再看，省得運到承德弄壞了。其餘那些小一些的，要隨「貢使」一起，運到承德，讓他先睹為快。乾隆指示，這些英國使臣不遠萬里，巴巴地來給他祝賀生日，因此一路要給英國使臣最好的招待，好吃好喝，不要讓他們受了委屈。

中方官員收到乾隆的指示，趕緊把它傳達給馬戛爾尼。馬戛爾尼看到乾隆這個反應，很高興，也很興奮。於是他們在北京短暫地休息一下之後，日夜兼程，趕往承德，希望早點見到乾隆皇帝。

經過長途跋涉，馬戛爾尼一行人終於到了承德。馬上要見到最偉大的東方統治者乾隆皇帝了，英國人心中非常期待。然而這個時候，誰也沒想到，雙方卻產生了一場嚴重的衝突。特別是對於事先自認為已經做足功課，做好了各種準備的馬戛爾尼來說，這件事情更是出乎他的意料。出了甚麼事呢？

原來是，中方官員把英國使臣安排住下之後，和他們提起了一件事：過幾天，你們就要見皇帝了。你們見皇帝，得三跪九叩。這三跪九叩到底怎麼個叩法，你們會嗎？咱們先拿出幾天來演禮，也就是先演習一下怎麼叩頭吧！

馬戛爾尼一聽，愣住了。甚麼？三跪九叩？那可不行！你們把我們英國人當甚麼了？我們來這裡，是想和你們建立平等的外交關係，怎麼能讓我們三跪九叩呢？

清朝官員一聽，也傻眼了。甚麼？平等的外交關係？我們天朝上國，和你們怎麼可能有平等的外交關係？你們不是來給我們皇帝進貢稱臣來了嗎？

馬戛爾尼一聽急了，甚麼進貢稱臣，我們是世界上最強大的國家，殖民地遍佈全球，怎麼可能給你們進貢稱臣！

清朝官員一聽，把之前我們提到的英國的「商業總管」百靈寫的那封稟文拿出來了，說，你看，這不是你們寫的稟文嗎？你們在稟文裡表現得多麼恭順啊，怎麼到這又不聽話了呢？

確實，我們提到過的所謂英國商業總管百靈的稟文，語氣寫得確實非常恭順。當然，我們說的是翻譯過來的漢語。英國使團團長馬戛爾尼叫過自己的翻譯，把這篇漢語翻譯的稟文研究了一遍，發現問題了。原來英國人的稟文用現代漢語翻譯過來應該是這樣的：

仁慈的英王陛下聽說：貴國皇帝慶祝八十萬壽的時候，本來準備派英國住廣州的臣民推派代表前往北京祝敬，但據說該代表等未能如期派出，陛下感到非常遺憾。為了與貴國皇帝樹立友誼，為了改進北京和倫敦兩個王朝的友好交往，為了增進貴我雙方臣民之間的商業關係，英王陛下特派遣自己全權特使謁見中國皇帝，深望通過他來奠定兩者之間的永久和好。(斯當東《英使謁見乾隆紀實》)

所以這封信的語氣本來是禮貌誠懇，不卑不亢的。然而，在清代，所有的外國文件，都要由官方的翻譯翻出，而這些翻譯們很清楚朝廷和官員的心理，翻譯時經常添油加醋，把外國來文的語氣加工得十分「恭順」。所以翻譯們在漢文中添加了「謹呈天朝大人，恭請鈞安」，「虔叩天地保佑天朝大人福壽綿長」等原文中根本沒有的「慣用語」。還說甚麼「倘邀天朝大皇帝賞見此人」，他們就不勝感激等等。同時，把「為了改進北京和倫敦兩個王朝的友好交往」等表達平等交往意圖的文字，一律刪去了。所以乾隆皇帝一讀，就以為英國人是前來進貢的。

馬戛爾尼弄明白了怎麼回事，氣壞了，說，我們不是這個意思，我們在英國，除了對上帝，從來不會雙腿下跪。所以想要我們三跪九叩，沒門兒。

清方官員一聽，也氣壞了。以前他們接待過無數外國使臣，也包括一些西洋的使臣，從來沒有人拒絕下跪的。怎麼到你們這兒就不行了。

於是兩國官員就這樣僵持不下了。

這個事震動了整個朝野。我們知道，中國是一個極為重視禮法的國家。在傳統社會，禮儀意味着秩序，意味着綱常，是天大的事，絕對不能讓步。所以乾隆馬上派他認為最能幹的大臣和珅親自去談這個事。

英國人記載，在談判的場合，清朝官員都非常生氣：「和中堂接見公使的時候坐在正中一個鋪着綢的高椅上，兩旁有四個大臣。」「他們見了我們也不起立，態度冷漠，語氣傲慢專橫。」(斯當東《英使謁見乾隆紀實》)

為了到底跪還是不跪，和珅和馬戛爾尼談判了許多回。雙方誰也不肯讓步，對清朝官員來説，這關係到清朝的天朝上國地位，對馬戛爾尼來説，這涉及大英帝國的尊嚴，沒法退步。但是雙方又都不想談崩。對英國使團來説，萬里迢迢來到東方，最後因為這樣一個小小步驟見不到乾隆，實在可惜。而對乾隆皇帝來説，英國人前來進貢的消息已經傳遍全國，如果最後把英國人趕跑，臉上也不好看。所以談到最後，還是辦事圓滑的和珅給出了一個解決方案，雙方各退一步，英國人同意在各國使臣都行禮的時候，他們混雜其中，單膝跪地，隨眾俯首，跪三次，俯首九次，中方也不再勉強他們非要把頭碰在地上。這樣在場的人看來，英國人也算是行了三跪九叩禮了，頂多行得不是很規範而已。晉見因此勉強得以舉行。

所以公元 1793 年，也就是乾隆五十八年八月十三日淩晨，隆重的「萬壽」慶典活動在承德避暑山莊正式舉行。這一天一大早，英國使臣隨着其他各國使臣一起進了帳篷，見到了這位地球上統治着最多人口的著名君主。英國使團團長馬戛爾尼回憶説：「我仔細觀察乾隆皇帝，發現他的精神氣質不錯，很像我們英國的老年紳士，精神健旺，八十多歲了，看上去不

過六十多。」(斯當東《英使謁見乾隆紀實》)

使團的禮品總管約翰·巴羅，在他《回憶錄》中的記述更為傳神：「八十三歲的乾隆毫無一絲龍鍾老態。有着一個身體健壯、精神矍鑠的六十歲人的外表。他的眼睛漆黑，目光鋭利，鼻子鷹鈎，即使在如此高齡，面色仍相當紅潤。我估計他身高約五英尺九寸，腰板極其挺拔。他的精力充沛，一生的操勞都沒能令其衰弱。」(約翰·巴羅《我看乾隆盛世》)

英國使臣按着約定，混雜在賀壽的隊伍裡面行禮如儀，大家並沒有發現甚麼異常，乾隆皇帝當時也並沒有流露出任何不悦。

不過，慶典結束後，馬戛爾尼發現，清朝政府對他們的接待標準迅速降低。每天送來的飯菜數量只有以前的三分之一，而且遠遠不如以前可口。顯然，清朝官員想通過這種方式表達對「不懂事的英國蠻夷」的憤怒。馬戛爾尼也知道，行禮事件，降低了出使成功的可能性。

不過，英國人對於此行還抱有希望的。為甚麼呢？因為乾隆皇帝將在生日過後第二天，觀看他們帶來的部分禮品。在戰爭中崛起的英國人看來，國家力量主要建立在軍事及物質實力之上。雖然帶到承德的只是部分禮品，但是其中有一些武器。這些武器展示了英國在軍械製造上遠比清朝領先。

確實，英國人在典禮上的傲慢，並沒有影響乾隆皇帝對英國禮品的好奇。慶典後第二天，乾隆就命人把英國禮物拿過來，一一觀看。然而一見之下，卻完全沒有達到英國人設想的效果。對這些英國人精心準備的禮物，乾隆皇帝並沒有感覺有甚麼了不起，為甚麼會是這種結果呢？

首先我們得介紹一下，運到承德的這批禮物都包括哪些呢？

乾隆皇帝看到的這批禮品體積都比較小，內容如下：二百匹呢料；兩台大望遠鏡；兩支氣槍；兩支漂亮的獵槍，其中一支嵌金，另一支嵌銀；兩對加長了像步槍的馬槍（可一次連射八發子彈）；兩箱愛爾蘭特產波紋絹，每箱裝七匹；兩箱高級英國手製華貴地毯。還有一大批英國貴族和名人的肖像。

乾隆細細觀看了這些「貢物」，有點失望。他沒看到類似「自行人」「機器狗」那樣巧奪天工的玩具。他並不需要呢料，在他的印象中，英國的呢子除了做帽子外別的沒甚麼用處。至於英國人認為非常厲害的槍械，乾隆感覺也沒甚麼了不起。雖然這些英國槍支做工很別緻，但他拿到手上，感覺不太習慣。英國人認為只要上手一試，開上幾槍，乾隆就會發現這些英國槍支的準確性比清朝土產的要強很多倍，但是乾隆認為大生日的舞刀弄槍不太適合，所以他也沒試用。至於英國人非常重視的「赫斯色爾」（F.W.Herschel）反射式望遠鏡，在乾隆看來，也沒有任何新奇。英國人説得那樣天花亂墜，結果不就是「千里鏡」嘛，千里鏡這東西，在康熙年間就傳到過中國。這兩架大的望遠鏡他看了半天，除了別的望遠鏡是從正面看，這是從旁邊看之外，似乎沒有甚麼本質上的區別。雖然英國人在寫禮品清單時，十分強調這架望遠鏡的特殊之處，還特意強調了它是大科學家牛頓所發明。可是中方翻譯圖省事，翻譯得非常簡單。

説明書原文是：「它不同於一般普通的望遠鏡。普通的望遠鏡通過鏡頭直接透視觀測目標，這樣望遠的程度是有限的。它是從旁觀透視觀測目標在鏡頭上的反射。這（望遠鏡）是我國大科學家牛頓所發明，其後又為我國天文學家赫斯色爾所改

進。這兩個人在科學上的重大發明創造值得將他們的名字上達貴國大皇帝的聽聞。」(阿蘭・佩雷菲特《兩個世界的撞擊》)

中方翻譯是怎麼翻譯的呢？被翻譯成這樣的內容：

此鏡規矩不是正看是偏看，是新法。乃名赫汁爾之天文生所造的。將此人姓名一併稟知。(《第一歷史檔案館檔案》)

你看，這樣翻譯，根本沒有說出要害，所以這些東西讓乾隆皇帝感覺興趣索然。

真正讓乾隆皇帝感興趣的是那批英國貴族的肖像，他覺得這些肖像畫得很好，很逼真。不過，對於西洋畫法，宮中的西洋畫師郎世寧早已經向乾隆展示過了。所以乾隆認為，這也算不上甚麼新奇。總之，對於送到承德的這些禮品，乾隆皇帝感覺相當失望。

不過對於那些留在北京的那八個大件，乾隆還是充滿期待的。可能那些好東西都在北京吧。為了早點見到這批禮品，乾隆甚至取消了每年生日之後都要舉行的狩獵活動，提前返回北京。回到北京後，他連北京城都沒進，而是直接跑到圓明園去看貢品。

然而乾隆皇帝對這些大件的反應，仍然不是很好，英國人對「天體運行儀」寄予了很大希望。清朝人的宇宙觀還停留在天圓地方階段，而英國人已經通過儀器，直觀地展示地球是如何圍繞太陽運動的。可惜，在清朝官方翻譯過來的清單中，這個儀器到底是幹甚麼的，都沒弄清，翻譯說它叫「天文地理大錶」，說它是用來測算節氣的。乾隆一聽，我們中國幾千年前就會測節氣，根本用不着你們英國人弄這樣一個笨重的大錶。乾隆皇帝命人打開這個大錶，看看機關消息是不是與以前見過的鐘錶有甚麼不同。

但是清朝的官方工匠打開大錶，向乾隆彙報說：

> 連日留心看得大錶內輪齒樞紐運轉之法，並無奇巧，與京師現有鐘錶做法相同。並無新奇之處。(《第一歷史檔案館檔案》)

乾隆皇帝因此對它就沒了興趣。

至於地球儀，乾隆更看不上眼。因為這東西康熙的時候就傳到中國來了。寧壽宮、樂壽堂裡的地球儀已經放了上百年了。我們提到過，英國人在地圖上標出了他們的海外殖民地，並且畫出了他們軍艦的航海路線，想要展示英國海軍的力量。但是翻譯沒有表達出這樣的意思。

他們把內容翻成：「天下萬國四州山河海島，都畫在球內。亦有海洋路道，及畫出紅毛船隻。」(《第一歷史檔案館檔案》)

因此英方的意思，乾隆根本沒有領會到。

在諸多禮品中，英國人最希望能引起乾隆重視的是「君王號」戰艦的模型，這是一艘裝備着一百一十門大炮的戰列艦，是英國艦隊中最厲害的一艘戰船。確實，乾隆皇帝走到它前面的時候，被它吸引了片刻。但是這樣的模型，只有專業的講解才能說明它厲害的地方。可惜，雖然馬戛爾尼跟着乾隆回到了北京，但是因為他不願意在乾隆面前下跪，乾隆就沒讓他陪同參觀講解。所以乾隆皇帝自己圍着戰船模型看了半天，也沒看出甚麼名堂。

乾隆皇帝感覺很掃興地走了。不過他後來還是補看了一下英國迫擊炮的演練，想看看英國大炮有甚麼厲害之處。不過很不幸，乾隆沒有用英國專門派來的炮手，因為乾隆擔心他不給自己下跪。而清方的炮手根本不知道英國新式火炮如何施放，他用的是清朝自己的炮彈，因為炮彈與炮筒對不上，炮彈飛出沒多遠就落地了。所以乾隆很不高興，認為英國人騙了他。總的來說，乾隆皇帝認為英國人愛吹牛。這些東西貨不對版，空歡喜了一場。

出現這樣的結果，當然有很多偶然因素，比如因為乾隆生日，所以他不想在大生日時試用手槍；比如他沒聽到英方專業人員講解和翻譯，但更主要的是因素，是乾隆對自然科學缺乏基本素養。乾隆皇帝曾經寫過一首詩自嘲：「皇祖精明勾股弦，惜吾未習值髫年。而今老固難為學，自畫追思每愧旃(zhān)。」(《御製詩全集》) 就是說，我祖父康熙對幾何數學都很精通，可惜我上學的時候沒學這些知識。如今老了，也學不動了，想到這些，感覺有點可惜。

確實，康熙皇帝對西方還是比較了解的，他那時候已經知道西方人繞了地球一周，完成了地理大發現，所以他說出一句著名的話，「千百年後，中國恐受其累。」(《清聖祖實錄》) 就是說，西方的科學技術發展很快，千百年後，可能要給中國造成麻煩。

不過，乾隆可沒有康熙這樣的見識。乾隆雖然喜歡收藏西方的鐘錶機器，但他只是作為娛樂，理解不了這些機器背後的科學價值。所以乾隆皇帝對英國禮物的這種反應，也自然是情理之中。

聽說自己的所有禮物，都沒能引起乾隆的興趣，馬戛爾尼也很失望，他們不懂是怎麼回事。不過馬戛爾尼還保留了最後一絲希望，因為英國使團還準備了最後一樣東西。這東西雖然不是甚麼高精尖產品，但英國人認為它肯定會在中國打開銷路，成為對華出口的主要貨品。這就是英國馬車。

英國人一到中國，就發現了中式馬車實在太不舒服了。中國的馬車從漢代開始就沒有大的變化。車輪是木頭製造的，座位正好位於輪子上方，又沒有彈簧等減震設備，因此人坐在上面，顛得非常難受。連乾隆皇帝坐的馬車也是一樣的不舒服：「皇帝轎後有一輛二輪馬車，式樣笨重，又無彈簧座位，同中國的普通馬車相差無幾。」（約翰·巴羅《我看乾隆盛世》）正好，英國以製造最精良的馬車聞名，英國國王這次也贈送給乾隆皇帝一輛馬車，英國人認為，清朝的馬車「……同英國贈送的舒適、輕便、華麗的馬車比較起來，簡直無法比擬」。

馬戛爾尼對這輛馬車寄予了最後的希望，然而事實證明，這又是一廂情願。英國國王送的馬車，乾隆根本連看都沒看見。因為車子的形制不合清朝的規矩：「所有禮物當中，那輛哈切特製作的漂亮馬車最叫中國人傷腦筋了。」

因為西式馬車車夫的座位位居車廂的前面且高高在上，車夫背對皇帝，不合清朝的禮制。

英國禮品總管巴羅說：「那個老太監跑來問我，聽說那個漂亮的高座是給車夫坐的，皇帝的座位在車廂裡面，他面帶譏笑地問道，難道我認為大皇帝會容忍有人坐得比他還高，把背衝向他嗎？他想知道，我們有沒有辦法把那個馭座拆下來，移到車廂的後面去。」（約翰·巴羅《我看乾隆盛世》）

巴羅回答說，這個設計是為了保證車夫的視線，無法更改。太監說，那這輛車只能「束之高閣」，根本連讓皇帝看看都不敢。英國人最後一線希望落空了。

講到這件事，就很容易讓人想到乾隆的重孫子媳婦，慈禧太后的時候發生的另一件事：光緒二十四年（1898年），外國人送給慈禧太后一輛德國生產的第一代奔馳轎車。這輛大奔慈禧只坐了一次，就扔到一邊不用了。為甚麼呢？因為這輛車裡，司機坐在太后的前面，這讓慈禧感覺很生氣。所以後來這輛大奔就一直閒置在頤和園內，直到十年動亂期間，被扔進了廢品堆。

英國人不願意痛快地下跪，送的禮品，又讓乾隆不太滿意，所以乾隆皇帝對英國使團非常反感。而馬戛爾尼偏偏在這個時候，又通過和珅向乾隆送來了一封信。英國使團來大清，是幹甚麼來的？可不是真的只為了給乾隆皇帝過生日。他們還有正事沒辦呢。他們在信中，正式提出了英國的幾項主要要求。

一直到見到馬戛爾尼的這封信，乾隆皇帝才明白了英國人的真正目的。即使是英國人痛快地給他下了跪，乾隆皇帝也絕對不會同意這些要求，何況他現在心情不好。乾隆皇帝當天就給英國使團下達了一道長長的諭旨，逐條駁回了英國人的請求。

關於英國人想與大清互派使節，乾隆皇帝說：「至爾國王表內懇請派一爾國之人住居天朝，照管爾國買賣一節，此則與天朝體制不合，斷不可行。豈能因爾國王一人之請，以致更張天朝百餘年法度？」（《清高宗實錄》）就是說，你們說派一個人長駐大清，照顧本國利益，這與我們天朝上國的體制不合，絕對不行。怎麼能因為你們一國的請求，就改變我們百多年的法度？

關於開放珠山、寧波、天津，乾隆皇帝說：「一口通商，由來已久，爾國亦一律遵行，多年並無異語。此項要求，皆不可行。」（《清高宗實錄》）就是說，一口通商這麼多年，一直很順利，所以不能更改。

關於英國人想「獲得」一個小島，放置貨物，乾隆皇帝說：「天朝尺土皆歸版籍，疆址森然，即島嶼沙洲，亦必畫界分疆，各有專屬，豈能各應所求。且天朝亦無此體制，此事尤不便准行。」（《清高宗實錄》）就是說，我大清每一寸土地，都有明確的主權，這個事尤其不能答應你。

至於讓生活在廣州的英國商人，想獲得更大的自由這個小小的要求，乾隆皇帝同樣斷然拒絕。英國商人希望能住進城裡，並且說，他們在廣州期間，應該能騎騎馬、打打板球，從事從事體育運動。但乾隆皇帝認為，這個問題過去早有過定制，不容更改。

關於改革廣州貿易體制並公開關稅稅率，防止海關關員索賄，乾隆皇帝的態度也是向有定例，不容更改。

總之，馬戛爾尼的所有要求，一字不落，全部被否定。

乾隆的這道諭旨，等於向世界宣告了通過和平方式打開中國大門的不可能。乾隆根本不知道，自己犯下了一個多大的錯誤，會帶來多麼嚴重的後果。

對乾隆皇帝的做法，我們應該從兩方面去看。

一方面，他堅決拒絕英國人要求劃給他們一個小島的請求，維護了大清領土主權的完整，這毫無疑問，是正確的，維護了國家利益。

但是另一方面，乾隆不了解當時世界的大勢，缺乏與時俱進的應變能力。他完全不了解當時的西方世界已經開始全方位超越中國，不久即將對中國構成嚴重威脅。英國人送給他的禮物，實際上是西方世界對他進行的一次明顯的警告和示威，一向精明的乾隆皇帝居然麻木不仁，毫無察覺。我們說，起碼，乾隆是一個軍事家，指揮過許多戰爭，自己對武器也比較精通。如果說對科學技術缺乏了解不怪他，他起碼應該通過英國人所送的武器了解到英國人的軍事實力。但是沉溺於生活享受的他對此卻不願意投入精力。應該說，在這方面，乾隆是失職的。長期以來的順境，輝煌的統治成就，讓乾隆皇帝過於傲慢自大，失去了對外部世界的敏感。本來，他幾十年的努力，就是為了讓大清江山永固，杜絕對大清的一切威脅，可惜到了晚年，最大的危險來臨，他卻沒能發現。

馬戛爾尼使團的到來對大清王朝產生的最大影響只不過是在天朝的朝貢國名單中多了一個名叫「英咭唎」的海外番國。根據史料記載，在嘉慶十六年（1811 年）開始重修的清代第三部《一統志》中就增加了「英咭唎」一條。

雖然英國人拒絕下跪，惹得乾隆生了一肚子氣，但精明過人的老皇帝仍然不願意放過利用這次英國使團來訪標榜自己的統治。他把英國人所送的這些禮物，在宮門進行展覽，組織大臣分批參觀，以顯示他外交政策的成功，使「內外大臣共知聲教覃（tán）敷之盛」（《清高宗實錄》）。

展覽完畢，英國人的禮物被乾隆分別處置。那幾樣最大最精美的禮品，比如那個「大鋑」，被乾隆皇帝當成了裝飾品，分別陳列在了圓明園及大內。至於小件禮品，大都隨意處置了。英國人禮品中有一批金屬刀具，本來是為了展示英國金屬加工工業的發展水平。這些刀具，削鐵如泥，質量非常好，本來副使斯當東樂觀地認為，「將來東印度公司的船假如能開到天津，英國伯明翰和設非爾德的貨品（五金器具）只在北京一個地方就可以銷很多」（《英使謁見乾隆紀實》）。而乾隆皇帝是怎麼處理的呢？《第一歷史檔案館檔案》記載，當年十月二十九日，乾隆皇帝把它們當成「鐵傢伙」賞給了造辦處的工匠們使用。

那些代表了當時最高水平的軍火，比如迫擊炮、步槍，還有那駕沒法被皇帝看見的馬車則在乾隆五十八年（1793 年）底被鎖進倉庫，再也沒有人關心過。直到咸豐十年（1860 年）英法聯軍火燒圓明園時，在園中搶劫的英國人又找到了六十多年前他們進貢來的東西。「在金庫旁邊，就有一座較大的庫房，裡面放着馬車和大量的器物，這些器物都是成套的，幾乎不是鍍金，就是鍍銀，非常精美。蒙托邦將軍一眼看出，這是一個車馬庫，存放的都是歐洲貨，有公元 1793 年英使馬戛爾尼代表英王喬治三世敬送給八十三歲高齡的乾隆皇帝的豪華大馬車，還有公元 1792 年在英國伍爾維奇皇家軍事學院製造的殺傷力極高、製作精緻的榴彈炮以及炮彈、炮架和牽引馬車等全套裝備，還有馬戛爾尼私人敬送的禮品。令眾人驚訝的是，這些進獻之物，竟然全都原封未動，絲毫沒有碰過的，上面落滿了灰塵。」(阿蘭 · 佩雷菲特《兩個世界的撞擊》)

英國人很奇怪清朝人為甚麼放着這麼好的武器不用，而一直以自己那笨重過時的火繩槍與他們較量。英國人重新把這些東西又運回了倫敦。

英國要與清朝建立平等外交關係的努力落空了，英國使團的所有目的幾乎都沒能達到。只有一項，那就是想了解清朝社會這一項，完成了。那麼，英國人眼中的大清社會，是甚麼樣的呢？

第二十一章

鴉片戰爭的種子

英國人出使中國的目標全都落空了。不過他們此行也有收穫，那就是藉這次出使的機會，對大清王朝進行了全方位的觀察和了解，為以後侵略中國做了大量的準備工作。

一般我們提到清代歷史，往往有一個印象，就是清朝康熙乾隆這些皇帝，都很厲害，所以創造了康乾盛世。而到了晚清，比如道光、咸豐、光緒，就一個不如一個，所以才喪權辱國。但是如果我們仔細閱讀歷史，就可以發現，其實鴉片戰爭的種子，恰恰是在乾隆時代種下的。

為甚麼這麼説呢？這是因為，馬戛爾尼這次出訪，在五個方面，為後來的鴉片戰爭埋下了伏筆。

哪五個方面呢？

第一方面是對大清帝國整體國力進行了深入的評估。

原來歐洲人包括英國人對大清王朝是非常敬畏的。但是通過這次訪問，英國人發現大清帝國其實遠不如他們想像的那麼強大。

為甚麼這麼説呢？

我們前面提到，英國使團團長馬戛爾尼是資深外交家。在出使中國之前，他已經走遍了全世界，該玩的玩過了，該見的見過了，所以早就想退隱泉林，安度晚年。所以英國國王喬治三世安排了他好幾個很高的職務，他都拒絕了。但是當喬治三世對他説想派他出使中國的時候，他立馬就答應了。為甚麼呢，因為他一生最嚮往的就是去中國。他是一個中國迷，對中國的所有事物都很感興趣。

有人可能感覺非常奇怪：當時的英國人裡，居然還有中國迷？確實如此，在英國使團裡，絕大多數人，對當時的中國都抱着強烈的好奇心，都是中國迷。為甚麼呢？因為從明代晚期開始，很多傳教士陸續抵達中國，把「四書五經」和中國歷史典籍翻譯到歐洲。歐洲人一看這些書，形成了這樣一個印象：中國幾千年來一直由孔夫子的偉大思想所指導，由仁慈的皇帝們統治着，君君臣臣，父父子子，是一個大一統的國家，社會富庶而和平，人民勤勞而禮貌。而相比之下呢，歐洲小國林立，戰亂不休，遠遠不如中國。所以有一股熱潮，叫「中國熱」就迅速燃遍歐洲。當時歐洲許多的大學者都對中國文化如醉如癡，談論中國是最時髦的話題。著名啟蒙思想家伏爾泰在他的小禮堂中供奉上了孔子畫像，他讚揚中國是「舉世最優美、最古老、最廣大、人口最多和治理最好的國家」。（周寧《西方的中國形象史研究：問題與領域》）

馬戛爾尼就是在這樣的氛圍中成長起來的，他對中國文化充滿崇拜之情，所以他很願意出使中國。

那麼，到了大清帝國，馬戛爾尼他們印象如何？應該說，和書本上很不一樣。

哪些方面不一樣呢？

第一是他們感覺大清王朝遠不如傳說中的富庶。《馬可波羅遊記》說中國非常富庶，遍地都是黃金，還說中國是「塵世可以想見的最繁華的地方」。然而馬戛爾尼他們到了中國卻發現，雖然大清王朝市井確實很繁華，上層社會的生活也很奢侈，但是大部分普通老百姓都生活在貧困之中。

如前所述，英國使團剛到天津的時候，受到了大清帝國慷慨的禮遇，乾隆皇帝指示地方官送了一大批食物，包括活的豬雞牛羊。因為送來的東西太多，吃不過來，並且有些豬雞牛羊在運輸過程中已經擠壓碰撞而死了，天又熱，已經有點變味，所以英國人就把它們扔到海裡了。英國人沒想到，這個時候發生了一件他們想像不到的事：當時岸上聚集了許多看熱鬧的大清老百姓。這些老百姓一看船上扔下死雞死豬，就爭先恐後，冒着生命危險跳到海裡，去撈這些東西，拿回家去吃。

這是英國人對大清王朝老百姓生活的第一個印象，生活很不富裕。

英國人眼中的乾隆時代

除了送食物，清政府還僱了許多老百姓來到船上，給英國人端茶倒水，掃地做飯，為他們的生活提供服務。英國人注意到這些人「都非常消瘦」。「在他們中間，很難找到類似英國普通市民那樣的啤酒大肚或英國農民那種喜氣洋洋的笑臉。」這些盛世之中的中國百姓的可憐樣，讓英國人感覺很意外。

在天津登陸後，英國人沿着運河坐船北上。他們充滿好奇地觀察着一路所見到的一切。他們發現，運河兩岸的民居，和英國的普通民居比起來，實在是太簡陋了。

約翰·巴羅在回憶錄中說：「我們所看到的房屋通常都是泥牆平房，茅草蓋頂。看不到一座稱得上舒適的農舍。……中國的城鎮不能跟英國的普通小鎮相比。事實上，觸目所及無非是貧困落後的景象。」（約翰·巴羅《我看乾隆盛世》）

這是英國人的另一個印象。

我們前文提到過，乾隆一朝糧食總產量是歷史最高的。為甚麼英國人看到的卻是一片貧困的景象呢？

這是因為，與中國歷史上其他盛世不同，乾隆盛世是一個飢餓的盛世。

中國歷史上的其他盛世，老百姓都吃得很飽。你比如大唐開元盛世，「稻米流脂粟米白，公私倉廩俱豐實」。而漢朝的文景之治也是非常富裕。據說文景之治的時候，老百姓家家戶戶出門都得騎馬，而且全得騎公馬，誰要是騎母馬或者小馬，就會被人嘲笑。而乾隆年間，你在歷史上絕對找不到類似的記載。

這是為甚麼呢？是清朝人比漢朝人和唐朝人懶惰了嗎？顯然不是。馬戛爾尼說，他們來到中國，第一印象就是中國人非常勤勞，比歐洲的農民勤勞多了。他說：「在整個路途上，我沒有見到一塊土地不是用無限的辛勞來加以耕作，來生產它能夠生長的每一種糧食和蔬菜」。「中國人一定是世界上最好的農民」。(轉引自《中英通使二百周年學術討論會論文集》)

與此同時，乾隆皇帝也可以說是中國歷代帝王中對農業最重視也最有辦法的帝王。根據學者研究，秦漢時我國的糧食畝產量為 264 市斤，唐代是 334 市斤，明代為 346 市斤，而清代的畝產量則達到了 374 市斤，是歷史上的最高值。(吳慧《中國歷代糧食畝產研究》)

如此高產，那麼乾隆朝老百姓生活為甚麼還那麼窮呢？

是人口增長吞沒了農業發展的成果。乾隆年間的糧食總產量雖然創了歷史最高，但是人口卻翻了一番還多，所以均下來，人均產量卻處於歷史最低水平。

據相關學者的研究，歷代糧食人均佔有量，秦漢為 985 斤，隋唐為 988 斤，宋代為 1457 斤，明代為 1192 斤，而乾隆年間，僅為 780 斤，是秦始皇以來的歷代最低水平。(《論中國古代糧食安全問題及其影響因素》) 因此，乾隆盛世不可避免地是一個飢餓的盛世。

那麼，當時歐洲人的生活水平如何呢？

1808 年，英國一個普通農民家庭，一日三餐的食譜如下：早餐是牛奶、麵包和鹹豬肉；午飯是麵包、奶酪、少量的啤酒、醃豬肉；晚飯是麵包和奶酪。星期天可以吃上鮮豬肉。除此每天還有 2.3 加侖脱脂牛奶、黃油和糖各半磅，還有 1 英兩茶葉。

18 世紀，一個普通英國農民家庭，年收入是 137 英鎊，約合當時清代的 472 兩白銀，除去各種花費，每年能有 11 鎊的剩餘，約合 38 兩白銀。而乾隆年間，一個普通中國農民家庭，年收入是多少呢，全部收入也不過 32 兩，不到英國農民年收入的 1/10，而全年的平均支出卻是 35 兩，也就是說，辛苦一年，還要負債 3 兩，才能過活。所以一旦遇到饑荒，就得賣兒賣女。

以上我們說的是乾隆時代經濟上的貧困。雖然乾隆皇帝對他發展農業的成績非常自負，但是他並不知道，和歐洲當時的生產水平比起來，他治下的大清王朝已經遠遠落後了。

除此之外，比經濟上的落後更令英國人驚訝的，是乾隆朝國家治理手段上的落後。

當時的歐洲學者，都一致讚美中華帝國的和平、穩定和井井有條。到了中國，英國人發現，和傳說中一樣，大清帝國的社會秩序確實十分井然。斯當東說：「自進入中國境內以來，在這樣大的地面上，一切事物都這樣整齊劃一，這在全世界是無與倫比的。」(斯當東《英使謁見乾隆紀實》)

英國人認為，大清帝國的社會治安的良好勝於歐洲：「皇權的鐵掌威懾着一切不守秩序破壞法紀的行為，全體使節團成員感到絕對的安全保障。」(斯當東《英使謁見乾隆紀實》)

英國人原來擔心自己帶來的禮品，因為數量眾多，體積巨大，在陸地運輸過程中一定會損壞幾件。然而，在大清官員的有力組織協調下，整個運輸任務完成得非常順利，600 多件包裹，多次裝卸、轉運，到了北京，全都完好無損。英國人感覺非常驚訝，他們說：「的確，在這兒一切似乎只要朝廷一聲令下甚麼事兒都能辦成，最費力的事也能隨時得到執行。」(約翰 · 巴羅《我看乾隆盛世》)

不過，大清帝國塑造這樣良好秩序的手段，卻與英國人的想像不同。

英國人本來認為，中國是按着孔夫子的原則治理的。也就是皇帝是一國的父親，他慈祥地愛護着整個國家。而各省總督則像各省人民的父親一樣，關心老百姓的生活。所以大學者伏爾泰說，東方帝國的父權統治合乎自然，充滿了仁慈與孝順，根本不需要甚麼棍棒和監獄。

然而親臨其境的英國人卻發現，事實不說與此截然相反，也是大相徑庭。英國人到中國，第一站到的不是天津，因為不熟悉海路，所以他們到達的第一個登陸點是浙江沿海城市定海。到了定海之後，英國人需要找一個熟悉海路的領航員把他們領航到天津去。他們就找到當地總兵提出了這個請求。定海總兵因為知道乾隆皇帝對英國人的來訪很重視，所以很痛快地答應了英國人的請求。不過英國人以為總兵應該會花錢，花高工資僱人給英國人領航。但是總兵卻沒這樣做。定海總兵的辦法是派出士兵，把所有從海路去過天津的老百姓都抓來。

約翰·巴羅在回憶錄中說：總兵派兵，很快就抓回一大群人。這些人見了總兵，一個個雙膝跪地，渾身戰抖。總督一個個審問他們。審來審去，找出兩個人，去過天津。不過這兩個人不願意接受這個任務，因為他們早已經轉行不再航海，現在都在做生意，不想放下生意再到海上冒險。所以他們跪在地上，苦苦哀求着免除這趟勞役，但是總兵絲毫不為所動，強令他們立刻動身。

這種事其實在中國古代是司空見慣的，英國人卻覺得不可想像。英國人說：「迫使一個誠實而勤勞的公民，一個事業有成的商人拋家離子，從事於己有害無益的勞役，是不公正和暴虐的行為。」（約翰 · 巴羅《我看乾隆盛世》）英國人由此認為，大清王朝的治理手段是比較落後的。

總之，英國人這次造訪大清王朝，迅速打破了傳教士們在歐洲建造起來的中國處處領先的神話。可以說，歐洲人第一次直觀地了解了大清王朝。他們對中國的敬畏之心，不再存在了。所以馬戛爾尼通過這次訪問，為後來的侵華戰爭做的第一個準備，就是對大清社會和大清國力的全面考察。

英國人為後來侵華埋下的第二個伏筆，是軍事上的考察。

對這次英國人的來訪，乾隆皇帝應該説準備是非常細緻的。他不但指示在接待英國人時要熱情、要周到，而且還命令各地地方官，英國人來的時候，要組織士兵，列隊迎接。

乾隆五十八年（1793 年）正月，乾隆皇帝指示各省長官：「着傳諭各該督撫等，如遇該國貢船進口時，務先期派委大員多帶員弁（biàn）兵丁，列營站隊，務須旗幟鮮明，甲仗精淬。」（《清高宗實錄》）也就是説，凡英國人經過之處，都要多組織士兵，全副武裝，用最好的裝備，最好的精神狀態，來列隊迎接，向英國人展示天朝強大的武力。

這是為甚麼呢？因為乾隆皇帝雖然老了，但他畢竟還是一個精明的統治者，他想到這些西洋蠻夷遠道而來，誰知道他們心裡頭有沒有甚麼圖謀不軌的想法呢？因此要通過展示武力，嚇唬嚇唬他們，讓這些落後的野蠻人開開眼，對天朝的強大有所敬畏。

乾隆皇帝對他領導下的軍隊是非常自信的。我們知道，乾隆皇帝最自豪的統治業績中有一項，叫做「十全武功」，就是他親自指揮的十次大規模戰爭。在乾隆皇帝的設想裡，一連串的軍事檢閱一定會向英國人證明大清軍隊的軍紀嚴明，裝備良好。各地官員深入領會乾隆的指示，英國人每到一地，他們都派出最好的軍隊，進行列隊迎接。那麼，大清軍隊給英國人留下了甚麼樣的印象呢？

英國人記載，他們每到一地，都會看到一隊士兵。他們有弓箭手、火繩槍手和大刀手。他們一個個挺胸疊肚，全力向英國人展示東方人的武勇。然而這種展示沒有使英國人感到任何敬畏，相反，讓他們感覺很可笑。英國人發現，世界已經進入火器時代，而大清軍隊仍然停留在冷熱兵器混用的時代。他們戰陣戰法和精神面貌，則停留於中世紀。

巴羅這樣描繪他見到的大清軍隊：「在一些地方，士兵列隊出來迎接英國特使。如果我們的到訪是出其不意，他們總是一片慌亂，匆忙從營房中拿出節日禮服。他們穿上這些服裝後，與其說像戰場武士還不如說是跑龍套的演員。他們的繡花背心、緞面靴子和蒲扇看起來笨拙不堪又女氣十足，與軍人氣質格格不入。」（約翰·巴羅《我看乾隆盛世》）

對於大清的武備，英國人更是極為輕蔑：「他們的大炮為數很少，僅有的幾門炮都破舊不堪。」（約翰·巴羅《我看乾隆盛世》）

那麼，當時歐洲軍隊的裝備怎麼樣呢？應該說，確實比大清帝國的先進許多。清軍當時最主要的裝備是弓箭、大刀、長矛，火器主要是火繩槍。而當時歐洲軍隊主要使用的是燧發槍，有些軍隊已經用上了滑膛槍。乾隆朝軍隊的裝備，和明朝末年相比並沒有甚麼變化，和英國相比，落後了差不多一百年。

所以，乾隆皇帝引以為自豪的軍事展示，在英國人眼裡，就成了一個笑話。

回到英國後，馬戛爾尼的一句話迅速傳遍了世界，他說：「中華帝國只是一艘破敗不堪的舊船，只是幸運地有了幾位謹慎的船長才使它沒有沉沒。它那巨大的軀殼使周圍的鄰國見了害怕。假如來了個無能之輩掌舵，那船上的紀律與安全就都完了。」「只需幾艘三桅戰艦就能摧毀其所有海岸艦隊。」（斯當東《英使謁見乾隆紀實》）

可以說，這次訪華，英國人在軍事方面收穫非常巨大。除了對清帝國的軍隊的整體評估外，他們還對大清王朝的具體防務進行了考察。馬戛爾尼他們沿途專門有人負責測量搜集各種數據，比如城牆的高度、厚度、水道的深度等，因此從浙江到北京這一路，他們初步探明了海路和運河的航道，對北京、通州、定海等中國城市的防衛設施進行了細緻觀察，為英國後來入侵北京提供了大量的軍事資料。

今天，我還沒有找到特別直接的史料來證明，馬戛爾尼拿到的這些數據，在後來的 1840 年鴉片戰爭中到底起到了怎麼樣關鍵性的作用。但歷史事實是，公元 1840 年，道光二十年，鴉片戰爭爆發，英軍不選擇這也不選擇那，而是偏偏選擇了一個不起眼的小城定海來攻打。而馬戛爾尼到中國後，第一個進入的城市也是定海，這難道說僅僅是一種巧合嗎？所以，軍事上的考察，是第二個伏筆。

第三個伏筆是甚麼呢？鴉片戰爭之所以叫鴉片戰爭，是因為和鴉片貿易有關。而英國人大量地向中國輸入鴉片是甚麼時候呢？恰恰是在馬戛爾尼訪華之後。

如前所述，乾隆時代的中英貿易，是非常不平衡的，英國商品在中國打不開銷路，所以英國人只能用白銀換取中國的茶葉。但是，英國的白銀畢竟是有限的。眼看着所有的白銀都要用光了，英國人心急如焚，他們千方百計尋找打開中國市場大門的辦法。想來想去，他們想到了一個邪惡的東西，那就是鴉片。

「鴉片」這個詞是怎麼來的呢？是英語 opium 一詞的音譯。我們一般一聽到鴉片，就想到鴉片戰爭。其實，早在唐代，中國人就已經接觸到這種藥品。當時有一個中國高僧叫義淨，跑到印度去取經，同時就帶回了鴉片，所以中國人用鴉片的歷史是很古老的。不過，在清代中期以前，鴉片從來沒有成為一種危害，因為清中期以前，人們主要用它來做藥材。

不過從雍正年間起，用鴉片槍燒鴉片的吸法從東南亞傳入中國，這種吸法很容易讓人上癮，鴉片就變成毒品了。所以早在雍正年間，已經出現鴉片煙館了，雍正皇帝也曾經頒佈聖旨，禁止人們吸食鴉片。不過，由於當時鴉片進口量很小，所以並沒有成為一個嚴重的社會問題。

鴉片真正成為一個嚴重威脅，恰恰就是在乾隆年間。乾隆初年，英國人偷偷把印度的鴉片販運到了廣州。他們在印度買一箱鴉片，花二百五十印幣，而運到廣州，就能賣一千六百印幣，一賺就是六倍。英國人喜出望外，終於發現了從中國換回銀子的方法。

所以 1773 年，也就是乾隆三十八年起，英國人在印度執行了一項罪惡的計劃，就是在印度大面積種植鴉片，然後賣到中國。當然，乾隆對英國人的這個計劃是一無所知。不過，乾隆皇帝還是感覺到了鴉片貿易的不正常發展。因為從乾隆中期開始，社會上吸食鴉片的人越來越多。事實上，英國使團的成員一到大清帝國，也立刻發現了這一點。

巴羅在書中這樣描述乾隆晚年鴉片的流行程度：「上流社會的人在家裡沉溺於抽鴉片。廣州道在他最近頒佈的一份公告中指出了吸食鴉片的種種害處，……可是，這位廣州道台每天都從容不迫地吸食他的一份鴉片。」(約翰·巴羅《我看乾隆盛世》)

當然，對這種坑人的買賣，英國人也心存忐忑。英國人也不全是天生的惡棍，一開始，他們把這樁罪惡的生意當成病急亂投醫的救急措施，並沒有打算長期進行下去。他們還是寄希望於馬戛爾尼出使成功，打開中國市場，就可以用正常的貿易來換回白銀。但是馬戛爾尼出使失敗，使他們這一希望破滅了。東印度公司一不做二不休，乾脆又進一步擴大了在印度

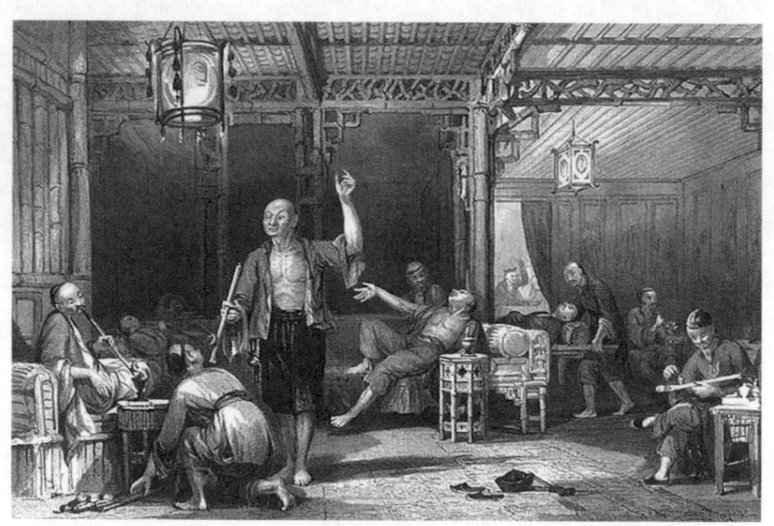

吸食鴉片的人

的鴉片種植。據統計，1775—1797年，中國平均每年走私進口的鴉片數量是一千八百一十四箱。而1798—1799年，也就是馬戛爾尼訪華失敗幾年之後，鴉片貿易數量迅速增長到每年四千一百一十三箱，增長了一倍還要多。

這樣一來，中英貿易，就從以前的順差一下子變成了逆差，白銀大量從中國流向英國。到鴉片戰爭前夕，大清帝國每年的白銀流出量至少達一千萬兩，也就是大清政府每年財政收入的四分之一，都跑掉了。在這種情況下，道光皇帝如果不禁煙，大清財政就垮掉了。一禁煙，沒想到英國人卻發動了鴉片戰爭。

所以這是馬戛爾尼訪華失敗和後來鴉片戰爭的另一重關係。

除了這三大方面以外，這次英國人出使，還為後來的鴉片戰爭，埋下了一個直接的伏筆。

在英國發動鴉片戰爭的過程中，有一個人起了決定性的作用。他的名字叫小斯當東。

1840年4月7日，也就是鴉片戰爭爆發的大約兩個月前，英國的下院進行了一場激烈的辯論，辯論的議題就是要不要發動鴉片戰爭，要不要侵略中國。雙方勢均力敵，不贊同出兵的人還稍佔上風。後來，一位叫小斯當東的議員打破了這種平衡。在他發言的時候，全場鴉雀無聲，人們聽得異常認真，小斯當東以果斷的口吻說，通過他對中國統治者性格的了解，只有戰爭才能打開中國的市場。「我很了解這民族的性格，很了解這民族統治階級的性格，我肯定：如果我們想獲得談判的結果，談判的同時還要使用武力。」（阿蘭·佩雷菲特《兩個世界的撞擊》）

小斯當東的發言對議員們的決定影響是至關重要的。發言結束後，進行投票，主戰派二百七十一票，反戰派二百六十二票，只有九票之差。也就是説，沒有小斯當東這篇發言，也許鴉片戰爭就不會在那個時候爆發了。

這個小斯當東是個甚麼人物呢？為甚麼他的話這麼有威信呢？説起來有意思，他就是當時馬戛爾尼使團中的副使斯當東的兒子。他也跟着父親訪問了中國，而且馬戛爾尼覲見乾隆皇帝那天，十二歲的小斯當東還負責為特使提斗篷的後沿，因此也見到了乾隆皇帝，而且和乾隆還用中文聊過天。

原來在這次旅行的過程中，小斯當東閒來無事，學起了中文。小孩子的學習語言的能力很強，學了很多中國話，所以在覲見乾隆的時候，和珅向乾隆介紹，説這個英吉利的小傢伙

乾隆與小斯當東

會説中國話。乾隆聽了很高興，把小斯當東叫到面前，和他聊了好幾句，完事還賞了小斯當東一個荷包。小斯當東感到很榮幸，這個荷包後來他一直保存着。

這次中國之行奠定了小斯當東一生事業的基礎，也奠定了他對大清帝國的反感情緒。回到英國後，小斯當東繼續刻苦學習中文，成了一個中國通。這樣一個人在對華事務當中當然最有發言權。所以他的講話，得到了其他英國議員的重視，也改變了歷史的走向。

最後一個伏筆，馬戛爾尼訪華時提出的要求，和後來鴉片戰爭後英國人提出的要求，幾乎一模一樣。換句話説，英國人在乾隆五十八年（1793 年）跪着乞求乾隆而沒有得到的東西，後來他們在道光二十年（1840 年）通過戰爭，一條不少地得到了。我們拿《南京條約》，和馬戛爾尼要求乾隆皇帝的內容一對比，就會發現，幾乎完全一致。

乾隆五十八年（1793 年），馬戛爾尼提出希望中國增加通商口岸的數量；道光二十二年（1842 年）的《南京條約》規定，開放五個城市為通商口岸。

馬戛爾尼要求清政府指定一個小島給英國人使用，鴉片戰爭後，清政府將香港島割讓給英國。

馬戛爾尼要求清政府改革外貿體制，結束十三行的壟斷。而《南京條約》取消了十三行。

馬戛爾尼要求清政府公開固定的關税税率，不要濫收其他費用。而《南京條約》規定，關税固定，關税之外，不再有任何加派。

馬戛爾尼要求改善英國商人在華待遇這一點，也在《南京條約》中得到體現。《南京條約》中說，大清皇帝「格外施恩」，恩允英國人來大清經商時可以攜帶自己妻子。這一條在諸多條款中，是唯一一條道光皇帝主動同意的條款。這是為甚麼呢？原來負責談判的清朝官員耆（qí）英對道光皇帝解釋說，鴉片戰爭以前，我們不許外國人攜着家眷住在廣州，這一規定確實有弊端。因為外國人之所以難於控制，正是因為他們在中國沒有家庭的溫暖，脾氣比較暴。如果允許英國人在中國可以帶着老婆一塊住，那麼他們就會聽話得多，因為「英夷重女輕男，夫制於婦，是俯順其請，即以暗柔其性」（《鴉片戰爭檔案史料》第六冊）。說英國重女輕男，家裡都是女人說了算，所以可以用婦女的溫柔約束英國男人的性格，以後就好打交道了。這番高論令道光皇帝拍案叫絕，立馬就批准了。

總之，乾隆處理英使訪華事件的失誤，為後來的鴉片戰爭全面埋下了伏筆。如果鴉片戰爭在乾隆晚年打響，結果也許不會有太大的不同，因為晚年的乾隆，過於保守，又沉迷於物質享樂，失去了反思能力，和青年時代，已經完全不同了。

那麼，到了晚年，乾隆就面臨着一個非常現實的問題：怎麼選擇繼承人。乾隆皇帝選擇接班人也經歷了一個非常複雜的過程。他曾經多次秘密立儲，最後到了晚年，才選中了嘉慶。選中了之後，他做了清代歷史上其他皇帝從來沒有做過的事情，那就是生前就把皇位傳給了兒子。那麼他為甚麼要在生前傳位，傳位後他的生活又是甚麼樣的呢？

第二十二章

接班和傳位

乾隆晚年，面臨着一個非常現實的問題:接班人的選擇問題。

乾隆四十三年（1778年），乾隆皇帝巡視東北，回來途中，走到錦縣的時候，有一個叫金從善的秀才跑到御路邊上給皇帝上書。上書説甚麼呢？請求乾隆皇帝立太子。

原來，這一年乾隆皇帝已經六十八歲，年近七旬，在古代，這已經是很老了。可是這時候，大家還不知道他的接班人是誰。所以金從善替天下人着急，説自古以來，儲位問題都是關乎天下安危的重大問題，可是從來沒聽您在這方面有甚麼安排。你皇帝有個三長兩短，天下可怎麼辦呢？於是有了這樣一道上書。

收到上書，乾隆非常生氣。因為接班人問題，豈是普通老百姓主動可以和皇帝討論的嗎？於是他將金從善以「狂誕悖逆」的罪名斬決了。

殺掉了金從善，乾隆感覺有必要和天下萬民解釋一下他在接班人問題上的想法，於是他下達了一道上諭，説我大清立儲的原則，和歷代不同：

> 朕歷覽諸史今古異宜，知立儲之不可行也。蓋一立太子，眾見神器有屬，幻起百端。至於立嫡立長之説，尤非確論。漢之文帝最賢，並非嫡子。又如唐太宗為群雄所附，明永樂亦勇略著聞。(《清高宗實錄》)

就是説，我熟讀歷史，認為立太子這個辦法不好。因為一立太子，別的兄弟往往就琢磨着把太子弄下去，容易釀成大禍。至於立嫡立長之説，更是不好。為甚麼呢？因為嫡長子往往不是最能幹的。你比如漢文帝、唐太宗、永樂帝、都很厲害，都不是嫡長子。

其實乾隆這裡所說的，是他後來的想法。乾隆早在剛剛登基的時候，可是曾經一門心思，想立嫡長子。

乾隆一生，許多方面都創了歷史第一，不過在皇子數量上，他可不是第一。他的祖父康熙共有過三十二子二十女，而乾隆一生共育有二十七個子女。其中十七男十女。其中五子五女早殤，因此長大成人的是十七人。這個數量在清代排名第二。

在十七個兒子當中，乾隆最喜歡的，當然是結髮妻子孝賢皇后所生的兩個嫡子了。我們前面提到過，乾隆皇帝和孝賢皇后感情非常之好，愛母及子，這是第一個原因；另一方面，也是這兩個嫡子確實出眾。乾隆評價第一個嫡子永璉（liǎn），說他「聰明貴重，氣宇不凡」，評價第二個嫡子永琮（cóng）則是「出自正嫡，聰穎異常」。喜愛之情溢於言表。

剛即位的時候，乾隆元年（1736 年），他就把第一個嫡子，年僅七歲的永璉封為太子。當然，因為雍正皇帝立下了秘密立儲的先例，所以他是親書密旨，當着諸王大臣的面，將其緘密封固，藏於乾清宮「正大光明」匾之後。

乾隆為甚麼那麼早就密立太子呢？那個時候，乾隆年輕氣盛，對接班人問題還沒有考慮得特別成熟。他認為，大清王朝建立以來的一個最大遺憾是沒有一個皇帝是以嫡長繼位的，不符合傳統文化嫡長為貴的原則，因為從周朝開始，歷代王朝都認為立太子的時候，應該以嫡長為先。所以立志事事超越前人的乾隆在即位之初他就暗下決心，「必欲以嫡子承統，行先人所未行之事，邀先人所不能獲之福」(《清高宗實錄》)。一定要在接班人問題上做到比祖先都完美。

然而，天有不測風雲，密旨下了後，永璉就不幸得病死了。乾隆皇帝大受打擊。不過他還不死心，又打算立第二個嫡生的皇子永琮為太子。不料還沒有來得及親書密旨，這個孩子就在兩歲頭上夭折了。孝賢皇后也因此悲痛過度，於次年去世。乾隆皇帝立嫡子的願望，至此落空了。

元后嫡子相繼去世，對乾隆皇帝是極為沉重的打擊。非常相信天命的乾隆認為這是上天對他欲挑戰天命的報應。他後來在諭旨中說：

復念朕即位以來，敬天勤民，未敢稍有得罪天地祖宗，而嫡嗣再殤，推求其故，得非本朝自世祖章皇帝，皆未有以元后正嫡紹承大統者，似此竟成家法。乃朕立意私慶，必欲以嫡子承統，行先人所未曾行之事，邀先人所不能獲之福，此乃朕過耶！(《清高宗實錄》)

也就是說，我即位以來，做事沒有得罪天地祖宗的地方，但是嫡子一再夭折，實在不可理解。我想來想去，可能是本朝以庶子繼統看來竟然是上天為大清規定的家法，挑戰不得。我一心想超越祖宗，行上天不允行的事，所以受到這樣的報應。

乾隆這個想法當然是很迷信的，但是從此之後，他就斷了想立嫡子的想法。那麼，接班人問題怎麼辦呢？這個問題是天下所有人都關心的。不立嫡子，那就得立庶子。孝賢皇后在乾隆十三年（1748 年）去世時，庶出皇子當中，有兩個比較年長：皇長子永璜（huáng）二十一歲，皇三子永璋十四歲。接連兩個嫡子去世，顯然使他們兩個繼承儲位的概率大增。

乾隆這個人，在政治上戒心比誰都重，所以他對皇子們管束極為嚴厲。直至乾隆三十一年（1766 年）前，他的皇子，不論年齡多大，結沒結婚，都只能規規矩矩待在宮內成天讀書，不得到宮外去住，更不能與外界任意交往，猶如高級囚徒。乾隆朝皇子的限制之嚴，待遇之低，超過了中國歷史上任何一個時期。為甚麼呢，我們講過乾隆的政治原則是「防微杜漸」，防止任何人威脅到自己的皇權。所以有時候，他對兒子的提防到了神經過敏的程度。所以永璜、永璋這兩個人，雖然他們在皇后的喪禮中行禮如儀，中規中矩，乾隆卻怎麼看着都不順眼。乾隆認為，他們一定認為，嫡長子死了，皇位最有可能就是他們的了，因此在心裡偷着樂，所以怎麼看他們，怎麼覺得他們的悲痛是裝出來的。

皇后喪期剛滿百日，乾隆當着滿洲王公大臣的面痛責大阿哥對嫡母之死「並無哀慕之愧」，三阿哥「於人子之道毫不能盡」。乾隆皇帝殺氣騰騰地挑明說，大阿哥三阿哥這樣不孝，絕不能成為太子人選：「大阿哥、三阿哥如此不孝，朕以父子之情，不忍把他們誅殺。但朕百年之後，皇統則二人斷不能承繼！大阿哥、三阿哥日後若心懷不滿，必至弟兄相殺而後止，與其讓他們兄弟相殺，不如朕在今日殺了吧！」

這一番訓斥，其實只是乾隆在皇后死後，情緒反常而已。然而他這通發火，卻把大阿哥給嚇壞了。大阿哥永璜因為這番驚嚇，竟然患了重病，並於乾隆十五年（1750 年）憂懼而死，離乾隆批評他不過一年零九個月。

聞聽大阿哥驚懼成疾，從皇后之喪中清醒過來的乾隆也十分後悔。彌留之際，乾隆親臨皇子寢處視疾。為彌補心靈上的不安，皇帝追贈永璜為定安親王，終其一生，乾隆對皇長子一支都給予了特殊的關愛。

不過，雖然因為防範過甚痛失親子，乾隆此後並不在防範子孫方面有絲毫放鬆，而是真的做到了防微杜漸。清代規定，皇族不得結交官員。乾隆四十一年（1776 年），皇長孫綿德與一個禮部郎中私下「相見送禮」。按理說，皇孫與京城官員見個面，接受個小禮物，不算甚麼大不了的事，然而在皇帝眼裡卻是無法原諒的。老皇帝嚴厲處分，革退了綿德的王爵，廢為庶人，罰他去守泰陵。正是由於乾隆皇帝的嚴厲果斷，使諸子諸孫十分注意約束自身的行動，終乾隆一朝未發生爭儲之事。

自從連喪兩個嫡子後，二十多年間，乾隆皇帝沒有再提立儲的事。不過，皇帝不提，不等於天下人不想。在那些以天下為己任的讀書人來說，「儲位空虛」是國家之大危險。皇帝一旦有故，則天下必然動盪。所以金從善攔路呈詞，提出了這個問題。

那麼乾隆也藉着這個機會，向天下人公佈了自己的接班人計劃。乾隆皇帝說，這個問題，我早已經有所安排。早在乾隆三十八年（1773 年）冬，他就已經秘密立儲。不過此事他只告訴了幾個軍機大臣，沒有向天下公佈，所以天下人才會產生這樣的誤會。

乾隆皇帝本以為這樣一說，天下就太平了，大家就安下心來，不再操心儲位問題了。沒想到，這道諭旨一下，關於誰是繼承人的猜想在民間進行得更熱烈了。為甚麼呢？因為乾隆相當於給大家出了一個謎語，讓大家猜，他的這些兒子當中，誰是下一個皇帝。對於市井小民來説，這當然是極好的談資。

這個謎怎麼猜呢？説難則難，説簡單也很簡單。

乾隆三十八年（1773 年）之時，十七個兒子中，已經死去了十個，只剩下七個。七個人裡頭，十二阿哥因為他的生母是那拉皇后，也就是被乾隆廢掉的皇后，因此根本沒資格列為皇儲人選。四阿哥和六阿哥被乾隆過繼給別的親王為後代了，因此也沒機會立為皇儲。皇帝真的要決定立儲大事，就只能在八、十一、十五和十七阿哥這四個人中做一抉擇。

八阿哥永璇（xuán）年齡最長，他文才不錯，但是為人輕躁，做事顛倒，所以他希望不大。

十一子永瑆（xīng）更具文藝天分。他的詩文精潔，尤工書法，在清代與鐵保、翁方綱、劉墉、成王並稱四大家。但是這個人武功不行。乾隆皇帝對接班人要求文武雙全，他很討厭滿洲貴族當中那些沾染漢族文化人習氣的人。所以他希望也不大。

至於十七阿哥永璘恐怕是兄弟幾個中最不成器的。這個老兒子從小就不喜歡讀書，年紀稍長，就常常溜出宮禁，一身便服去外城狹路曲巷尋花問柳。所以他根本沒戲。

所以希望最大的，只有十五阿哥永琰（yǎn）。

永琰出生於乾隆二十五年，也就是 1760 年，乾隆五十歲那一年。他的生母魏氏，是漢軍出身，係內務府包衣，身份並不高貴。但這個孩子有其他幾個不及的優點，「以勤學聞名」。學習起來異常用功，三九寒冬，深更半夜，還經常手不釋卷。

而且他品格端方，為人勤勉，生活儉樸，待人寬厚。朝野之間，絕少關於他的負面傳聞。當時出使天朝的朝鮮使臣回國後，向他們的國王彙報見聞時多次說：「第十五子嘉親王永琰，聰明力學，頗有人望」，「皇子見存四人，八王、十一王、十七王俱無令名，唯十五王飭躬讀書，剛明有戒，長於禁中，聲譽頗多」。和其他三個皇子比起來，皇十五子永琰不是最聰明的一個，卻是缺點最少的一個。(《朝鮮李朝實錄》)

所以年過花甲的乾隆最終選擇了他。乾隆三十八年（1773年）冬至，六十三歲的老皇帝又一次親書密旨，秘立十三歲的永琰為儲。密立之後，乾隆當然一直在觀察這個孩子，看他能不能擔當大任。隨着時間的流逝，這個孩子的表現，也越來越得到乾隆的肯定。在乾隆心中，為這個接班人打了八十分。

讓乾隆皇帝滿意的有四點：

首先，從性格上看，皇十五子少年老成，自制力強，富於恆心和毅力。這是最讓乾隆欣賞的。

其次，此人品質「端淳」，待人真摯，富於同情心，善於為他人着想。

第三，從學業上看，永琰的成績非常突出。武功騎射成績雖然比不上他的父親和曾祖父，在兄弟當中也是首屈一指。

第四，從外表看，他也是清朝歷代皇帝中長得最端正、最上相的一位。我們看畫像，永琰中等身材，不高不矮，不胖不瘦。他皮膚白皙，五官端正，骨肉均停，一副雍容華貴的相貌。臉型介於方臉和圓臉之間，顯示出他性格的平衡和理智。經過從小就開始的儀表訓練，他在出席大的場合時，總是舉止高貴，鎮定自如。

所以在對永琰觀察期過了之後，乾隆做出了一個驚人的決定。甚麼決定呢？活着就把皇位交出去。他說，早在剛剛登上皇位之際，他就已經向上天默誓，只當六十年皇帝，而把在位時間最長的紀錄留給祖父康熙：

朕此舉天下無由共聞，未嘗無竊議朕為貪戀寶位，不肯立儲。不知朕踐阼（zuò）之初，曾焚香告天云：昔皇祖御極六十一年，予不敢相比，若邀穹眷眷佑，至乾隆六十年乙卯，予壽躋（jī）八十有五，即當傳位皇子，歸政退閒。（《清高宗實錄》）

就是說，天下人也許會竊竊議論我貪戀寶位，不肯立儲。豈不知我登基之初，就曾焚香禱告上天說：我皇祖在位六十一年，我不敢相比，如果我能統治六十年，一定會在八十有五歲時傳位皇子，自己退休下台。

乾隆的這個決定，讓天下人都很意外。因為清代還沒有一個皇帝是「禪讓」的。我們知道，「禪讓」當然是一個很好聽的詞兒，因為堯舜都以禪讓聞名。中國古代權力一般都是終身制，那麼你要是禪讓了，就說明你風格很高，不貪權不戀位，當然是好事。但是「禪讓」這個事也是很有風險的。我們看歷史書，除了傳說中的堯舜之外，自古以來，大部分禪讓其實都是被迫的，絕大部分太上皇下場都很慘：

唐高祖李淵還沒當夠皇帝，就被兒子李世民用刀逼下了皇位，當了九年寂寞的太上皇之後，悄無聲息地死去。唐玄宗成了太上皇後，日日在兒子的猜忌中膽戰心驚地生活，身邊的大臣和朋友一個個被流放，最終自己被兒子軟禁，鬱鬱而終。中國歷史上的另幾個太上皇，比如宋徽宗、宋高宗、明英宗，也無一不是悲劇人物，下場都十分悲慘。

那麼，精明的乾隆為甚麼偏要這樣做呢？

這有兩方面的考慮。第一，他想在自己活着的時候，就解決繼承問題，可以把權力交接的震動降到最低，使大清王朝的穩定不受任何威脅。權力交接一直是中國專制政治制度中一個難以解決的問題。終身制下，權力交接必然出現在統治者病危或者死亡之時，這個時候臨終者的手已經無力有效揮動手中的權柄，在交接棒過程中十分容易出現意外。所以，中國歷代以來權力交接之際，經常是血雨腥風，雍正皇帝時候就是這樣。所以乾隆這樣做，把歷代王朝權力交接之際的風險降到最低。

第二，這樣可以博得空前的美名。

禪讓這個事，我們知道，是堯舜時代的事。我們一說起中國歷史上的偉大君主，就說他像堯舜一樣。這說明甚麼？說明堯舜是君主的最高榜樣。如前所述，乾隆皇帝是史上雄心最熾、最自負的君主，他時時處處，要超越歷史，創造紀錄，把自己大大地寫在歷史上。在舉行傳位大典之前，乾隆皇帝終於得意揚揚地說出了他的心裡話：

秦始皇以後，禪讓都是徒有虛名。三代之時，雖然有過堯舜禹禪讓的盛事，但是授受者都是異姓，充其量可稱為「外禪」。只有他舉行的禪位大典，是空前絕後的「內禪」，「以視堯舜，不啻過之」。比堯舜都厲害。他因為這個舉動，超越了堯和舜。因此，歸政之時，乾隆皇帝直言自己「今明足授受，為千古第一全人」。乾隆認為，這一舉動，標誌着他已經成為中國歷史上，不，世界歷史上，最最最偉大、最最最光榮、最最最有福氣的皇帝，是古今中外獨一無二的完人。

所以本來應該是乾隆六十一年（1796年），被改成了嘉慶元年。這一年正月初一日，乾隆舉行了「禪位大典」。上午九點整，頭戴玄狐暖帽，身穿黃色龍袍袞服、外罩紫貂端罩的乾隆，坐上了太和殿寶座。老皇帝那雙慈祥中透着威嚴的炯炯有神的雙眼緩緩掃向殿前廣場，殿前廣場上，翎頂輝煌、朝服斑斕的上千名王公大臣在莊重的「中和韶樂」中，如潮水一般拜興起跪。九時三十二分，隨着坐在寶座上的乾隆把手中那顆寬三寸九分、厚一寸的青玉大印「皇帝之寶」微笑着遞到跪在他面前的嘉慶皇帝手中，中國歷史上的一個空前的紀錄誕生了：中國歷史上最平穩的權力交接順利完成。

那麼，傳位之後，乾隆的太上皇生活過得怎麼樣呢？他是否像其他太上皇一樣，落入囚徒境地呢？

當然沒有，雖然號稱「禪讓」，但是精明的乾隆事先已經做了無數準備：在退位之前，他就明確宣佈，自己只將那些接待、開會、祭祀、禮儀之類的日常工作交給皇帝，至於「軍國大事及用人行政諸大端」，他「豈能置之不問，仍當躬親指教，嗣皇帝朝夕聽我訓導，將來知所遵循，不至錯誤，豈非天下之福哉」。(《清高宗實錄》)

在退位之後接待朝鮮使臣的時候，他又明確向各國宣稱：「朕雖然歸政，大事還是我辦。」他規定，退位之後，他仍稱朕，他的旨意稱「敕旨」，文武大臣進京陛見及高級官員赴任前都要請示他的恩訓……

一句話，雖然退了位，他還是處處昭示自己仍然是一國之主。

握了一輩子權柄的老皇帝對權力愛如自己的眼睛，防衛過度，眷戀到了近乎失態的程度。他既要禪讓之名，又要權力終身之實。

事實證明，太上皇乾隆過慮了。直到真正禪讓了皇位之後，乾隆才發現他選的這個接班人選得太對了。

正當盛年，三十五歲，血氣方剛的嗣皇帝嘉慶遠比乾隆想像的還要聰明，他十分清楚自己的地位和角色。他十分恭謹地做着大清國的皇帝，每天早睡早起，勤勤懇懇地閱讀所有奏摺，準時上下班，認真出席每一個他應該出席的活動，卻從來不做任何決定，不發任何命令，不判斷任何事情。他十分得體地把自己定位為老皇帝的貼身秘書，所有的事情，他都是一個原則:「聽皇爺處分。」

朝鮮使臣的記述裡，把嘉慶韜光養晦的狀貌描繪得躍然紙上：「（嘉慶帝）狀貌和平灑落，終日宴戲，初不遊目，侍坐太上皇，上皇喜則亦喜，笑則亦笑。於此亦有可知者矣。」

嘉慶皇帝

（《朝鮮李朝實錄》）賜宴之時，嘉慶「侍坐上皇之側，只視上皇之動靜，而一不轉矚」（《朝鮮李朝實錄》）。《清史稿·仁宗本紀》也記道：「初逢訓政，恭謹無違。」

兒子如此「懂事」，乾隆的心很快放了下來。整個大清朝也很快明白，所謂「嘉慶元年」，不過就是「乾隆六十一年」。所以乾隆太上皇生活，一方面大權仍在；另一方面，沒有繁雜的日常事物，比以前輕閒多了。那麼乾隆在忙着做甚麼呢？

他有更多時間從事他喜歡的收藏與鑒賞活動。

乾隆皇帝對文學藝術都非常感興趣，他從十九歲開始學畫，功底不錯，他的生母崇慶皇太后每年過生日，他都要畫上幾幅畫。乾隆元年（1736年）初臨御天下時，他曾經畫過題為「松竹梅」「桂菊」「牡丹」「梨花白燕」「梔子花」和「鳳仙石竹」的六幅花鳥彩圖。從這些畫來看，乾隆還算是個不錯的畫家。

乾隆帝秋景寫字圖

對於書法，乾隆也下了很多功夫。他最崇拜王羲之的書法，稱其《快雪時晴帖》為「千古妙跡」，日理萬機之餘，臨仿不下千百回。同時也臨過許多董其昌的書法。乾隆的字有自己的風格，方圓兼備、剛柔相濟，但是總體

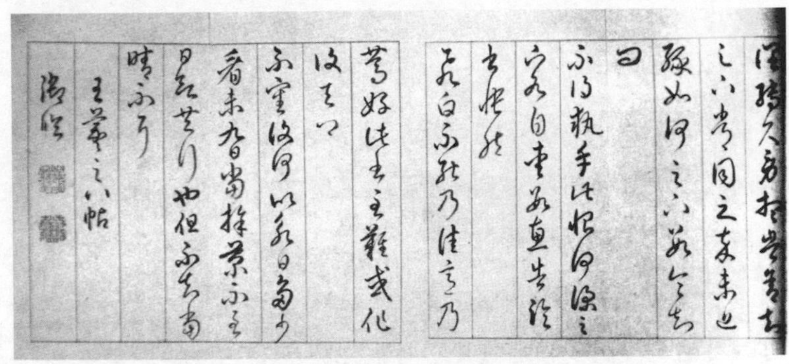

乾隆帝《臨王羲之貼》

來説，水平一般，算不上書法家。不過乾隆這個人特別喜歡題字，現在我們到許多古跡，都可以看到他的題字。

雖然算不上傑出的書法家和畫家，但乾隆肯定能稱得上清代最大的收藏家。乾隆朝經濟繁榮，他手裡有很多錢，所以他一生所搜集的稀世珍品數量之巨，是其他時代無法比擬的。晚年乾隆最喜歡的事，就是鑒賞書畫。把一幅幅稀世珍品一一打開，細細觀賞，然後在上面加蓋「乾隆御賞之寶」「三希堂精鑒璽」等印章，有的上面，還題上字。所以我們現在看很多古畫，上面都有乾隆那並不太漂亮的題字。乾隆還把自己的收藏品，分門別類，編為目錄，編印成書。所以現在收藏界很重要的一些經典書目，都是他編的，比如古銅器目錄集《西清古鑒》，古硯目錄集《西清硯譜》，歷代書畫目錄集《石渠寶笈》，都是乾隆編的。當然，乾隆皇帝最引以為自豪的，當是對書法名帖的搜集。他把王羲之《快雪時晴帖》、王獻之《中秋帖》和王恂《伯遠帖》收集到一起，收藏在養心殿西暖閣內，把這間屋子改名為「三希堂」。就是説，這裡有三件稀世之寶。所以乾隆刻的一部書法名帖集，就叫《三希堂法帖》。

乾隆在文物鑒賞上，確實有一定的眼光。紫禁城內所藏古玉器甚多，過去的皇帝和專家，已經給它們分了等，標上甲、乙、丙三等。有一天，乾隆把玩古器，在倉庫角落裡發現一枚土漬塵蒙的玉斧，標列「丙等」。乾隆一搭眼，感覺形制古樸，很不一般，遂命人洗去塵垢，一看，是上古精品。從這件事，可以看出乾隆對玉器鑒賞非常有眼光。

除了收藏之外，乾隆朝皇家造辦處製造的藝術品，現在也很有名。乾隆朝的玉器、瓷器等，現在是屢創拍賣新高。確實，乾隆朝內務府製造的奢侈品，在整個清代水平是最高的，因為乾隆一是有藝術修養，二是不惜血本。比如現擺設在故宮博物院樂壽堂後間的「大禹治水玉山」，就是由內務府下屬養心殿造辦處與內廷如意館合作設計，然後將蠟樣、玉料運往揚州製作，這座玉山重一萬零七百多斤，堪稱玉器之王。

乾隆朝瓷器也很有名，乾隆瓷盛行錦上添花、大紅、大綠、金銀輝耀，在風格上反映出盛世之中人們喜歡熱鬧富麗的審美情趣。乾隆瓷器的造型在我國陶瓷史上達到登峰造極的地步，小到「二寸」「三寸」之瓶，大到「五六尺」之瓶，無論大器小器巨細不惜工本、精益求精。乾隆御窯廠製作的數量和質量上都達到了清代最高的水平。所以也成為今天收藏家追捧的對象。

乾隆皇帝收藏之富，製作之精，確實是「前無古人，後無來者」。乾隆朝留下的這些文物，要以說是乾隆時代特有的產物，它不僅體現了乾隆朝國力的強盛，也深深打上了乾隆皇帝追求宏偉氣象、追求超邁古今的審美情趣的烙印。

當然，除了享受生活，欣賞藝術，在生命的最後階段，乾隆也有很多遺憾和煩惱。最大的遺憾是陷入了一場沒能取勝的戰爭。那就是平定白蓮教起義之戰。

白蓮教起義其實是乾隆朝社會危機的一個集中體現。

陝西四川湖北的交界處，有一片著名的原始森林，稱南巴老林。乾隆中葉起，大批流民湧入這片森林，伐樹造屋，開荒種地。這些流民來源極廣，不但有四川陝西湖北三省，還有廣東湖南安徽江西之人。大批移民的出現，說明了乾隆中葉人口壓力的嚴重程度。

流民雜居之地，向來是民間宗教的溫床。在其他地方被乾隆嚴厲打擊的白蓮教迅速在這裡滋生起來。乾隆嘉慶元年（1796 年）正月初一，剛剛完成禪位大典，宣佈自己成了「千古完人」，正月初七，就爆發了白蓮教起義。起義在陝西四川湖北的交界處爆發，很快迅速蔓延到川、陝、鄂、豫、甘五省，共涉及府、州、縣、廳、衛等二百零四個。

所以在當太上皇這幾年，乾隆除了欣賞書畫，享受生活，其他精力就都用在了鎮壓起義上。僅三年時間，動用的軍隊已經十萬，花掉餉銀已經七千萬兩。雖然「猶日孜孜」，一日不停地調兵遣將，起義的烈火卻越燒越旺。

原來，上至軍機大臣和珅，下至小小吏員，廁身這場戰爭的每一個人，都把戰爭當成了撈錢的機會。軍隊貪污腐敗得非常厲害，已經沒有甚麼戰鬥力了。掌握權力六十年來，乾隆還是頭一次這樣一籌莫展。野史記載，一日早朝已罷，嘉慶帝和和珅入見。「至，則上皇（指乾隆太上皇）南面坐，仁皇（指嘉慶帝）西向坐一小几，每日召見臣工皆如此。跪良久，上皇閉目若熟寐，然口中喃喃有所語，上（嘉慶帝）極力諦聽，終不能解一字。久之，忽啟目，曰：『其人何姓名？』應聲對曰：『高天德、苟文明（皆白蓮教首領姓名）。』上皇復閉目，誦不輟。移時，始揮之出，不更詢一語，上大駭愕。他日密召和珅問曰：『汝前日召對，上皇作何語？汝所對六字又作何解？』對曰：『上皇所誦者，西域秘咒也，誦此咒則所惡之人雖在數千里之外，亦當無疾而死，或有奇禍。奴才聞上皇持此咒，知所欲咒者必為教匪悍酋，故竟以此二人名對。」（《春冰室野乘》）

戴逸先生點評説：一個叱咤風雲的英明君主，晚年對農民起義無可奈何，獨自念咒，意欲制敵於死地，這種行為典型地反映出一個意志昏瞀的孤獨老翁的心理狀態，別人幾乎不能理解。

這次起義，徹底撕掉了「盛世」的最後一層面紗，宣告了乾隆盛世的無可爭議的結束。大清王朝在這場戰爭中元氣喪盡，從此一蹶不振，再也沒有了往日的榮光。

第二十三章

乾隆身後事

乾隆皇帝的太上皇生活中，最煩惱的一件事是白蓮教起義遲遲不能平定。

就是在這場戰爭中，乾隆的生命一天天走向終點。

嘉慶三年（1798 年）臘月底，八十九歲的太上皇乾隆得了輕微的感冒。感冒不是甚麼大事，當時又新年將至，事務繁雜，所以朝野上下，誰也沒有在意。嘉慶四年（1799 年）正月初一，嘉慶皇帝和大臣們來給乾隆拜年時，乾隆還挺正常地登上御座受禮。不料，到了大年初二，乾隆病情突然加劇，陷入昏迷。雖然具有無限的權力，但是乾隆大帝也無法阻止死神的來臨。初三上午七時，就在太陽剛剛升起的時候，乾隆大帝停止了呼吸。

就在去世前一天，乾隆還作了《望捷》一詩，就是期盼平定白蓮教的捷報早日到來。

中國歷史上最有福氣的大皇帝乾隆終於告別了這個世界。他是中國歷代統治術的集大成者，一直在酣飲權力的美酒，直到生命最後一刻。他的一生，既有輝煌的成功，也有驚人的失誤。他既創造了一個史上最繁榮的盛世，在臨走前也親手毀掉了這個盛世。在為大清江山清除了許多舊的隱患的同時，他也為子孫後代埋下了許多新的隱患。乾隆皇帝帶着「十全老人」的榮耀光榮地進入了歷史，他積累起來的一系列深層次的結構性矛盾，卻像定時炸彈一樣，在嘉慶任內一個接一個地爆炸。那麼，這些爆炸的後果，是不是非常嚴重呢？要回答這些問題，我們不得不再來講講乾隆皇帝的身後事。

乾隆的去世，應該說，在大清帝國，並沒有引起甚麼震動。因為年近九十歲的老人，隨時有可能去世，所以他的去世大家並不意外。真正讓全國臣民感興趣的，充滿好奇的，是新皇帝——嘉慶皇帝，到底是怎麼樣一個人。

到乾隆去世時，嘉慶已經當了三年多的皇帝了。按理說，對於已經領導了自己三年多的國家元首，這個國家的人應該多少有些了解了。可是在全國人的心目中，這個嘉慶皇帝還幾乎是一個謎。除了他那張總是帶着和藹微笑的臉，和幾篇例行公事、沒有個性的聖旨之外，人們對他一無所知。這個人心中到底在想甚麼呢？他到底是在裝傻，還是真的沒甚麼主見？他到底有沒有領導這樣一個龐大國家的能力呢？人們對此確實充滿好奇。不過，大家普遍認為能夠確定的一點，是這個新皇帝性格是比較溫和、穩健的，因此朝廷大政，短時間內不會有甚麼大的變動。

然而事情的發展出乎所有人的預料。乾隆去世的第二天，也就是初四日上午，嘉慶皇帝就發佈了一條讓全國人都大吃一驚的諭旨：免去乾隆皇帝駕前第一寵臣和珅兼任的軍機大臣和九門提督之職，命令他守在太上皇帝靈前，一心辦理喪事，不得任自出入。

朝廷上下，因此一片驚疑。

初四日下午，嘉慶皇帝又下了一道意味深長的諭旨，談太上皇帝晚年，白蓮教起義之所以遲遲不能蕩平，是因為有奸臣當道，做貪腐官員的總後台。

因此，初五初六這兩天，劉墉等三位大臣先後上疏，開始舉報和珅的種種不法之事。

到了正月初八，嘉慶皇帝發下諭旨，宣佈正式逮捕和珅，並且開始抄家。

然後，到了正月十八日，也就是僅僅十天之後，對和珅的審判已經完畢，嘉慶皇帝發來一條白練，賜令和珅自盡。

這一切，就如同一幕情節緊張環環相扣的電影，讓人目不暇接。一場重大的政變，在新皇帝嘉慶的談笑之間就完成了。當初康熙爺誅鰲拜，尚且準備了七七四十九天，嘉慶帝誅和珅，只消動了動小指頭。新皇帝的這場權力戰役，實在是打得又乾脆又漂亮。

所以舉國上下，對這個以前像影子一樣悄無聲息的新皇帝，開始刮目相看。可以說，誅和珅是嘉慶皇帝處理政治危機能力的一次成功展示。

那麼，嘉慶皇帝為甚麼這麼迫不及待地在老爸屍骨未寒的時候就處理和珅呢？

這是因為，嘉慶和和珅，既有私仇，也有公恨。

嘉慶和和珅有甚麼私仇呢？原來和珅在乾隆做太上皇期間總攬大權、飛揚跋扈，根本不把嘉慶當回事。我們知道，和珅有個外號，叫二皇上。乾隆是大皇上，和珅是二皇上，那麼真正的皇上嘉慶往哪擺？所以這早已經把嘉慶氣壞了。和珅的致命錯誤，就在於低估了外表柔弱的嘉慶皇帝的智商。嘉慶皇帝登基後一直裝傻，他就以為嘉慶是真傻，不但在乾隆活着的時候，和珅有事從來不找嘉慶請示彙報，而且他還打算在太上皇去世以後，可以繼續玩弄嘉慶帝於股掌之上。這是嘉慶當然不能容忍的。如果不把和珅除掉，他就不能真正掌握權力。

因此把和珅抓起來後，嘉慶帝公佈了和珅的二十大罪狀，劈頭第一條便是：

> 朕蒙皇考冊封皇太子，尚未宣佈諭旨，而和珅即在朕前先遞如意，漏泄機密，居然以擁戴為功。(《清仁宗實錄》)

也就是說，在我被封為太子前一天，和珅就偷偷送我一隻玉如意，說明在我還不知道自己成了太子的時候，他已經知道了。這說明甚麼，這說明和珅是想暗示，說我被立為太子，是他大力推薦的結果。這是甚麼意思？這分明是說，我的這個皇帝的位子，不是我爹爹給的，是他和珅給的，這不是天下第一大罪嗎？

所以這是和珅和嘉慶之間的私仇。

除了私仇之外，更主要的是公恨。嘉慶皇帝對和珅的憤怒，實際上代表了他對乾隆後期朝政的極度不滿。在嘉慶看來，乾隆晚年以來朝政日非，和珅是總根子。在和珅主政下，僅僅十餘年間，乾隆朝就完成了從前期政治紀律嚴明到後期貪腐無孔不入的轉變。包括這次白蓮教起義，為甚麼遲遲鎮壓不下去，也是因為和珅。在這次戰爭中，和珅利用太上皇的寵信，不停地「弄權舞弊」，通過任命將領，貪污軍費，大肆聚斂錢財。在和珅的帶領下，幾乎每一個軍官都大肆貪污。所以嘉慶在乾隆去世後第二天發佈諭旨中說：「平定白蓮教，經歷數年之久，花費軍費數千萬兩，卻不見成效。究其原因，帶兵大臣及將領們，全不以軍務為事，他們琢磨的，只有貪污受賄，撈取錢財。」(《清仁宗實錄》)

那麼，乾隆活着的時候，和珅作得再厲害，嘉慶也一個字不敢說。但是他心裡已經憋了太多火了。所以老爹一嚥氣，他就立刻把和珅抓起來了。

應該說，誅和珅這步棋，是非常高明的一招政治大棋，抓住了當時局勢的關鍵。白蓮教為甚麼起義啊？「官逼民反」，官員們貪污腐敗太厲害了。要剎住腐敗之風，就要從和珅抓起。

誅和珅，當然只是嘉慶新政的第一步。以誅和珅為開端，嘉慶皇帝開始展露真容，樹立了很多比較清新的政治作風。比如親政後不久，嘉慶發佈諭旨，宣佈今後皇帝出宮拜謁東西陵，隨行的人員大幅削減，皇后和嬪妃不再同行，這樣，每次出行，費用減少了百分之五十。這是針對大清百姓對乾隆時候屢次南巡勞民傷財做了一項整改措施。

幾天之後，嘉慶再次發佈諭旨，禁止大臣們向他進貢古玩字畫。這是針對乾隆晚年大臣們爭着向皇帝進貢這一風氣而做出的決定。這道諭旨剛剛發佈，新疆的辦事大臣就向他彙報，說上年底，就是乾隆還活着的時候，他在新疆發現了一塊特大的，重達兩噸、品相特別好的玉石，價值連城，現在正從葉爾羌解送入京，走到半路上。現在您說，不讓進貢，那這東西怎麼辦？

嘉慶皇帝發下了一道讓全國人都目瞪口呆的諭旨：

一接此諭，不論玉石行至何處，即行拋棄。（《清仁宗實錄》）

就是說，隨便扔哪吧，不要了。玉石雖美，無益國計民生，我皇帝並不喜愛。這道諭旨一時間轟動了大清帝國。看來這個新皇帝太儉樸了，太一心為民了。所以全國老百姓，都對嘉慶新政，留下了非常大的好感。

就在全國百姓的支持下，嘉慶迅速地開始懲治腐敗。和珅時代大部分省一級高官被撤換。乾隆皇帝留下的十一個總督中，兩年之內，有八個被撤換了。主要原因就是他們貪污。

當然，大事中的大事，還是白蓮教起義。嘉慶非常清楚，這場起義之所以鎮壓不下去，主要原因還是在於貪污腐敗。統兵的將領幾乎沒有一個人不濫支軍費，有多少支多少。比如將軍德楞泰統兵七千人，每月支餉九萬兩，其中四萬兩盡入他的私囊。因為軍費都被將軍們侵吞了，士兵們發不出餉，活都活不下去。河南軍隊赴陝作戰，整整四十五天發不出糧食，吃不上飯，結果集體逃回河南。

嘉慶對這些情況很清楚。所以乾隆一死，他就把陣前最高統帥經略大臣勒保撤職查辦。不查不知道，一查嚇一跳，這個統兵大員居然在陣前帶着戲班子，一邊打仗一邊喝酒唱戲，根本不把打仗當回事。嘉慶怒不可遏，把勒保判處死刑，把他手下的將領也成批撤換。通過懲辦貪污和人事調整，鎮壓白蓮教的軍事戰爭終於出現了重大轉機。到了嘉慶七年（1802 年）底，鎮壓白蓮教戰事終於取勝，嘉慶帝激動萬分、熱淚盈眶。他的新政，終於宣佈初步成功。乾隆晚年以來不斷惡化的政治局面終於出現了轉機，朝中大臣一片歡欣鼓舞。大家對這個新皇帝充滿了信心，他們希望嘉慶能夠帶領他們，帶領大清重新駛上盛世的軌道。

那麼，嘉慶能否完成這個任務呢？應該説，很難很難。

為甚麼説難呢？因為乾隆皇帝留給嘉慶的負面遺產，不僅僅是白蓮教起義。白蓮教起義僅僅是大清王朝深層矛盾的一個表現而已。

首先，大清王朝面臨着前所未有的人口壓力。我們講過，乾隆朝早期，人口一億多，乾隆晚年，增長到近三個億，而到了嘉慶十六年（1811 年），人口達到了三億五千萬。這麼多人的吃飯問題，是中國歷史上從來沒有遇到過的。人口增長使得人口與耕地的矛盾激化，越來越多人口脱離土地，四處遊蕩，這正是白蓮教起義的主因。白蓮教起義被鎮壓了，可是老百姓的吃飯問題仍然沒有根本解決，下一場起義仍然有可能隨時發生。這是第一個問題。

第二個問題，是大清王朝嚴重的財政危機。

由於人口增長，經濟發展，糧食緊缺，再加上當時南美洲發現銀礦，白銀隨着貿易順差大量湧入，所以從乾隆朝到嘉慶朝，大清出現了一次漫長的通貨膨脹期。到了嘉慶年間，全國物價已經比乾隆初年上漲了三倍。然而，由於大清財政體制特點是「滋生人丁，永不加賦」，就是説，全國財政收入是一個固定的數，不能增長。所以物價漲了三倍而財政收入一分錢不漲，那麼到了嘉慶時期，政府的財政收入比乾隆初年實際上是減少了。這樣就形成了很大的財政危機。甚麼危機呢？就是各級政府經費嚴重不夠用，都出現了巨額的財政虧空。幾乎每省每縣，都出現了財政虧空。為了維持政府運轉，為了給官員開支，各地政府不得不四處借債，有的甚至向地下錢莊借高利貸。

財政危機就導致了另一個問題，亂收費問題。

為了彌補財政缺口，各地政府只能拚命向老百姓層層加碼，於是各種千奇百怪的收費項目都出現了。農民承擔的額外收費，比正式税收要多出數倍、十數倍。老百姓承受不了，起來反抗，所以大清王朝社會矛盾處於激化邊緣，不斷出現小規模的衝突。

面對這些根本性的問題，嘉慶皇帝怎麼辦呢？

他的第一個對策，是加大「懲貪」力度，對貪官發現一個，撤換一個，絕不手軟。所以從嘉慶七年（1802 年）到嘉慶十年（1805 年），大清王朝幾乎每個月都有重要的人事調整。全國的高級官員，幾乎都被輪換了個遍。然而，腐敗問題還是沒有解決。不但沒有解決，反而是越來越嚴重。各地官員，從上到下，從大到小，仍然無人不在收禮送禮，買官賣官；各地衙門仍然無處不懈怠昏庸，除了自身利益之外，對一切民間疾苦都漠不關心。官僚集團對腐敗已經不以為恥，反以為常。甚至嘉慶皇帝親手樹起來的廉政模範，時間稍長，也一個接一個地陷入腐敗之中。最典型的是當初率先揭發和珅的諫官廣興。此人因為揭發和珅，深得嘉慶信任，被委以掌管四川軍需的重任。他不辱使命，清正自持，掃除貪風，每年為國家節省數百萬兩白銀，嘉慶帝多次號召全國官員向他學習。然而，就是這樣一個人，在就任兵部侍郎之後不久，也陷入貪污的泥淖，短短一年，就貪污了四萬兩之多。

不光是大官，小官的腐敗也越來越厲害。直隸省布政使司承辦司書王麗南，是直隸省財政廳的一個小小辦事員，相當於今天的股級，按理説並沒有甚麼權力。可是從嘉慶元年（1796 年）起，數年之間，居然貪污了三十一萬兩白銀。他貪污的手段非常簡單，那就是私刻了從財政廳長（布政使）、處長直到科長的一整套公章，然後任意虛收冒支，把國庫銀兩大把大把裝入私囊，近十年間，居然沒有受到任何懷疑和調查。

這種形勢完全出乎嘉慶皇帝的預料。他原來以為，把和珅一抓，把高級官員都換一遍，採取些激烈的手段，腐敗問題就解決了。沒想到，反而是越來越厲害。

那麼，怎麼辦呢？

經過長時間的反覆思考，嘉慶皇帝拿出了一個執政思路，那就是採用「保守療法」，慢慢來。看來自己太急於求成了，事情沒有想像的那樣簡單。所以他宣佈，他要停止激烈舉動，採用「守成」的統治策略。甚麼叫守成呢？就是遵循列祖列宗的統治原則，從列祖列宗的遺訓中去找辦法。嘉慶皇帝寫了一篇文章，叫《守成論》。在這篇文章中，嘉慶皇帝說，他多次閱讀中國歷史，感慨良多。他發現，一個王朝在建立之初，往往都建立起了十分完美的規章制度。但是到了王朝中葉，往往有大膽的子孫，自作聰明，任意變亂成法，想拆了祖先建起的大廈，自己另起爐灶。結果，舊房子拆掉了，新房子也沒建起來。國家往往因此留下了滅亡的原因。「亡國之君皆由於不肯守成也」。

因此他告誡滿朝大臣，對於大清這樣一個奄奄一息的病人，千萬不能亂搬亂動，亂下藥方。這樣的重病病人，唯一可取的治療方案就是「徐徐進補」「固本培元」，用溫和的藥物一點點滋潤這具乾枯的病體。這種療法一需要極大的耐心，二需要對症的補品。對症的補品就是「祖宗心法」。

皇帝說，現在的大清，出現了許多問題。這些問題的根源不在於祖宗的辦法不好，而是因為這些辦法執行得不好。「間有一二庸碌官僚因循怠玩，不遵舊制」，把列祖列宗關於「勤政愛民」的教導忘於腦後，在貫徹規章制度時加入自己的私慾，致使政策變了樣，走了形。

「守成」的大方向一定，那麼，各種具體措施就應運而出。嘉慶皇帝每日早起洗漱之後，別的事放在一邊，恭敬端坐，閱讀先朝《實錄》一卷，天天如此，寒暑不間。

針對腐敗問題、財政問題、人口問題，他一一根據祖先們的遺訓，提出了一套中規中矩的治理方案。

在懲貪失敗後，嘉慶皇帝認識到，僅僅靠殺頭已經解決不了問題。他把反腐的重心放到了教育上。他寫了很多提倡清廉反對腐敗的文章，讓大臣們學習。

面對財政問題，嘉慶給出的辦法是提倡節約。他說，錢不夠用，是因為我們花得太多了。我們每個人都少花點，錢不就夠用了嗎？

面對人口壓力、糧食問題，嘉慶給出的辦法，是把那些流向工商業、採礦業的人口趕回到農村，讓大家都去種地。人多力量大，大家都去種地，糧食不就能多打一些嗎？

應該說，這些思路，這些辦法，都是錯誤的。

為甚麼呢？

首先，嘉慶朝的腐敗，不是因為教育的不夠。腐敗的背後，是僵化的財政制度和失靈的監督體系，這是根本原因。如前所述，從乾隆時期到嘉慶時期，由於美洲白銀大量流入，大清物價上漲了三倍。按道理，物價上漲之後，官員俸祿起碼也應該上漲三倍。然而乾隆和嘉慶都以「守祖制」為由，沒有給官員們加過一次薪。乾隆五十八年（1793 年）馬戛爾尼使團的副使英國人斯當東對此看得很清楚，他說：「最近一個世紀以來，大量白銀從歐洲流入中國，因此中國物價顯著提高。物價提高了，但官員們的薪金仍然是固定的，這就使他們的收入同應有的開支比例失調」，「中國官吏的薪金不高，使他們容易接受禮物的引誘」。因此，要解決腐敗問題，就要與財政改革結合起來，擺脱祖制「不加賦」的桎梏，大幅增加財政收入，通過給官員加薪，把灰色收入變成白色收入。

然而，嘉慶皇帝堅決反對財政改革。

因為他害怕增加税收會造成社會不穩定。他熟讀歷史，知道明代萬曆皇帝為了戰爭加派「三餉」，剜肉補瘡，動搖了大明帝國的根基。所以，清朝歷代皇帝一再強調，要恪守「不加賦」的祖訓。

那麼要解決人口問題，按照我們今天的思路，一個重要的手段就是發展工商業。在當時人口壓力下，有大量人口湧入工商業、採礦業。很多地方，出現了許多礦山，應該説，這是農業社會的中國迎來工業文明的一抹熹微曙光。

然而，嘉慶帝是堅定的禁礦者。嘉慶四年（1799 年）四月十九日，他下旨説，開礦是一個很可怕的事情。為甚麼呢？因為開礦需要聚集眾人，跑到窮山大川裡面去。那麼這些遊民，聚到一起，很容易破壞社會秩序，鬧不好還會起義。歷史上好多起義，就是這麼起來的。所以聽任老百姓自行開採礦山，是非常危險的。我皇帝坐天下，要提倡好義不好利的風氣，怎麼可以縱容不安分的老百姓窮搜山澤之利呢？所以嘉慶帝的這個決定，堵死了大批剩餘勞動力的出路，加劇了社會動盪。

所以我們說，嘉慶皇帝他不了解歷史大勢，做出了很多錯誤的決定。事實上，站在康乾盛世肩膀上的嘉慶，所遇到的社會問題，已經超出了幾千年間中國所有政治經驗範圍。經濟總量和人口總量的猛增使傳統社會機制的承受能力達到臨界點。要把這個盛世延續下去，唯一的可能就是突破傳統政治經驗的範疇，在「祖制舊法」之外尋找全新的出路。事實上，任何挑戰，同時都是機遇。比如人口問題。世界許多國家的歷史表明，人口與資源的緊張往往會推動由農業文明邁向工業文明、由傳統社會邁向現代社會的第一步。歐洲國家正是通過大力發展工商業來吸納過剩人口，以工業化和城鎮化來解決人口壓力，從而逐步走上了現代化的道路。如果中國能夠順應歷史潮流，把發展對外貿易、發展工商業、發展海外殖民作為解決人口問題的方法，那麼中國完全有可能搭上剛剛開起的全球化之車，使中國主動從傳統走向現代的大門。

因此，歷史對嘉慶帝提出的要求，不是全面退守傳統，而是主動大膽出擊，全方位地對傳統政治框架進行改革。那麼，為甚麼親政之初作風清新的他，卻比任何皇帝都堅決地舉起了「守舊」的大旗呢？

這有兩方面的原因。第一是嘉慶帝這個人，性格上有弱點。

我們知道，嘉慶皇帝十三歲就被秘密立為太子，三十五歲才登基。他當了二十二年太子。嘉慶熟讀中國歷史，知道太子不好當。當太子，最主要的，是不能犯任何錯誤，因為自古至今，一帆風順的太子非常少，大部分太子都是下場不好。我們就以大唐王朝的太子們為例吧：

大唐王朝第一個太子李建成死於弟弟李世民之手。李世民的太子李承乾也與父親反目成仇，謀反被廢，幽禁致死；唐高宗和武則天所立的前三個太子李忠、李賢、李弘，都被武則天殺掉。唐玄宗的太子李瑛先是被廢為庶人，隨即賜死；自憲宗以後，皇帝生前所立太子幾乎無一能即位，大抵老皇帝一死，太子就被宦官殺害……

所以做太子太危險了，可以說一失足就粉身碎骨。所以二十二年的太子生涯中，嘉慶皇帝養成了凡事四平八穩、面面俱到的性格，做事總是瞻前顧後，畏狼怕虎。誅和珅，完全是為了鎮壓白蓮教這個火燒眉毛的任務重壓下採取的非常措施。當白蓮教危機一旦過去，他身上優柔寡斷、憂讒畏譏的老毛病立刻復發了。

這是他採取「守成」辦法的第一個原因。

第二個原因，是他知識結構不行。清代皇子的教育，除了「四書五經」外，還有一個非常重要的內容，就是「祖宗舊制」。老師們教導他，祖先們留下的一卷卷實錄和聖訓，就是放之四海而皆準的真理，是永遠取之不盡用之不完的智慧寶藏，一切問題，都可以從中找到答案。

嘉慶即位之時，已經三十六歲。人只有在青少年時期是學習能力最強的，過了這個時期，即使學習的慾望再強烈，外界刺激再鮮明，他的接受能力也已經大打折扣。所以刻板的儒學教育塑造了嘉慶，使他不論遇到甚麼事情，他都只會按着固定的模式去思考和處理。傳統式的教育讓他認為，「道之大原出於天。天不變，道亦不變」。國家政治中的所有問題，先祖們都已經給出了成功的答案。一個人活着，只要按照聖人和祖宗指示的無所不包的道理，一絲不苟地執行，則一切都會迎刃而解。

這種守成式治理，成果如何呢？

我們看，嘉慶皇帝的守成，進行得是非常認真的。

如果綜合評價起來，嘉慶帝可能是清代帝王，甚至中國歷代皇帝當中私德最好的。他是個禁慾主義者，不給個人享受留一點空間。終其一生，我們看嘉慶皇帝從沒有被聲色、珍玩、不良嗜好所迷。

即使不說嘉慶皇帝是清代最勤政的皇帝，也得說是「之一」。他深得乾隆皇帝真傳，生活起居，如同鐘錶一樣精確。在位二十二年，沒有一天不早起。工作已經成了他的第一需要。一天不辦公，不理政，就渾身不舒服。別的皇帝是「靡不有始，鮮克有終」，而嘉慶帝從來沒有出現「倦勤」的情況。嘉慶皇帝二十餘年中，始終未曾仿效其父南巡，也沒有極盡奢華籌辦壽筵，他展示給臣民的只有一道道崇儉去奢的諭旨。嘉慶的節儉在歷史上留下了深刻的印記，名聲已經達於外國。出使清朝的朝鮮使臣徐龍輔記載，嘉慶朝「大抵以勤儉見稱。觀於宮殿之多樸陋，可謂儉矣」（《朝鮮李朝實錄》）。

然而，就是這樣一個仁慈聖明的皇帝，御極二十多年，國家是越治越亂。

嘉慶十八年（1813 年）九月十六日黃昏，嘉慶皇帝正遵守祖訓，在夏天結束後在由避暑山莊返回北京。就在他剛抵達北京城外時，接到了一個驚人的消息：有二百多名天理教教徒，兵分兩路，於昨天上午攻進了紫禁城。他們一直攻打到皇后寢宮儲秀宮附近。幸好皇子綿寧，也就是後來的道光皇帝帶領守衛部隊全力抵抗，最終才把起義軍殲滅。

嘉慶皇帝大吃一驚。起義軍攻入皇宮之內，並且差一點攻到了皇后面前，這在中國歷史上的太平年代，是從來沒有出現過的。實在是「漢唐宋明未有之奇事」。這其實只是嘉慶朝種種離奇之事中的一件而已。

嘉慶晚期的一年，他去祭掃東陵，路上兵部尚書突然向他奏報，帶在身邊的兵部大印不知道被誰偷走了。嘉慶大驚失色，兵部大印失盜，不但不成體統，而且也極為危險，試想皇帝外出期間，如果發生意外，皇帝都沒辦法調兵遣將。他下令調查，調查的結果更讓人吃驚：大印原來早在三年前就已經丟了，兵部的小官們不敢彙報，一直隱瞞了三年，直到這次兵部尚書偶然問到，才暴露了。嘉慶皇帝親自主審此案，審了一溜八開，最後也沒查出來大印到底跑哪去了，此事最後不了了之。

嘉慶二十三年（1818 年），武科考試後，皇帝按慣例，要為武進士舉行傳臚（lú）大典。這一天嘉慶皇帝起了個大早，早早就位，隆重的典禮按時開始，可是第一名和第三名，也就是武狀元和武探花卻怎麼等也等不到，一直等到中午，這兩位也沒來，大典只好取消了。事後一調查，原來是太監這一天忘了開宮門，武狀元和武探花四處找門，找了半天也沒找到。

雖然嘉慶十八年（1813 年）發生過起義軍殺入皇宮的事件，可是宮門門禁這個小小問題怎麼也解決不了。嘉慶二十四年（1819 年）四月，又有一個叫成德的普通老百姓，沒事遛彎，走到紫禁城裡了，一直走到內右門，就是走到皇帝住的養心殿邊上，才被太監發現。

還有一次在圓明園的時候，嘉慶皇帝沒事出門散步，發現大宮門外，居然有人在那放羊，這些羊群就在皇帝眼皮底下悠然自得地吃着「御草」。宮門口台階之上，有人光着膀子乘涼閒坐，不遠處樹林裡有小販們舉行野餐，席地喝酒吃肉。嘉慶皇帝一追查，原來這些羊是太監們養來換外快的，那些小販都是太監們的朋友，想來看看皇帝住的地兒是甚麼樣。

這些事一再發生，搞得嘉慶皇帝弄不明白，怎麼他越勵精圖治，國家就越亂。他二十多年統治，就在這一日日迷惑、痛苦、尷尬中過去了。

嘉慶二十四年（1819 年），孔子後人，第七十三代衍聖公進京面聖，回來後把皇帝和他的談話一絲不苟地記載下來。通過這份史料，使我們得以直擊這位皇帝晚年的精神面貌。嘉慶皇帝一見面就說，因為洪水氾濫，所以他想去山東祭禮，一直去不了：「我想到曲阜去，不能，你知道不？山東的水都過了臨清了，這個怎麼好，真沒法。聖廟新修的，我等到七八年去，又殘舊了，怎麼了？」

過幾天衍聖公辭行，皇帝又舊事重提，絮絮叨叨地說：「我登基已是二十四年，總不能去（祭孔），是個大缺典。我從前雖然隨着高宗（乾隆皇帝）去過兩回，到底不算。我到你那裡去容易，就是路上難，水路罷亦難走，旱路罷亦難走⋯⋯你看河上水這麼大，山東民情亦不好，到底怎麼好？弄得真沒法，了不得！」（《孔府檔案》）

一口一句「真沒法」「怎麼好」「怎麼了」「了不得」，似乎已經成了嘉慶皇帝晚年的口頭語，焦頭爛額之態畢顯。實際上啊，當皇帝這個事，對晚年的嘉慶皇帝來説，簡直是一種刑罰。在最後告別這個世界的時候，我們想，嘉慶皇帝的最後一絲意識也許不是留戀而是獲得解脱後的輕鬆。

從親政初期的偉大，到謝幕時的尷尬，嘉慶的滑落曲線如此令人歎息。正是在嘉慶皇帝的統治下，大清王朝完成了走向萬劫不復的衰敗的關鍵幾步。在全面盤點嘉慶皇帝的統治時，歷史書給出的詞彙是「嘉慶中衰」，他二十多年的統治，前面連着「康乾盛世」，緊接其後的，則是「鴉片戰爭」。這個以英明、仁聖開頭的皇帝，後來卻作為一個徹底的失敗者進入了歷史。

所以，講完了嘉慶朝的政治得失，我們才能更加清楚地看到乾隆皇帝一生的功與過。通過我們對乾隆皇帝一生政治功過的講述，通過對乾隆盛世建立和崩坍的回顧，我想我們也許會得到以下一些結論。

第一，中國傳統「盛世」，難以保持，結局往往都是衰世。

中國歷史上的三大盛世，唐代從貞觀到開元的唐代盛世，漢朝從文景到漢武的漢代盛世，清朝的康雍乾三代盛世，都未能避免「盛極而衰」的結局。唐玄宗開元、天寶之際，號稱「全盛」，繁榮景象史所未見，但「安史之亂」後，大唐王朝一下子衰敗下去，陷入藩鎮割據的亂局之中，再也沒能強盛起來。

漢武帝前期統治是漢代統治達到的最高峰。然而漢武帝晚年，天下大亂，起義遍及關東地區，起義烈火幾乎葬送大漢王朝。

康雍乾盛世也是這樣。這個盛世本來是何等輝煌，但乾隆死前三年就爆發了白蓮教大起義，清朝自此陷入了風雨飄搖、落後捱打的窘境，再也沒能恢復昔日之榮光。

第二，人治的盛世不可能持久。

三大盛世，從盛到衰，如此迅速，究其原因當然是這些盛世的出現依賴的是人治，是個人素質，而非制度創新。中國歷史上的這幾大盛世，只在史書上留下了統治者手腕的精明，人格的強大，卻沒有留下太多制度性的成就。

雖然盛世君主都或多或少地推進過專制政治的制度微調，但是需要在制度上更大的突破之時，這些盛世之君就故步自封，難以為繼了。一個王朝在到達盛世階段後，統治階層都不可避免地進取精神消退，由奮發有為而轉向享受昇平。人們陶醉於眼前的繁榮，逐漸喪失憂患意識，忽視那些潛在的問題。盛世出現後，往往會出現制度僵化和制度衰敗，各種問題逐漸滋生，從而導致下一個衰世的來臨。乾隆晚年的僵化就是一個明顯的例子。